催馬楽訳譜

山井基清 著

岩波書店

まえがき

私がまだ二十歳以前，といえば今から六十年近くも昔のことになるが，当時牛込見附内に在った宮内省の雅楽練習所で教えられた催馬楽は，安名尊・山城・席田・蓑山・伊勢海・更衣の六首だけであった．もちろん，その頃の私は，ただ習った通りに唱えればよいと思っていたし，その後，そのままを後輩に教えたことすらあった．

当時，宮中で催馬楽の唱奏が必要とされる場合は，年に，せいぜい一,二回ぐらいで，一回もその必要のなかった年さえあった．しかも，唱奏される場合は，いつも更衣か，伊勢海のどちらかに決っていて，他の四首が唱奏されたことは一回もなかった．

この四首のうちで，安名尊と席田は，たまに練習所のおさらいの曲目に出されることはあったが，いつも混乱につぐ混乱で，中途でやめなければならないのが常であった．しかし，なぜ，この二首の歌の場合に混乱するのか，その理由を突き止めようとする人はなかったようである(この他の山城・蓑山の場合は，さらに問題ではなかった)．あるいは，その理由を突き止めようと思っても，実際にはその余裕を持たない人もあったろうし，また，思い切って訂正しかねる事情があったのかも知れない．

かくいう私も，我関せず焉で約二十年を経過させてしまった．そして大正も終り近くになって，楽部に新設された雅楽調査係の一員に加えられてから，初めて，まだ何人も手をつけずに放置されていた上記四首の催馬楽の問題を，解決してみようと思い立ったわけである．

まず，席田と安名尊の旋律を，その墨譜(節博士《ふしはかせ》)によって，五線上に採ることから始めた．これらは呂歌，すなわち双調呂旋の歌だといいきかされていたので，これを念頭に置きながら，筆を進めていった(正確にいえば，その頃，私は呂旋とはどんな旋法をいうのか，まだはっきりと知らなかった)．ところが，かつて習った席田・安名尊とはおよそ異った，奇妙な旋律が五線上に出現するではないか．これには，まったくびっくりさせられた．実に意外なことで，洋楽の場合には，このようなことは絶対にあり得ない．暫くは，どういうわけからこのようなことになるのか，見当もつかなかった．そこで，念のために，かつて習った席田・安名尊を，唱いながら，ピアノを利用して五線上に載せ，墨譜によって採譜したその二首の譜と比較してみた．すると，この二つの間には大変な相違があり，私が習ったものの方がはるかに唱いやすいばかりか，すこぶる音楽的でさえあった．そこで私は，墨譜のはデタラメであり，これこそ本物にちがいないと思いこんでしまった．

しかし，そうなると，新たな問題が生じてきた．周知のように，双調呂旋には，勝絶《しょうせつ》(ヘ)や鸞《らん》鏡《けい》(変ロ)の音は含まれない．安名尊・席田の墨譜にも，このような音は含まれていない．墨譜の示す通りに唱っているのなら在来の笙譜で間に合うのだが，実際はそう唱っていないのだから，それに対する笙譜を新たに作成しなければならないことになったのである．

笙という楽器には，音の出る管《くだ》は十五本もあるが，勝絶・鸞鏡・断金《たんぎん》(変ホ)を出す管は欠けている．ところが，今いった催馬楽には，勝絶・鸞鏡に唱う所が相当にある．そこで，笙の一竹奏では駄目だと気付き，合竹奏(五本ないし六本の管を同時に発音させてゆく吹奏法で，唐楽に用いられている)を適用すれば，なんとかなるのではないかと考えた．

そこで，当時，新進気鋭の笙の専門家であった多忠雄君の援助を請い，私が唱っている間に，適切な合竹を物色して貰うことにした．同君苦心の結果，前人未知の新合竹が創出され，正しいと思われる呂歌用の笙譜が作成されたのであった．あとは，両絃譜，すなわち琵琶譜と箏譜とを作成すればよいという段階で，突如，武井守成楽部長が栄転され，相馬孟胤氏が新楽部長として登場された．やがて，楽部の方針は一変し，催馬楽問題は，当分打切りとなり，雅楽を基礎とする管絃楽曲の作成に努力することになってしまったのであった．

その少し以前になるが，武井楽部長の時に(昭和五年だったと記憶するが)，四首の催馬楽，美作・田中井戸・大芹・老鼠を復活させようとしたことがあった．このうちの三首は，その頃，同じく調査係の一員であった，故多忠行氏(忠雄君の父君)が貸与して下さった秘蔵の『催馬楽古詠』のおかげをこうむったし，また残る一つの老鼠は，狛楽の林歌の笛の唱歌の旋律と，『三五要録』(琵琶譜)の老鼠の譜との対照研究の結果，どうやらできたのであった．しかし，こうしてできあがった四首も，今日，あらためて検討してみると，訂正すべき所が多々発見され，比較的無難なのは，田中井戸だけである．

この時，上記の四首の譜と一緒に楽部長の許に提出した“催馬楽について”と題した拙文も，今日読みなおしてみると，自分が催馬楽に半可通であったことを証明するにすぎない所が少なくない．今なお，宮内庁楽部に保存されているなら，これは後人を惑わす恐れがあるので，なるべく，焼却してしまって欲しい．

ところで，相馬楽部長は，就任後しばらくして，痼疾の痔を治療することになり，それから，雅楽の面を大いにやろうぜ，と元気よく順天堂病院に入院されたが，不幸にも，手術後余病が併発し，急に逝去されてしまった．その三日後，二・二六事件が突発した．しかし私には，むしろ，この昭和十一年二月二十三日に受けたショックの方が忘れられないくらいである．

その後，一年も経たないうちに，私は楽部を退職した．催馬楽問題などは，念頭からふっとんでしまった．そして数年後，第二次世界大戦が始まった．家は焼かれる．顔や手はビフテキにされかかる．疎開せざるを得なくなる．多くの人に迷惑をかける．散々な目にあった．

幸いにも生き残り，敗戦後の虚脱状態からようやくのことで自分を取り戻してから，ポツポツ催馬楽の再検討を始めた．それが積り積って，やっと催馬楽の本当の姿がわかってきた．簡単にいってしまえば，今までは，催馬楽の正体をまったく知らなかった．というより，マイナスになることばかりしか，知らなかったということを確認する結果となったのである．

この点は，本書の「解説」に詳しい『催馬楽略譜』と『三五要録』の催馬楽譜を，狛楽の面からも研究してみた成果だと思う．その旋法といい，その笏(拍子)の打法といい，容由と称する装飾音のリズムといい，催馬楽の主要な部分は，ほとんどみな，狛楽のお陰をこうむっている．狛楽が，もし我国に伝来していなかったなら，催馬楽は出現しなかったにちがいないといっても過言ではあるまい．

狛楽の諸旋法を検討してみなかったがために，かつて教わった催馬楽こそ本物だと思い違いしたのだし，狛楽に用いる三ノ鼓の打法を等閑視していたがために，明治撰定や『唱物譜』の催馬楽の五拍子打法がデタラメであることを看破できないで，そのまま受取って平気ですましていられたのである．

上述のような研究の結果，根拠のある下準備が整ったところで，まず『催馬楽略譜』の四十三首の訳譜の再検討を開始し，やがて，その全部の訂正を完了した．これによって本来の催馬楽がどのようなものか明らかになってきた．『催馬楽略譜』に載せてない諸歌については，『三五要録』にあるものは，その催馬楽の譜によって訳譜し，さらにそれを再検討して，十三首の訳譜の大訂正をした．これで，五十六首の催馬楽の正体が明らかになった．

催馬楽の歌詞は，六十一首も今日に伝わっているが，それがどのような旋律で唱われていたかは，ほとんど知られていないといってよい．ようやく，そのうちの五十六首の旋律を五線上に載せることができたわけだが，残りの五首の譜は，『催馬楽略譜』にも，『三五要録』にも，『仁智要録』にも，載せてないので一頓挫してしまった．

その後，沢田河は，その歌詞の検討から，安名尊と同音の歌であることが判明した．奥山尓は，亡父基万の遺稿の中から，はからずも墨譜を発見した．何によって書いたのか，その譜をどこから入手したのか，まだ不明だが，訳譜してみると，奥山にかなり似た旋律であった．我駒の旋律は，研究の過程でたまたま知ることができた．

残る二首，すなわち鶏鳴と隠名は，まったく処置なしであった．我駒の場合のようにたまたまわかることがあるかもしれないが，歌詞がまともでないから，どうでもよいと半分自らを慰めていた．ところが，昭和四十年の春になって，狛平調調の曲である加利夜須の旋律が，まだどの平調歌にも利用されていないことに気が付いた．そこでこの旋律を鶏鳴と隠名に適用してみると，意外にうまくいった．この二首が確実に加利夜須の旋律を使っていたとは断言できないが，まず九分九厘こういってもまちがいないであろう．したがって加利夜須の訳譜も参考として加えた．

万木・鏡山・高島・長沢等々の催馬楽も唱われていたそうだが，そのような催馬楽のためにさらに時間をかけるより，催馬楽がどのようなものか，その見当がついた今，『三五要録』または『仁智要録』によって，催馬楽三流派の相違を検討する方が，遙かに重要であると考えた．この点から，安名尊・美作・難波海の三首は，藤流・三五流の訳譜も，参考に添加した．

一方，明治撰定の催馬楽がどのようなものかを明らかにしておく必要もあると考えたので，その中の安名尊・席田・伊勢海の三首の訳譜も附加した．これによって，江戸時代の催馬楽の再興がどのようなものであったかが，かなりはっきりしてくると思う．

また，催馬楽が狛楽によって生れ出た謡物であることを例証するために，吉簡・地久ノ破急・林歌などの，笛の唱歌の旋律の訳譜も附加した．これらを検討したら，催馬楽とは，要するにカエルとネズミの歌，すなわち無力蝦と老鼠から出発したもの，さらにいいかえれば，吉簡と林歌から生れた謡物であることに納得されるだろう．

なお，本書における曲名および歌詞の仮名づかいは，訳譜に限つて旧仮名を用い，その他は全部新仮名とした．その点，諒とされたい．

最後に，拙稿全部にわたって忌憚のないあらさがしをお願いした多忠雄君の注意に従って，訂正した所・補充した所・省略した所など多々ある．山岸徳平氏のご注意によって書き改めた所・書きたした所も少なくない．この両氏のおかげで，面目を一新できたと痛感する点が多い．ここで，両氏のご厚意に感謝しておきたい．

また，昭和二十年五月二十五日夜の東京空襲の翌日から長い間，家族もろとも一方ならないお世話をして下さった安倍季巌氏のご厚意に対しても，ここで深謝しておきたい．私が今日まで生きながらえて，この仕事を完成することができたのも，そのおかげと思っている．綾小路家伝来の『催馬楽略譜』を氏みずから透写された秘蔵の譜本，および兼常清佐・辻荘一共著の『催馬楽楽譜』をとくに長い間貸与されたことも忘れられない．

本書が出版された暁には，真先に，武井守成氏と相馬孟胤氏の霊前に供えたい．

なおまた，敗戦の前後から，何かと物質的に援助して下さった夏目純一氏と，今は長崎県の五島の榎津におられる七里仲麿氏および令息大進君に感謝の意を表しておきたい．

1965 年12月

山 井 基 清

目　　次

平調歌　五拍子の部

解　説

催馬楽訳譜

読譜上の注意

（1） **連音線** 訳譜の随所に，連音線，すなわち次のように，タイで結合した同音高の音からなるリズムが見出される．

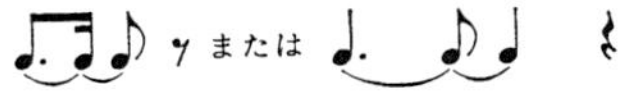

これは，いわば心の中で唱う“潜在リズム”を表示している．したがって，このリズムを，連音線が附記されてない場合と同じように，明確に唱い出すと，不自然なことになりかねない．あくまで「潜在」リズムであるように，注意してほしい．これは，催馬楽の唱奏には，かなり重要な役目を果す．これを欠くときには，唱奏がだれたり，その反対に駈け出し気味になったり，とかく不安定なものになりやすい．

狛楽・唐楽の演奏の場合にも同様のことがいえるが，狛楽の場合には，三ノ鼓のツナギ桴があるので，唐楽の場合ほどではない．

（2） **斜線と垂直線** 同音高の音符の頭の左側に，次のように，斜線と垂直線の二種の線を記してある所がある．

斜線の直後には，たいてい，垂直線が見られるが，それのない場合もある．これは，斜線の所で心持ちその音高を低く（もちろん半音より狭く）し，垂直線の所で元の音高に復帰することを表示している．

この両線は，容由・入節の所にも利用したが，ここでは，それ以外の所に利用した場合について附言しておく．

これも，狛楽・唐楽の奏法を真似たもので，その曲の終末に多く適用されるが，長い曲では，曲の真中でも，一段落の終止を示すために用いてみた．すなわち，「引」の所，詳しくいえば，同一音高の音，おもに，宮・徴の二音の，何小節にもわたる所に用いた．しかし，短い「引」の所に効果的に用いられることもある（たとえば180頁大芹の場合）．

いずれの場合でも，これは喉仏の運動によらないと，不自然で，聴きぐるしくなる．あくまで軽く，あっさり適用して欲しい．この辺の注意が大切である．

この訳譜では，たまにしか用いてないが，以上の点を斟酌するなら，その人々の趣味で活用したらよい．

喉仏の運動によるこの唱法は，日本の声楽独特の技巧ではないかと思う．欧米の声楽の場合には見られないようである．なお，容由・入節が不自然に聞える場合は，喉仏の運動によらないからだと見てよい．

（3） 次は上記とまったく異った問題だが，念のために触れておく．

双調歌の冒頭においた桜人の助音以下の次の短句（6頁），

は，この歌の旋律の原曲である地久ノ破独特の旋律である．この旋律句を桜人の第4および第7の百の直前の「ま」および「て」の所に適用して唱ってみて欲しい．

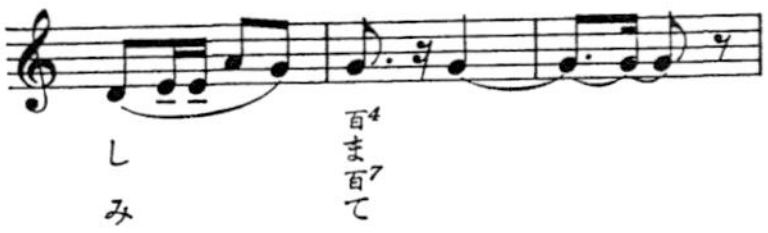

このような原曲独特の旋律をそのまま適用すると，原体がすぐ露見してしまう恐れがある．そこで，なるべくそれがわからないように，つまりわが国独特の旋律であるようにしたいという念願からか，いろいろ小細工を施してある場合が少なくない．とくに源流の催馬楽ではそれが多く見られる．したがって，その看破はまた容易でない．我駒・無力蝦・老鼠などを，源流では唱わないことにしたのも，多分この理由からだと考えられる．

双　調　歌

五 拍 子 の 部

桜人　拍子 各十二

二段

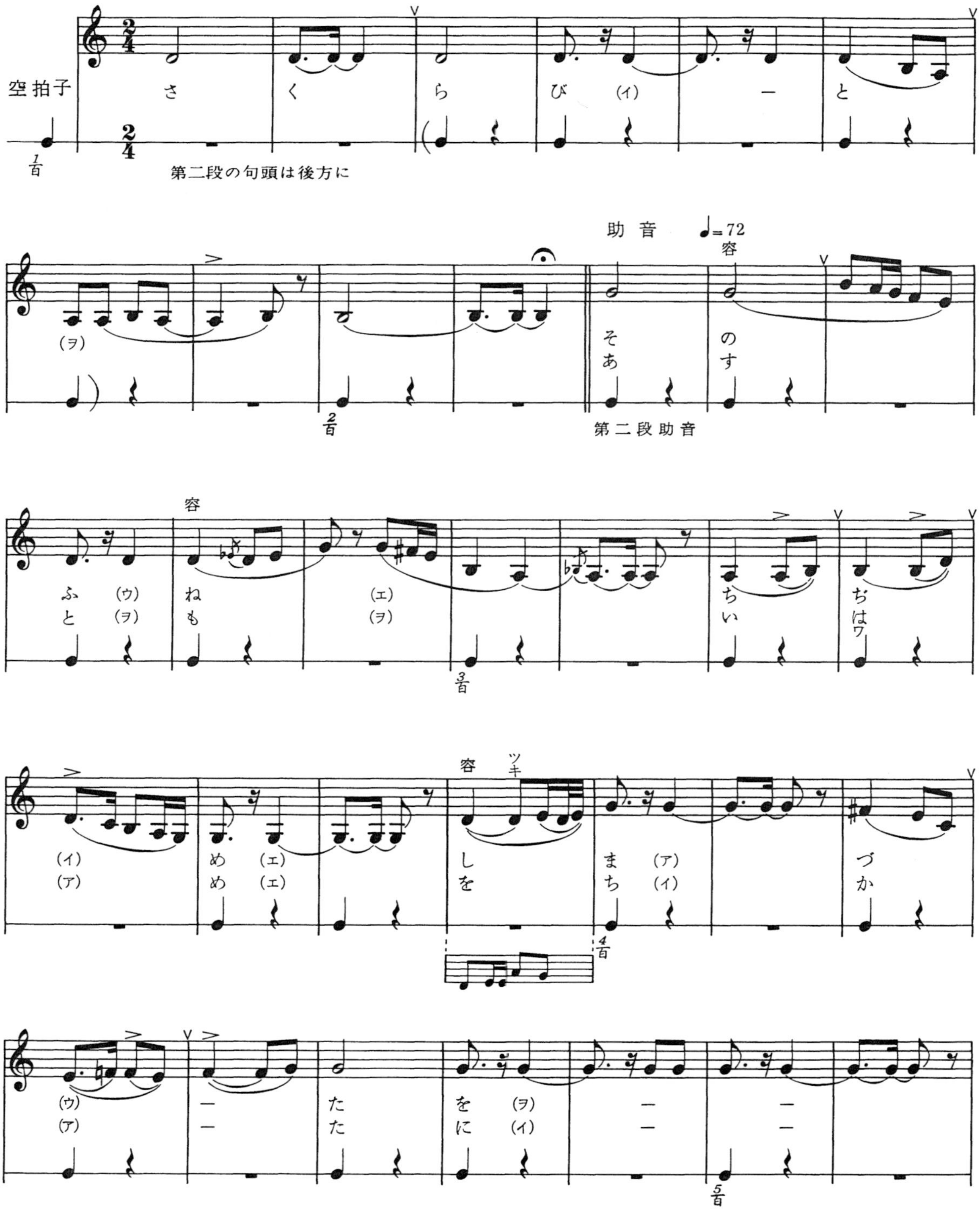
空拍子
さ く ら び (イ) ー と
(ヲ)
1音
第二段の句頭は後方に
助音 ♩=72
容
そ の
あ す
2音
第二段助音
容
ふ (ウ) ね (エ) ち ち
と (ヲ) も (ヲ) い は《ワ》
3音
容 ツキ
(イ) め (エ) し ま (ア) づ
(ア) め (エ) を ち (イ) か
4音
(ウ) ー た を (ヲ) ー ー
(ア) ー た に (イ) ー ー
5音

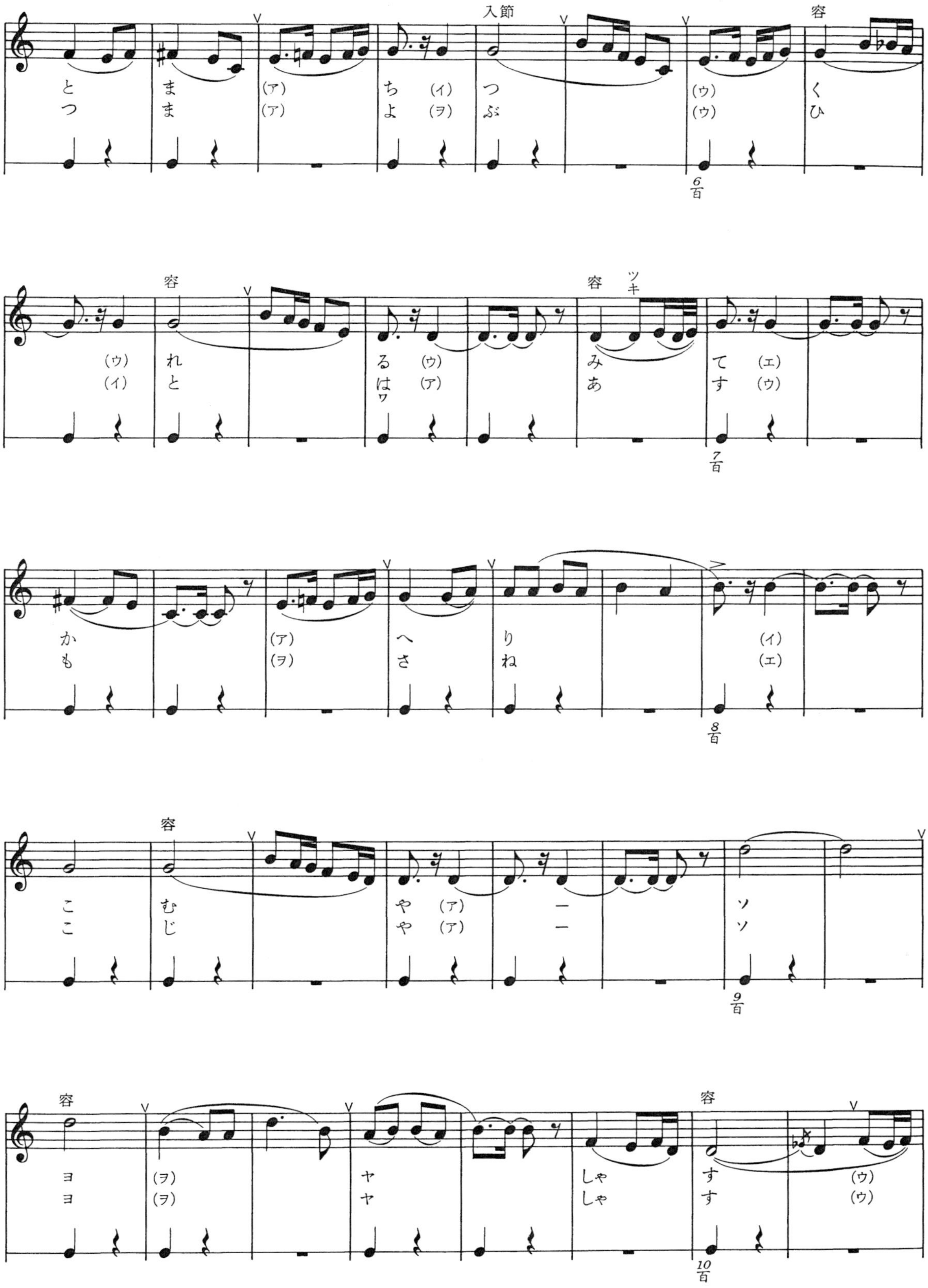
入節
容
と ま (ア) ち (イ) つ (ウ) く
つ ま (ア) よ (ヲ) ぶ (ウ) ひ
6百
容
容 ツキ
(ウ) れ る (ウ) み て (エ)
(イ) と は《ワ》 (ア) あ す (ウ)
7百
か (ア) へ り (イ)
も (ヲ) さ ね (エ)
8百
容
こ む や (ア) ー ソ
こ じ や (ア) ー ソ
9百
容
容
ヨ (ヲ) ヤ しゃ す (ウ)
ヨ (ヲ) ヤ しゃ す (ウ)
10百

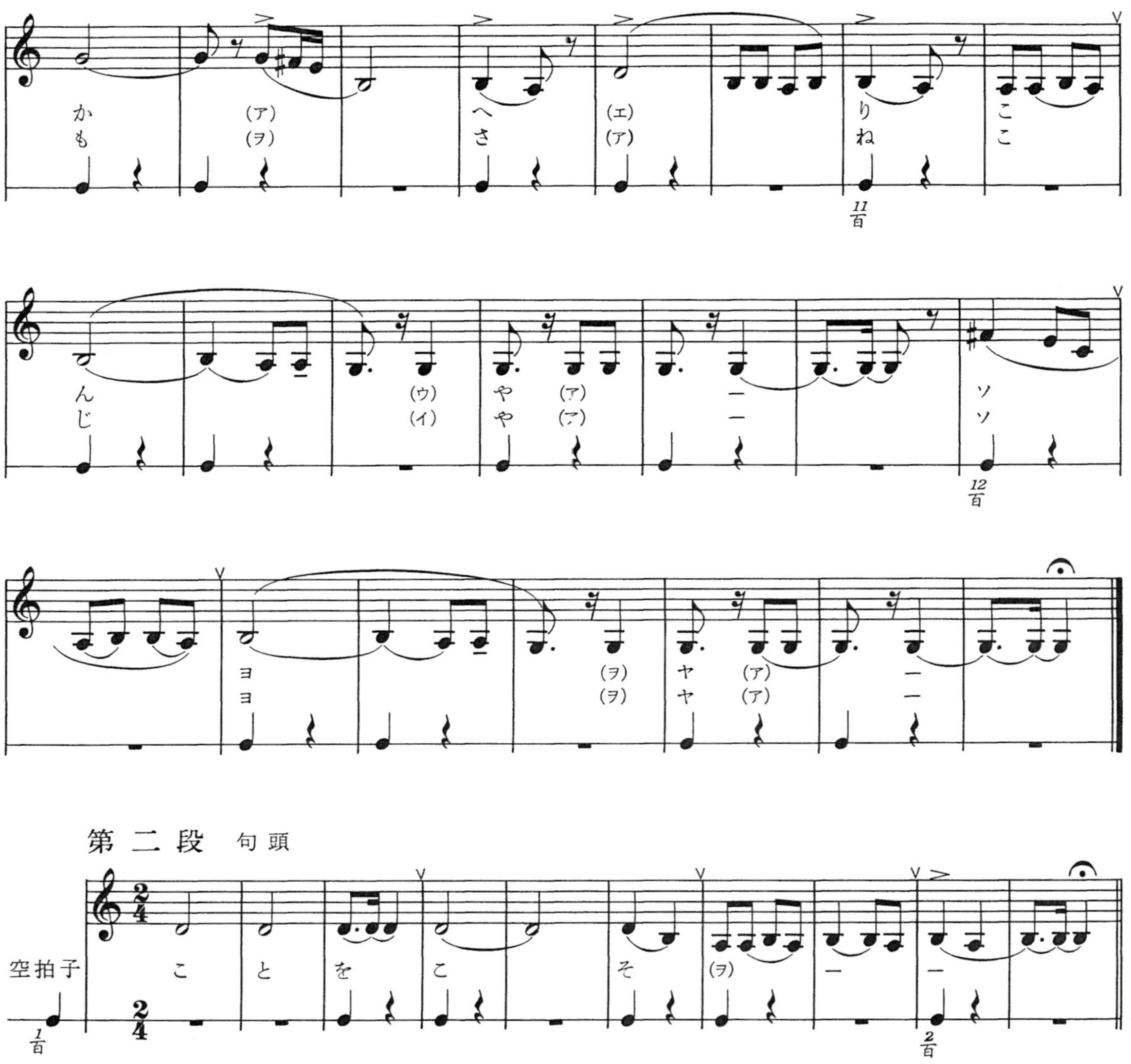

桜人

二段　拍子各十二

此歌春歌也
花比可詠之

第一段

さくらびと、そのふね、ちぢめ、
しまづたを、とまち、つくれる、
みてかへりこんや、ソヨヤ、
しやすかへりこんや、ソヨヤ。

第二段（殆ど）同初段

ことをこそ、あすとも、いはめ、
をちかたを、つまよぶ、ひとは、
あすもさねこじや、ソヨヤ、
しやすもさねこじや、ソヨヤ。

紀　伊　国

二　段

第一段　拍子九

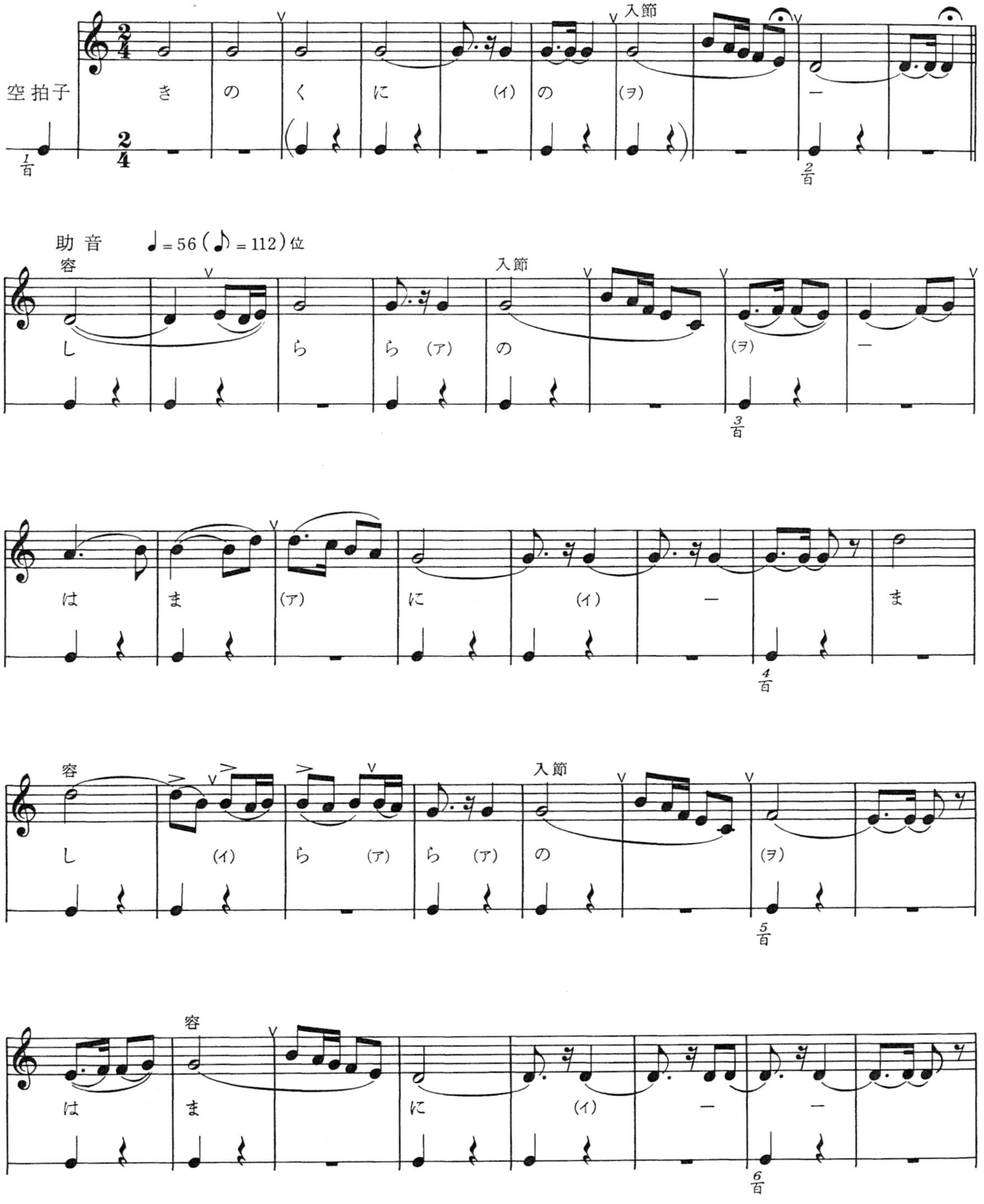

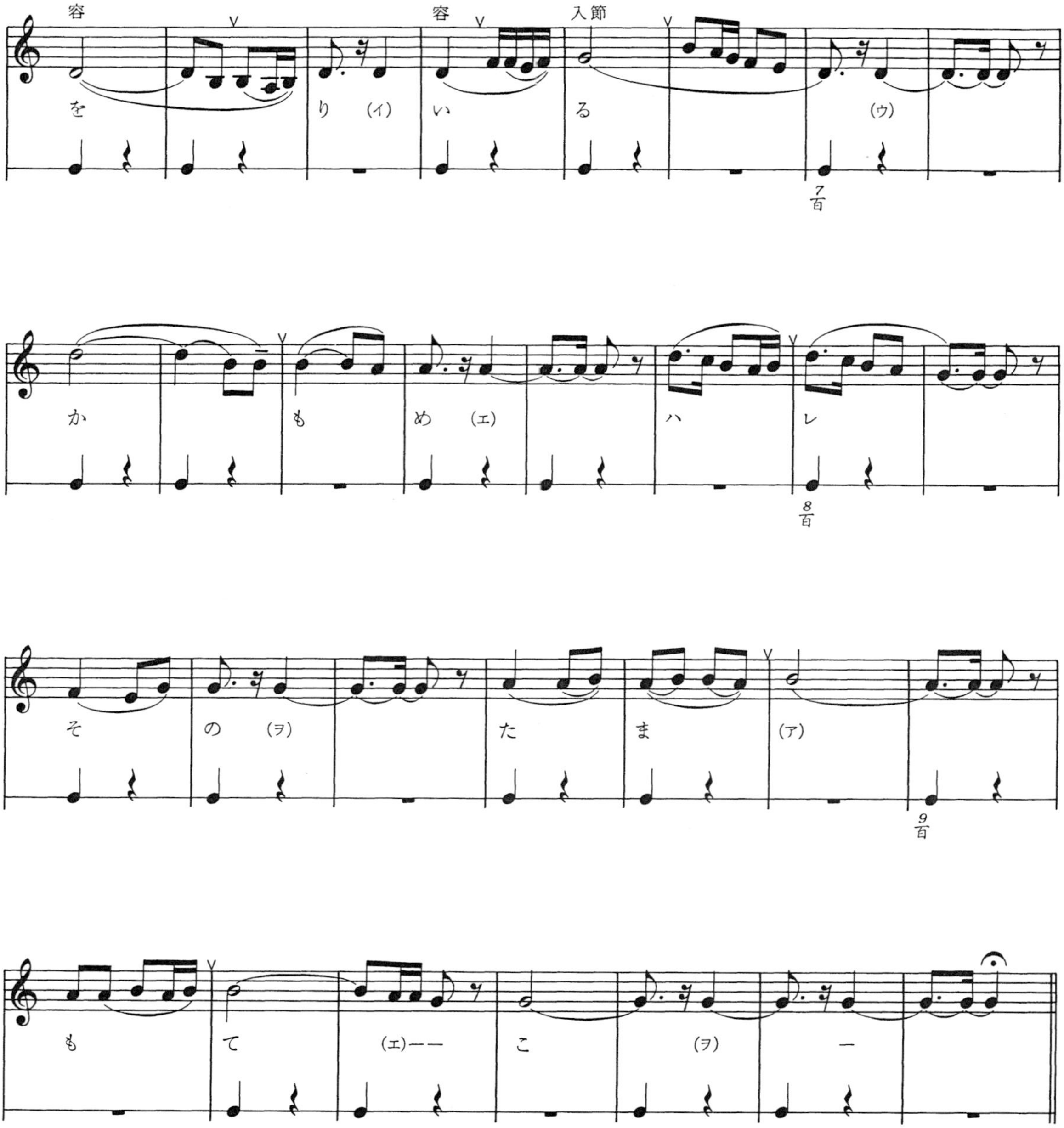
容
を
容
入節
り (イ)
い
る
(ウ)
7百
か
も
め (エ)
ハ
レ
8百
そ
の (ヲ)
た
ま
(ア)
9百
も
て
(エ)ーー
こ
(ヲ)
ー

第二段　拍子八

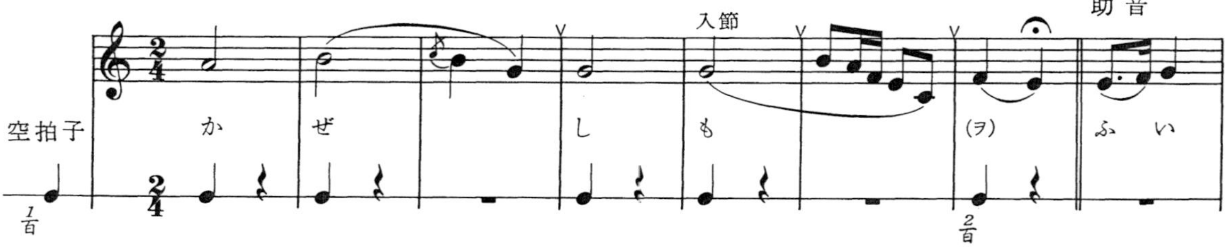
入節
助音
空拍子
か
ぜ
し
も
(ヲ)
ふ　い
1百
2百

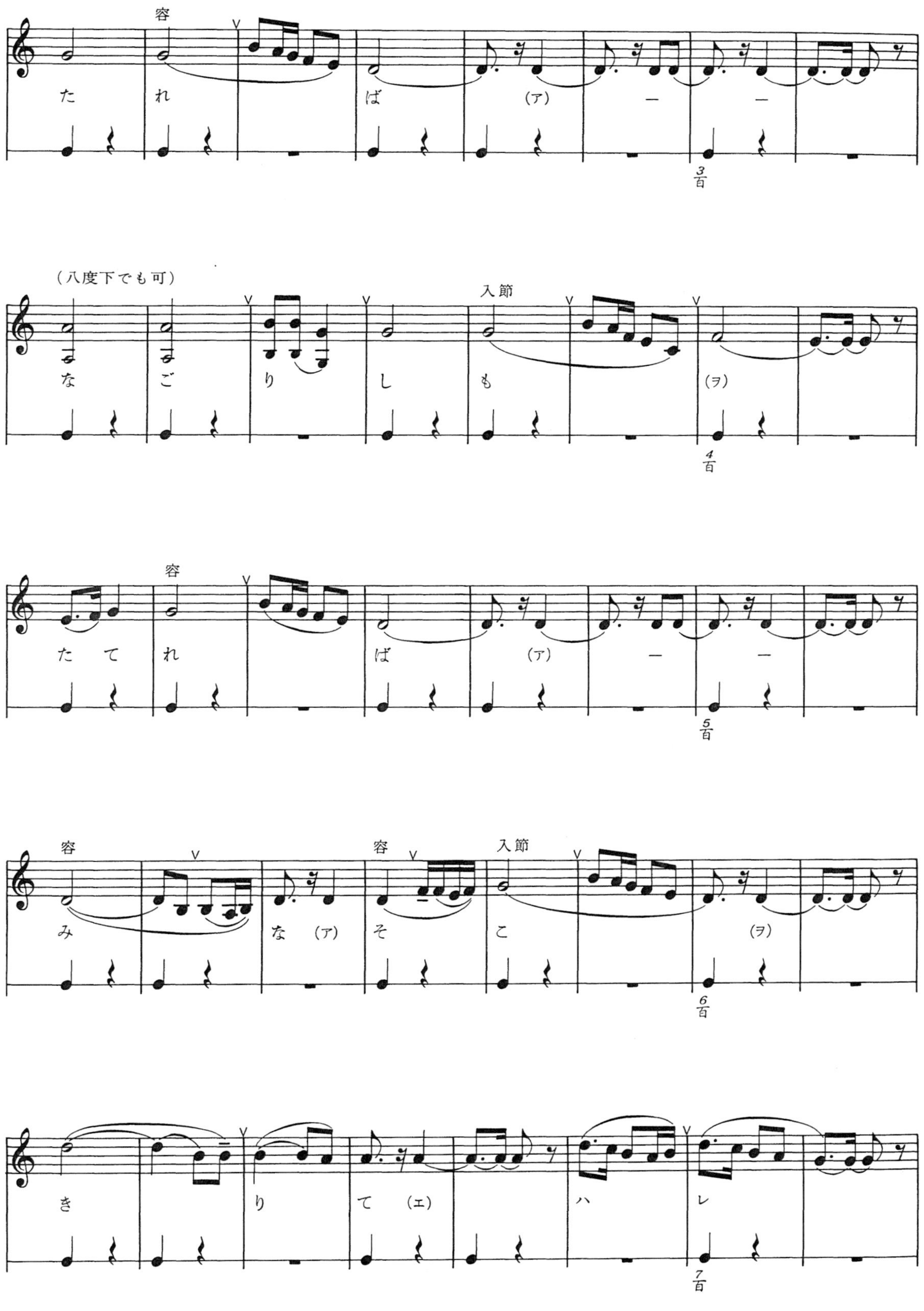
容
た
れ
ば
(ア)
―
―
3百
（八度下でも可）
入節
な
ご
り
し
も
(ヲ)
4百
容
た て
れ
ば
(ア)
―
―
5百
容
容
入節
み
な
(ア)
そ
こ
(ヲ)
6百
き
り
て
(エ)
ハ
レ
7百

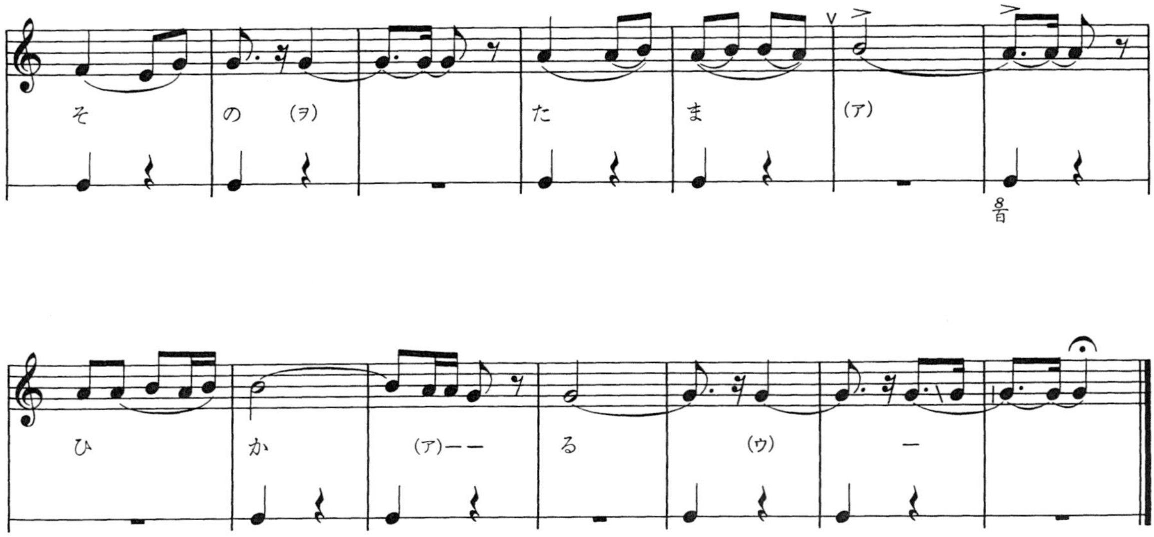

紀伊国

二段 拍子 第一段 九
第二段 八

第一段

きのくにの、しららのはまに、
ましららのはまに、をりいるかもめ、
ハレ、そのたま、もてこ。

第二段

かぜしも、ふいたれば、なごりしも、
たてれば、みなそこ、きりて、
ハレ、そのたま、ひかる。

或説（みえず）此説有憚不用

藤家説　# 石河

三段

第一段　拍子六

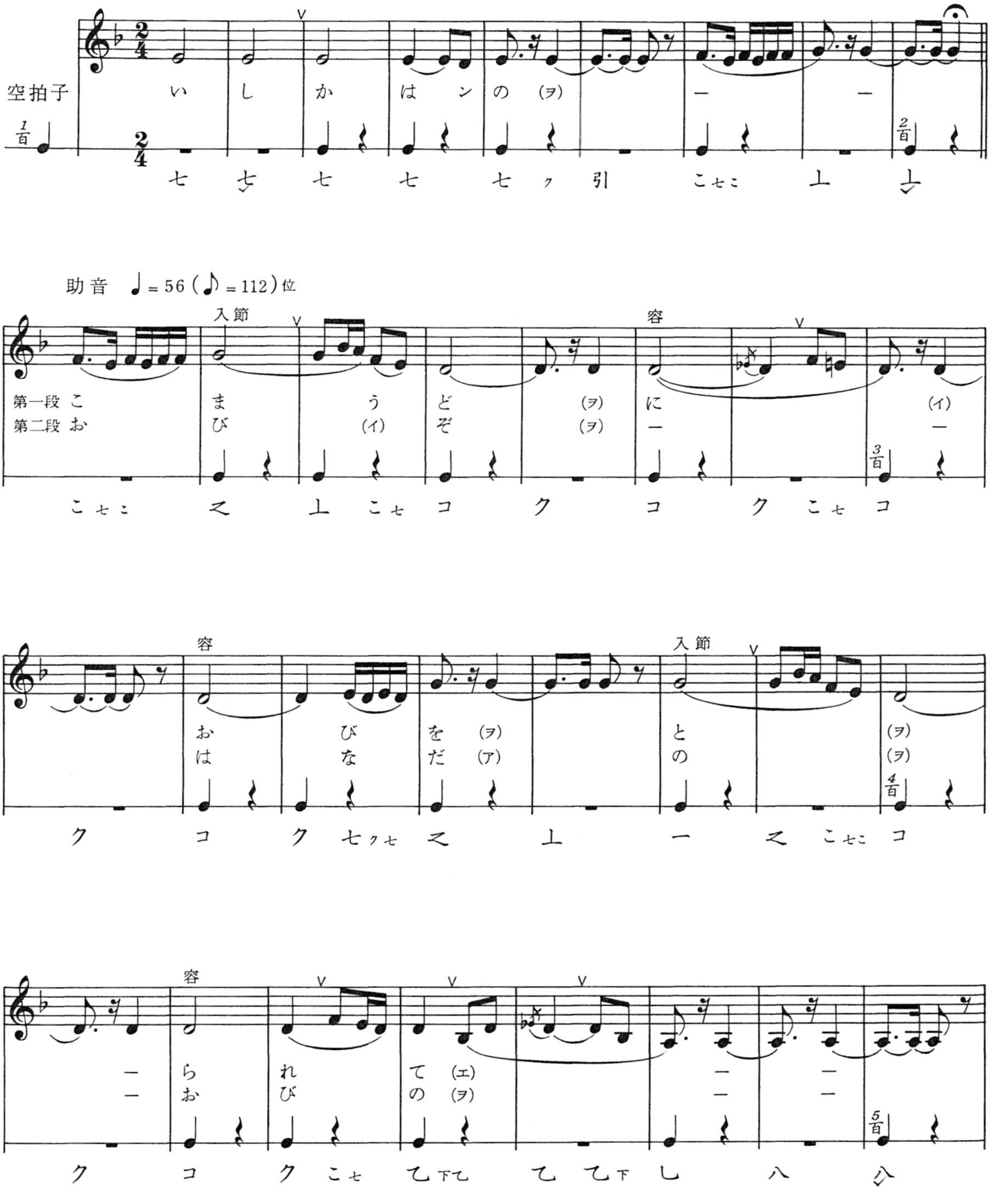

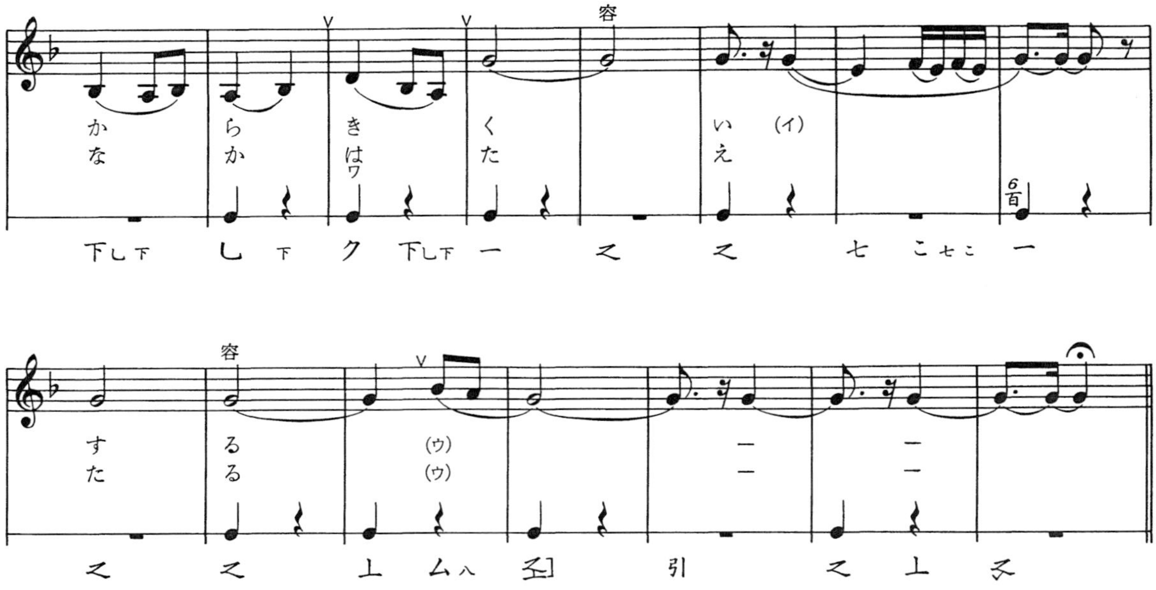

第二段　拍子六

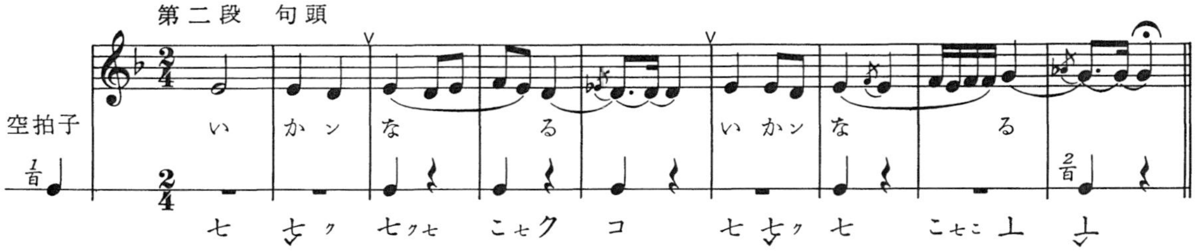

第三段　拍子四

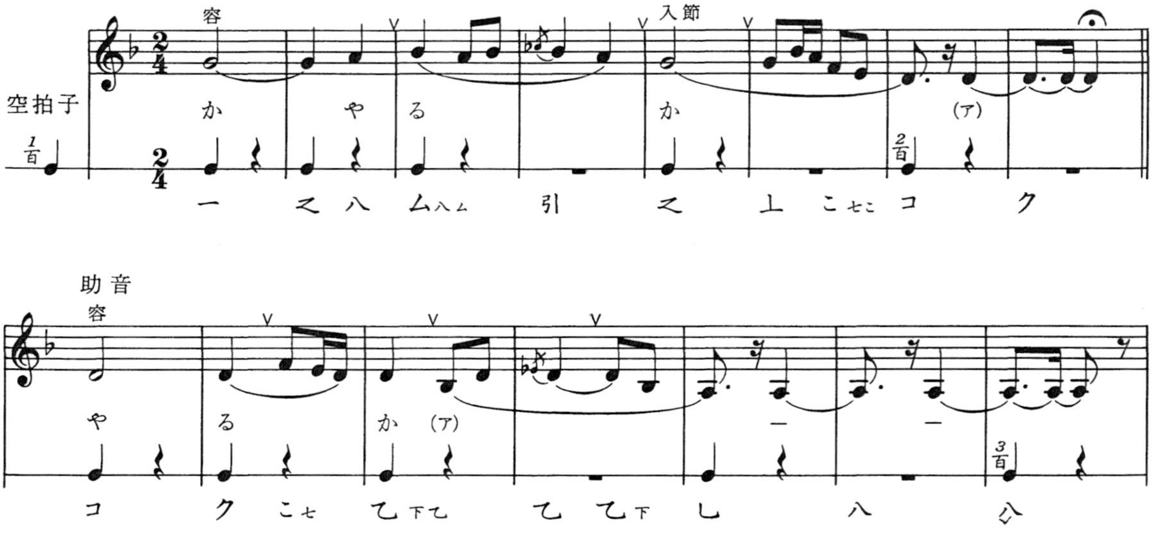

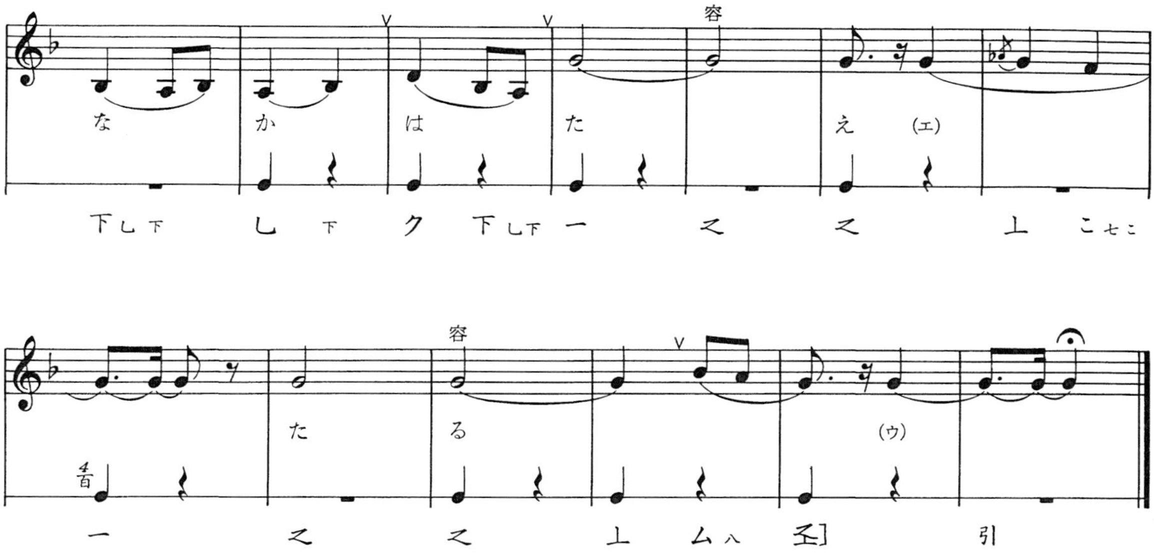

藤家説

石　河

三段　拍子　第一段 六　第二段 六　第三段 四

第一段

いしかはゝの、こまうどに、
おびを、とられて、からき、くいする。

第二段

いかゝなる、いかゝなる、おびぞ、
はなだの、おびの、なかは、たゐたる。

第三段

かやるか、やるか、
なかは、たゐたる。

山城 三段 真金吹 二段 拍子各十

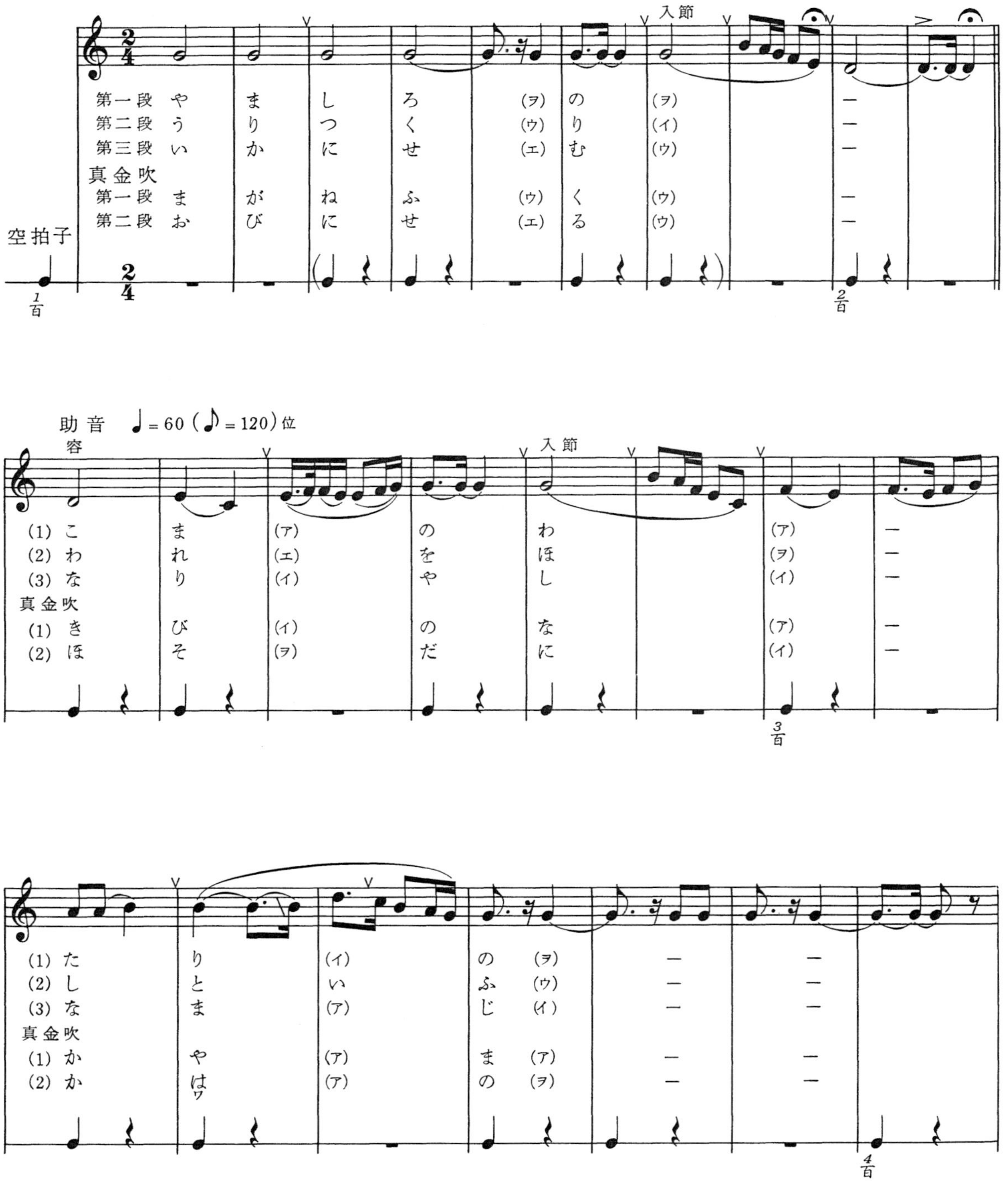

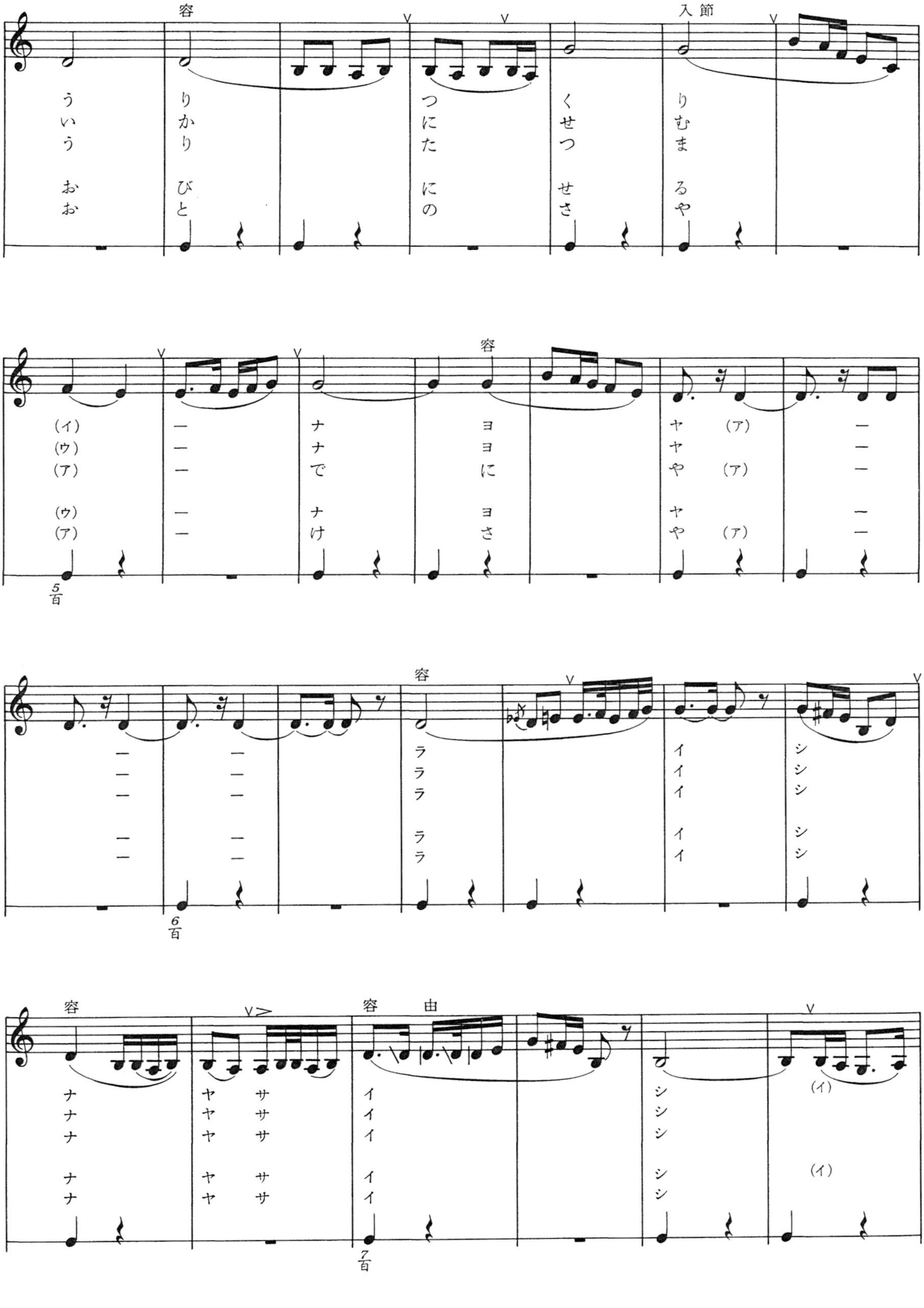
容
入節
うりつくり
いかにせむ
うりたつま
おびにせる
おとのさや
容
(イ) ー ナ ヨ ヤ (ア) ー
(ウ) ー ナ ヨ ヤ ー
(ア) ー で に や (ア) ー
(ウ) ー ナ ヨ ヤ ー
(ア) ー け さ や (ア) ー
5百
容
ー ー ラ イ シ
ー ー ラ イ シ
ー ー ラ イ シ
ー ー ラ イ シ
ー ー ラ イ シ
6百
容
容
由
ナ ヤ サ イ シ (イ)
ナ ヤ サ イ シ
ナ ヤ サ イ シ
ナ ヤ サ イ シ (イ)
ナ ヤ サ イ シ
7百

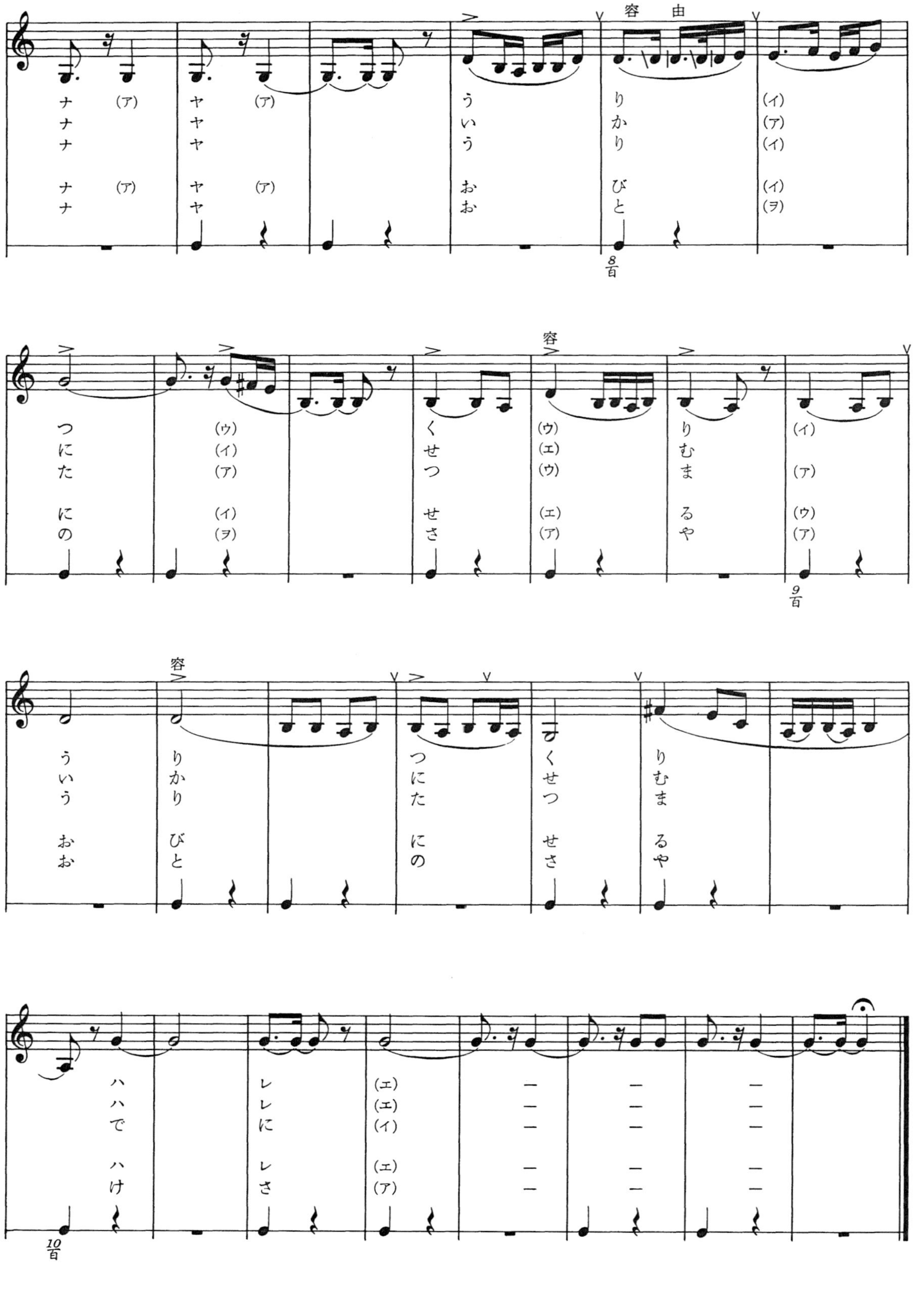
容
由
ナナナ
ナナ
(ア)
(ア)
ヤヤヤ
ヤヤ
(ア)
(ア)
ういう
おお
りかり
びと
8百
(イ)
(ア)
(イ)
(イ)
(ヲ)
容
つにた
にの
(ウ)
(イ)
(ア)
(イ)
(ヲ)
くせつ
せさ
(ウ)
(エ)
(ウ)
(エ)
(ア)
りむま
るや
(イ)
(ア)
(ウ)
(ア)
9百
容
ういう
おお
りかり
びと
つにた
にの
くせつ
せさ
りむま
るや
ハハで
ハけ
10百
レレに
レさ
(エ)
(エ)
(イ)
(エ)
(ア)

山城

三段　拍子各十

第一段

やましろの、こまのわたり、
うりつくり、ナヨヤ、
ライシナヤ、サイシナヤ、
うりつくり、うりつくり、ハレ。

第二段　与初段同音

うりつくり、われをほしといふ、
いかにせん、ナヨヤ、
ライシナヤ、サイシナヤ、
いかにせん、いかにせん、ハレ。

第三段　与初段同音

いかにせん、なりやしなまじ、
うりたつまでにや、
ライシナヤ、サイシナヤ、
うりたつま、うりたつま、ハレ。

真金吹

二段　拍子各十

与山城同音

第一段

まがねふく、きびのなかやま、
をびにせる、ナヨヤ、
ライシナヤ、サイシナヤ、
をびにせる、をびにせる、ハレ。

第二段　与初段同音

おびにせる、ほそたにがはの、
をとのさや　けさや、
ライシナヤ、サイシナヤ、
をとのさや、をとのさやけさ。

安　名　尊

新　年　梅之枝　沢田河

各　三　段

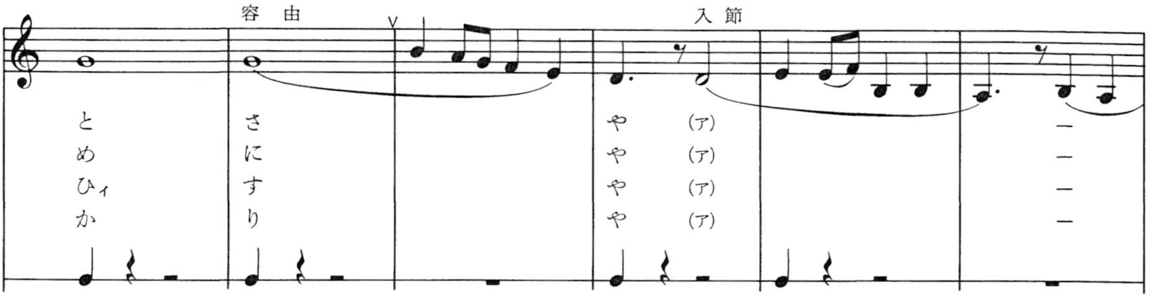

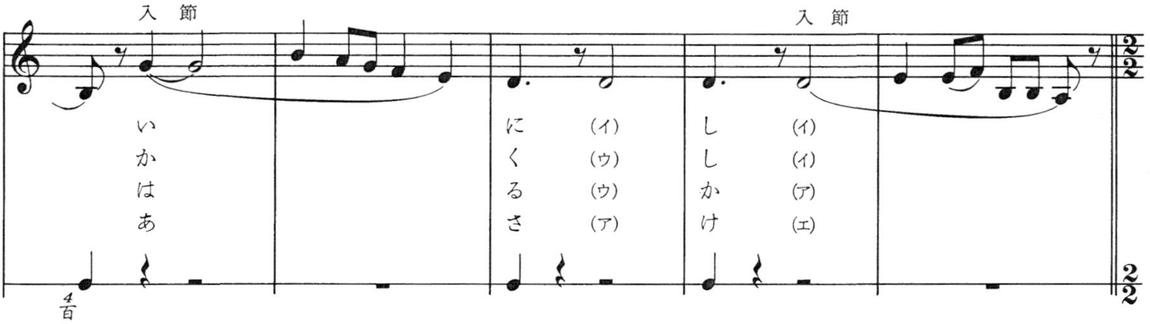

原譜に,“此両字歌速”とある部分,
♩は♪と,𝅝は𝅗𝅥と,𝅗𝅥は♩とみなして.

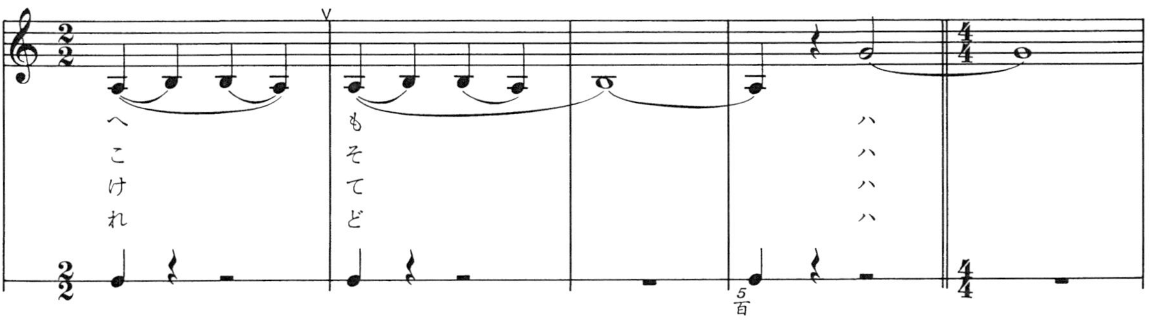

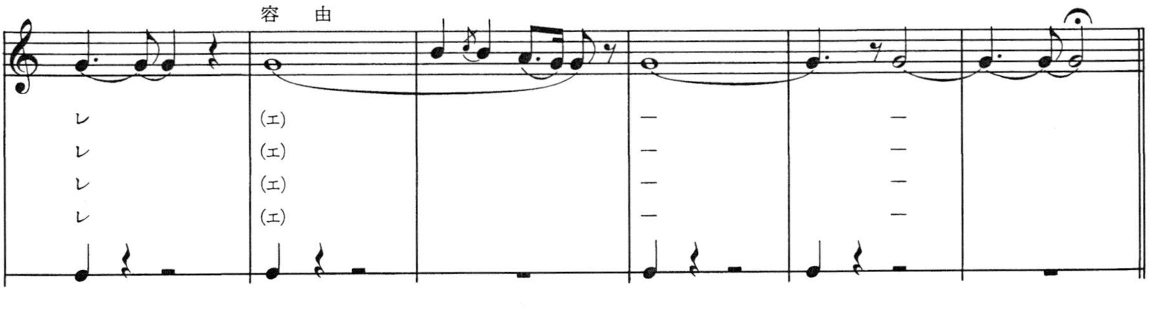

各第二段　拍子各五

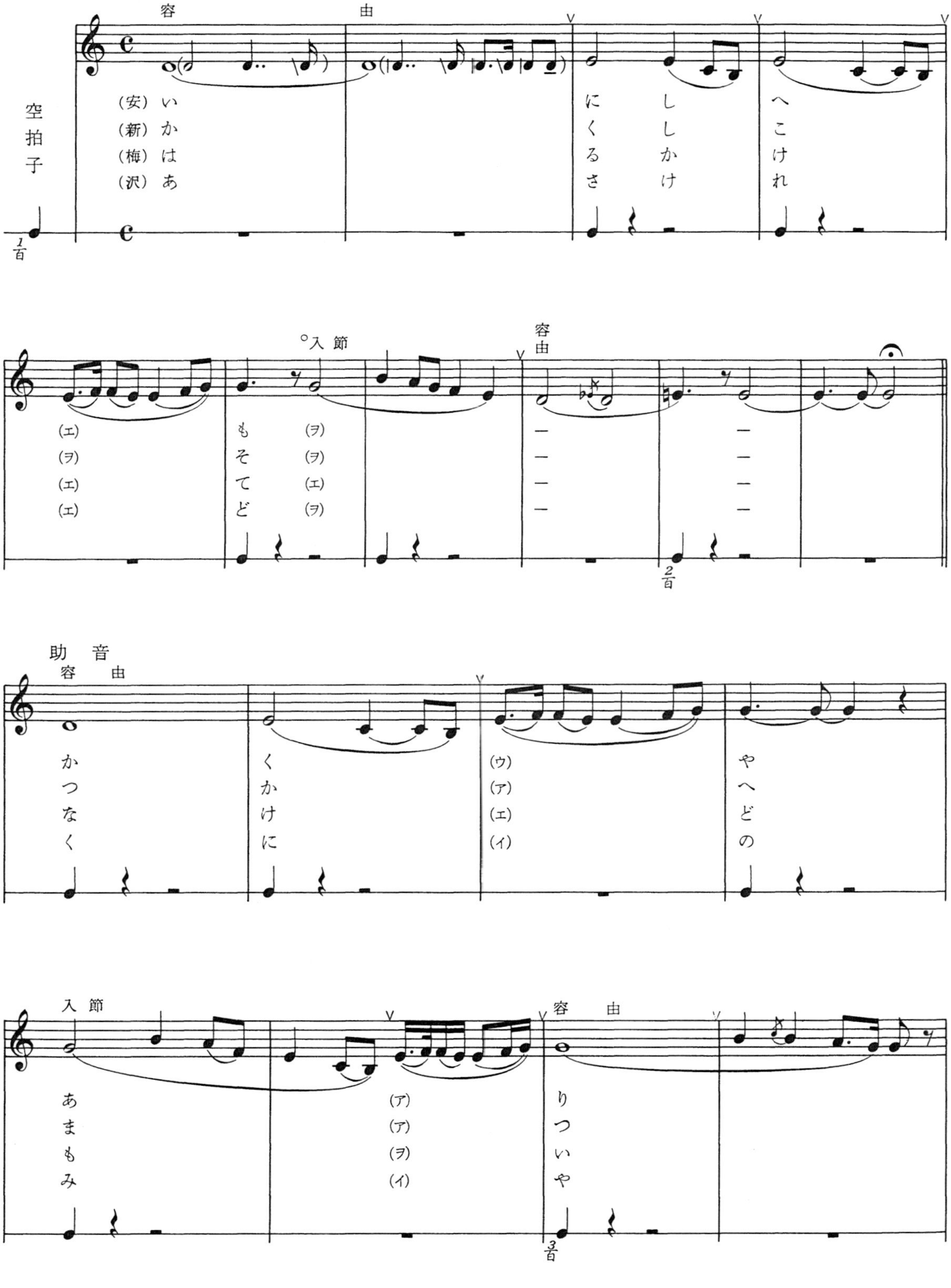

容
由
空拍子
1音
（安）い　に　し　へ
（新）か　く　し　こ
（梅）は　る　かけ　け
（沢）あ　さ　け　れ
°入節
容由
（エ）　も　（ヲ）　—　—
（ヲ）　そ　（ヲ）　—　—
（エ）　て　（エ）　—　—
（エ）　ど　（ヲ）　—　—
2音
助音
容　由
かつなく
くかけに
（ウ）（ア）（エ）（イ）
やへどの
入節
容　由
あまもみ
（ア）（ア）（ヲ）（イ）
りついや
3音

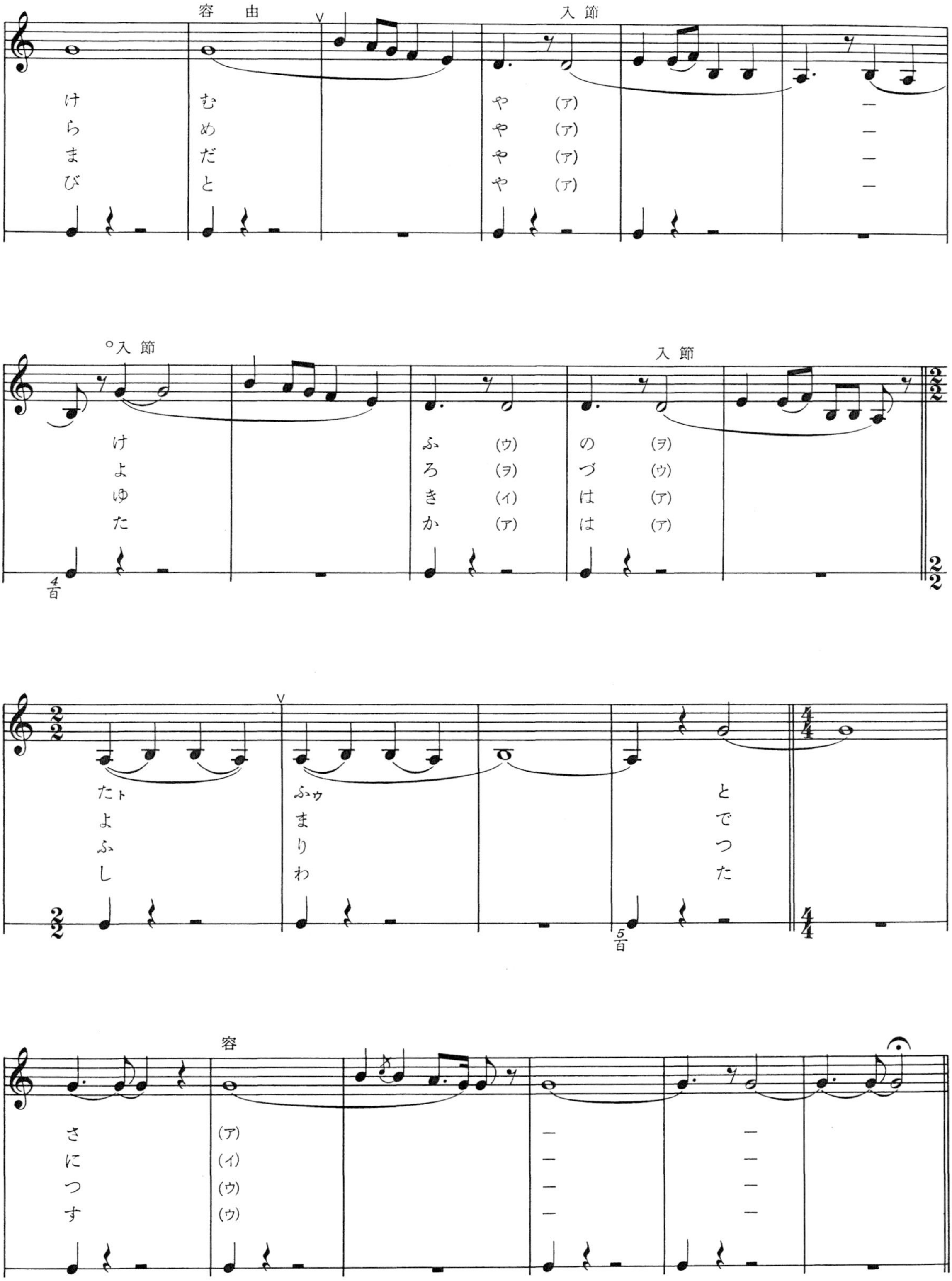
容 由
入 節
け む や (ア) ー
ら め や (ア) ー
ま だ や (ア) ー
び と や (ア) ー
○入 節
入 節
け ふ (ウ) の (ヲ)
よ ろ (ヲ) づ (ウ)
ゆ き (イ) は (ア)
た か (ア) は (ア)
たト ふゥ と
よ ま で
ふ り つ
し わ た
容
さ (ア) ー ー
に (イ) ー ー
つ (ウ) ー ー
す (ウ) ー ー

各第三段　拍子各四

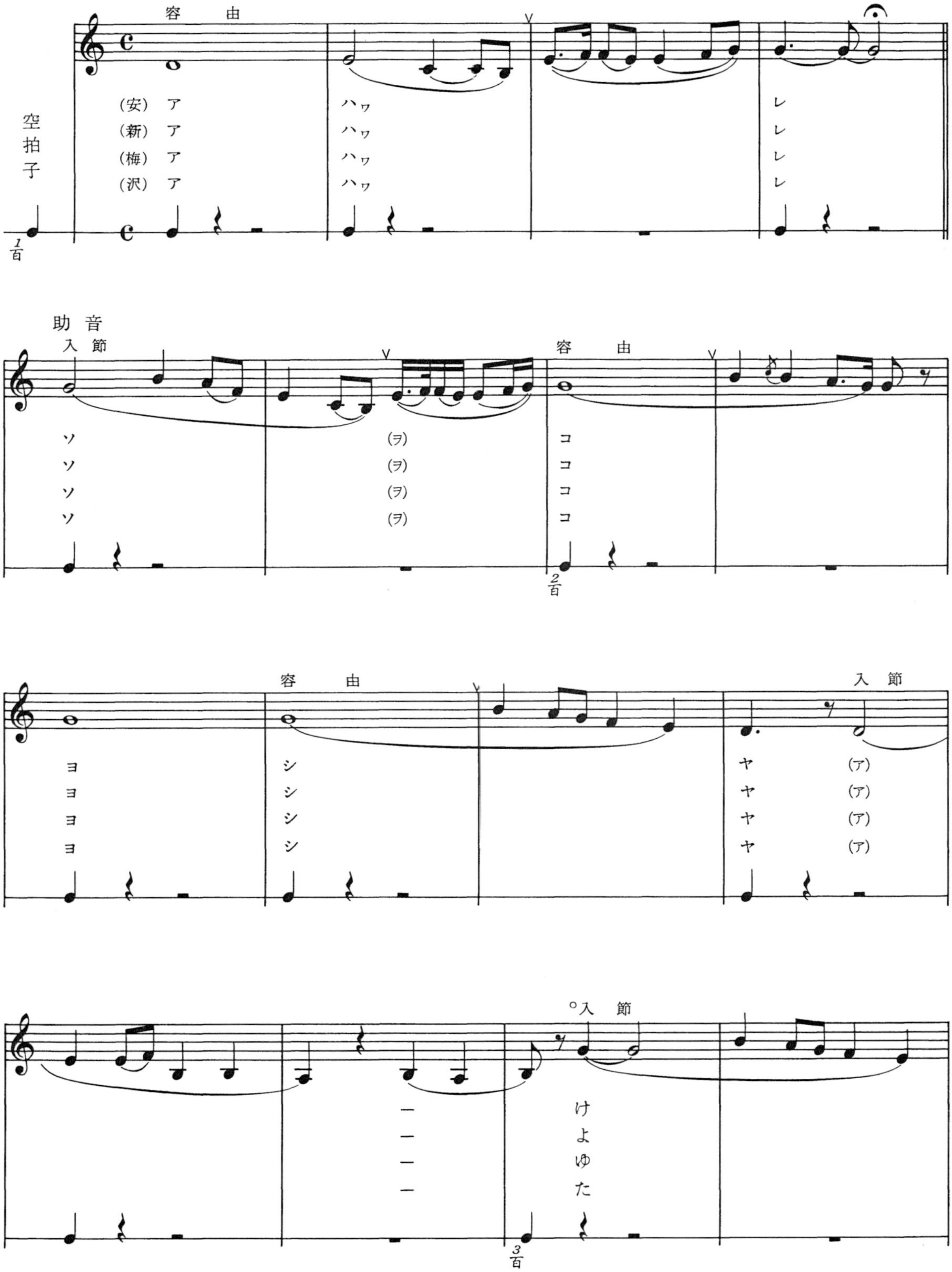
容　由
(安)　ア　ハヮ　レ
(新)　ア　ハヮ　レ
(梅)　ア　ハヮ　レ
(沢)　ア　ハヮ　レ
空拍子
1百
助音
入節
ソ　(ヲ)　コ
ソ　(ヲ)　コ
ソ　(ヲ)　コ
ソ　(ヲ)　コ
容　由
2百
容　由
入　節
ヨ　シ　ヤ　(ア)
ヨ　シ　ヤ　(ア)
ヨ　シ　ヤ　(ア)
ヨ　シ　ヤ　(ア)
○入　節
ー　け
ー　よ
ー　ゆ
ー　た
3百

○と附記せる「入節」は，「安名尊」の原譜にのみ見出す「二十許ユルベシ」とある特殊のもの，詳細は解説の部の「容由と入節」の項参照．

安名尊

三段　拍子　第一段五　第二段五　第三段四

第一段

あなたふ《ゥ》と、
けふ《ゥ》のたふとさや、
いにしへ《ェ》も、ハレ。

第二段

いにしへ《ェ》も、
かくやありけんや、
けふ《ゥ》のたふ《ゥ》とさ。

第三段

アハレ、ソコヨシヤ、
けふ《ゥ》のたふ《ゥ》とさ。

新年

三段　拍子　第一段五　第二段五　第三段四

与安名尊同音
此歌正月中可用之

第一段

あたらしき、
としのはじめにや、
かくしこそ、ハレ。

第二段

かくしこそ、
つかへまつらめや、
よろづよまでに。

第三段

アハレ、ソコヨシヤ、
よろづよまでに。

梅枝

三段　拍子　第一段五　第二段五　第三段四

与安名尊同音
此歌春始可用之

第一段

むめがえに、
きゐる、うぐひすや、
はるかけて、ハレ。

第二段

はるかけて、
なけどもいまだ、
ゆきはふりつつ。

第三段

アハレ、ソコヨシヤ、
ゆきはふりつつ。

沢田河

三段　拍子　第一段五　第二段五　第三段四

「略譜」にも「三五」にも除かれているが、安名尊と同音の歌にちがいない。

第一段

さはだかは、
そでつくばかりや、
あさけれど、ハレ。

第二段

あさけれど、
くにのみやびとや、
たかはしわたす。

第三段

アハレ、ソコヨシヤ、
たかはしわたす。

妹与我　拍子十

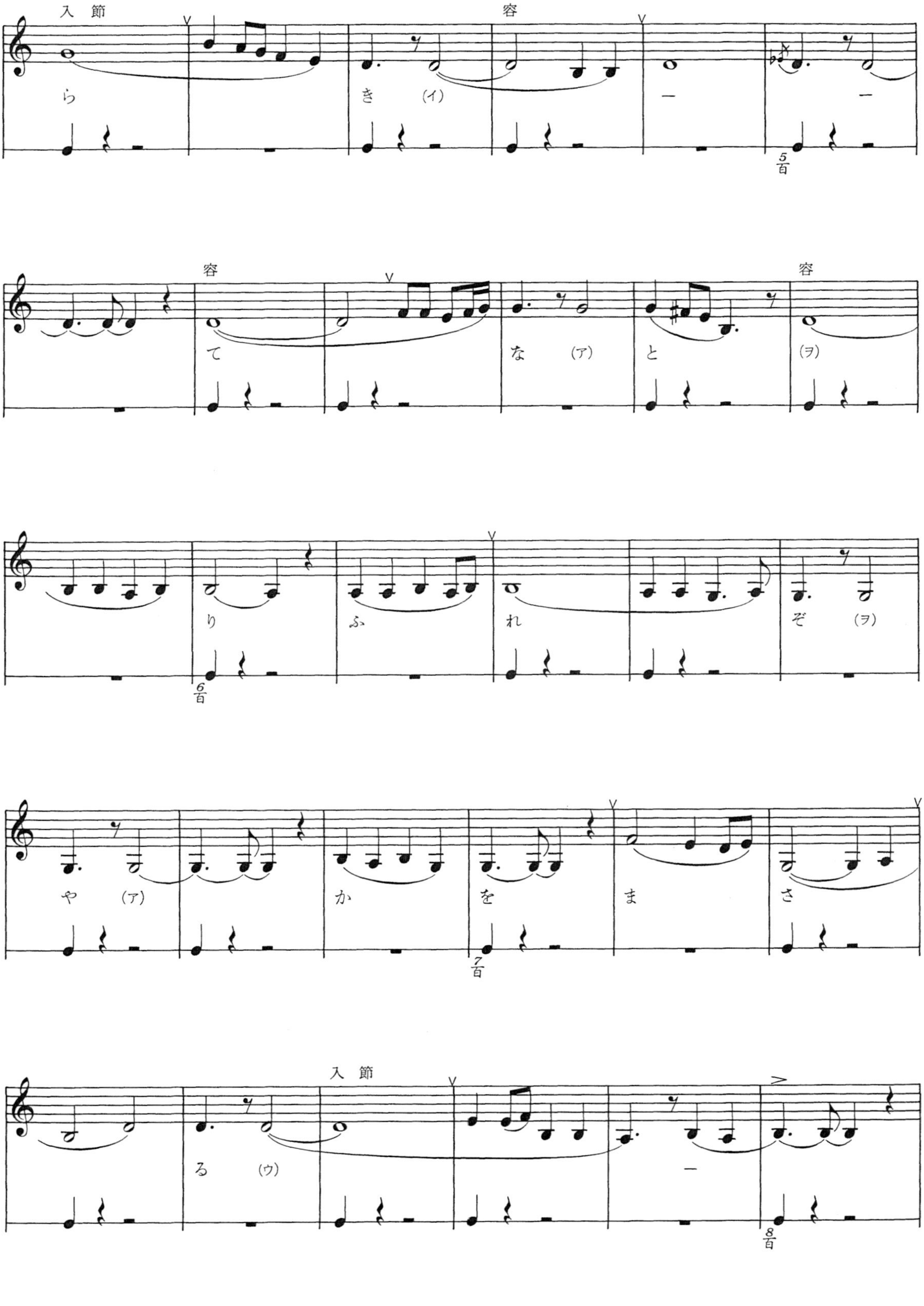
入 節
容
ら
き
(イ)
ー
ー
5
百
容
容
て
な
(ア)
と
(ヲ)
り
6
百
ふ
れ
ぞ
(ヲ)
や
(ア)
か
を
7
百
ま
さ
入 節
る
(ウ)
ー
8
百

妹与我

一段　拍子十

いもとわれと、
いるさのやまの、
やまあららぎ、
てなとりふれぞや、
かをまさる、がにや、
とくまさる、がにや。

鈴之河　拍子九

空拍子
容
す ず か が は (ァ) ー ー
助音 ♩＝50 (♪＝100) 位
や そ (ヲ) せ (エ) の た
き を (ヲ) ー ー ー み な
入節
ひ と の (ヲ) ー ー
め づ (ウ) る (ウ) も し

鈴之河

一段　拍子九

妹与我同音
但一句少

すずかがは、
やそせのたきを、
みな、ひとの
めづるも、しるくや、
ときにあへる、
ときにあへる、
カモヤ。

此　殿　者

此殿西　此殿奥　鷹　山

各二段　拍子各八

各第一段

(1) 此殿者
(2) 此殿西
(3) 此殿奥
(4) 鷹　山

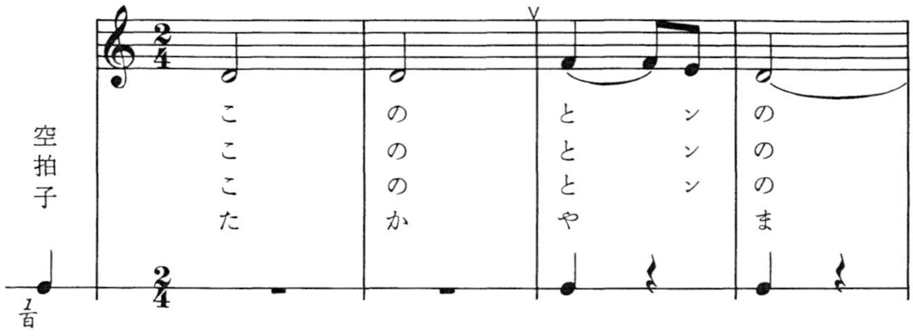

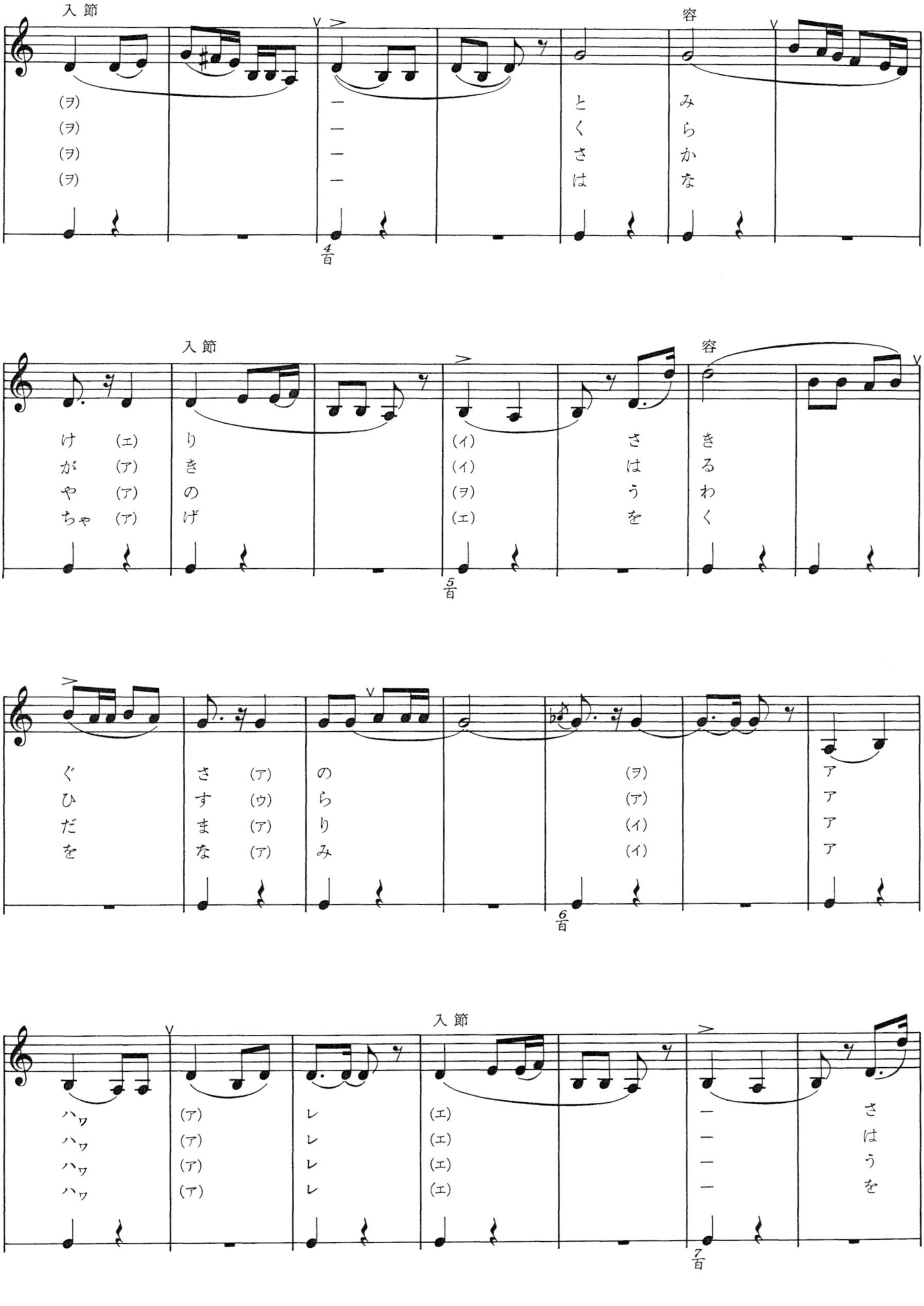
入節
(ヲ)(ヲ)(ヲ)(ヲ)
ーーーー
4音
とくさは
容
みらかな
けがやちゃ
(エ)(ア)(ア)(ア)
入節
りきのげ
(イ)(イ)(ヲ)(エ)
5音
さはうを
容
きるわく
ぐひだを
さすまな
(ア)(ウ)(ア)(ア)
のらりみ
(ヲ)(ア)(イ)(イ)
6音
アアアア
ハヮハヮハヮハヮ
(ア)(ア)(ア)(ア)
レレレレ
入節
(エ)(エ)(エ)(エ)
ーーーー
7音
さはうを

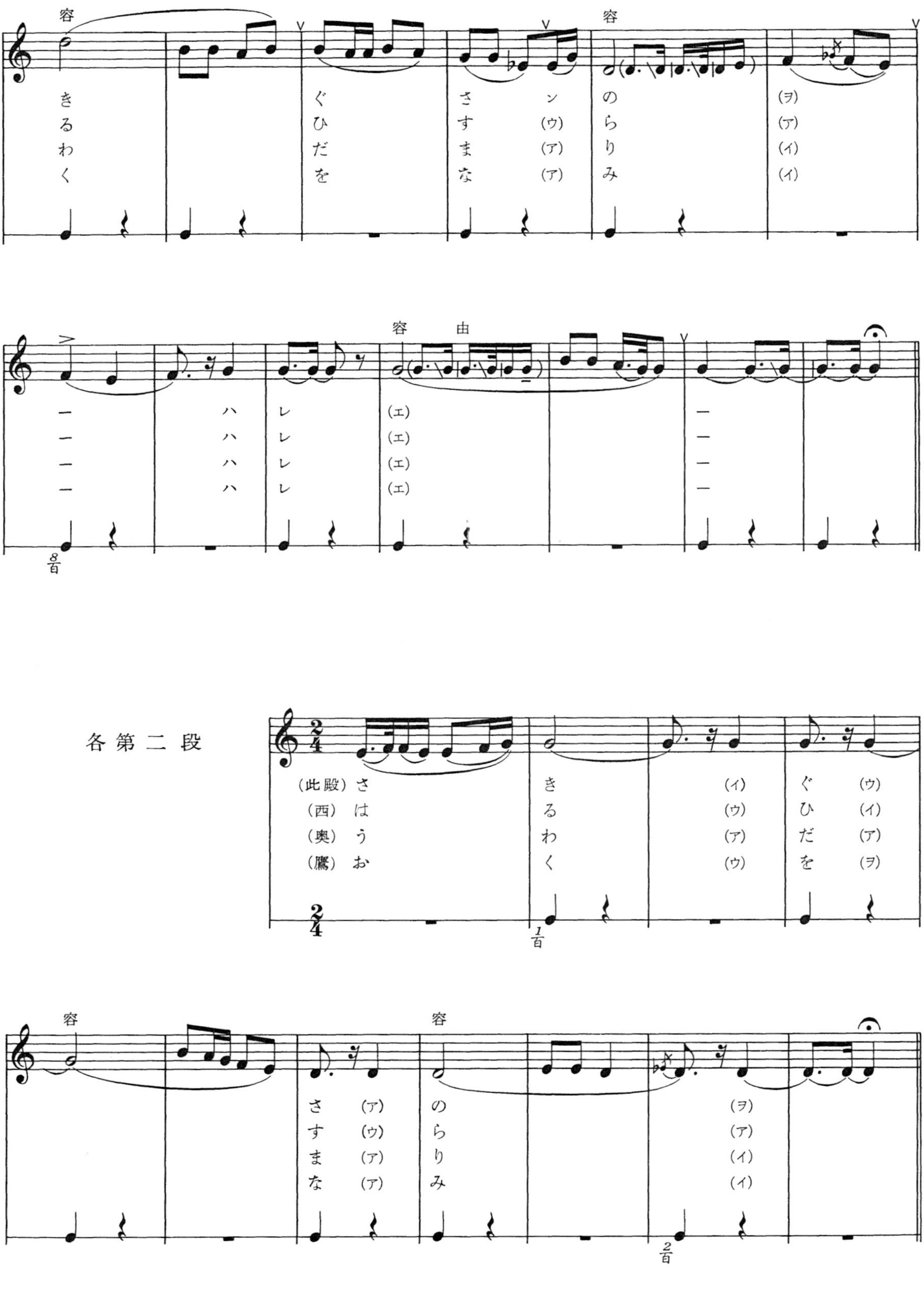
容
容
きるわく
ぐひだを
さすまな
ン (ウ) (ア) (ア)
のらりみ
(ヲ) (ア) (イ) (イ)
容 由
ーーーー
ハハハハ
レレレレ
(エ) (エ) (エ) (エ)
ーーーー
8音
各第二段
(此殿) さ
(西) は
(奥) う
(鷹) お
きるわく
(イ) (ウ) (ア) (ウ)
ぐひだを
(ウ) (イ) (ア) (ヲ)
1音
容
容
さすまな
(ア) (ウ) (ア) (ア)
のらりみ
(ヲ) (ア) (イ) (イ)
2音

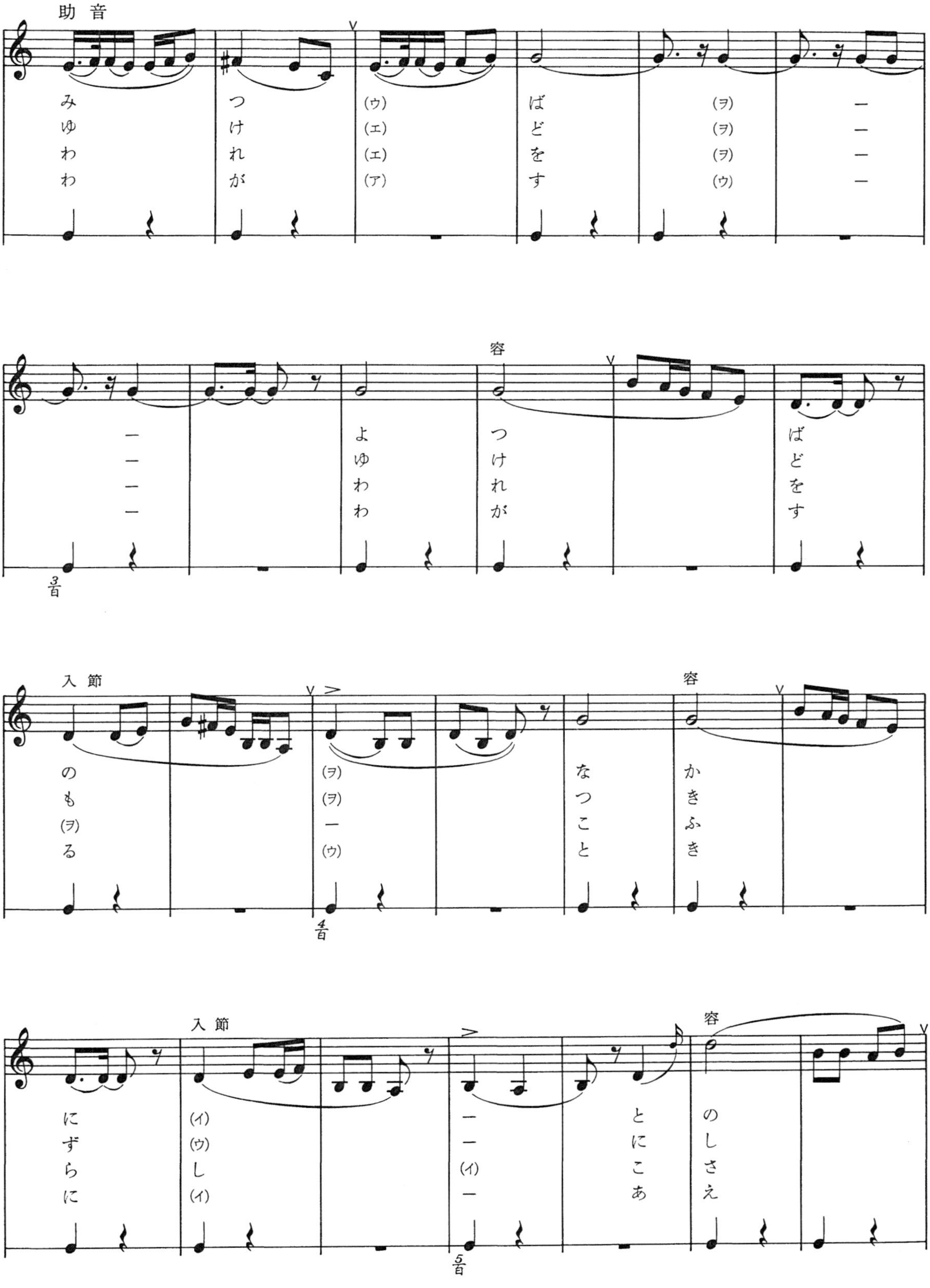
助音
みゆわわ
つけれが
(ウ)(エ)(エ)(ア)
ばどをす
(ヲ)(ヲ)(ヲ)(ウ)
ーーーー
ーーーー
3音
よゆわわ
容
つけれが
ばどをす
入節
のも(ヲ)る
(ヲ)(ヲ)ー(ウ)
4音
なつこと
容
かきふき
にずらに
入節
(イ)(ウ)し(イ)
ーー(イ)ー
5音
とにこあ
容
のしさえ

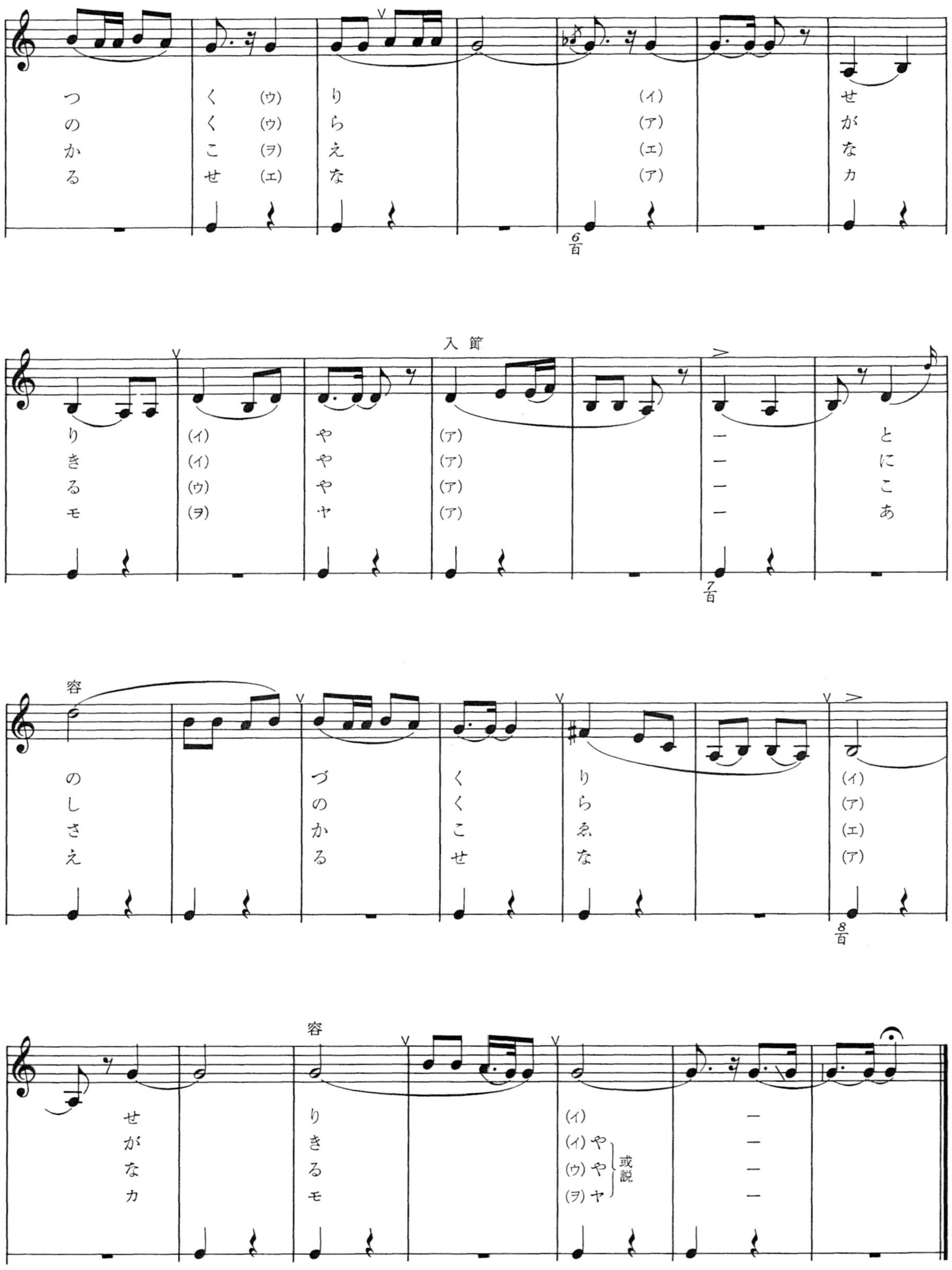
つのかる
くくこせ
(ウ)(ウ)(ヲ)(エ)
りらえな
(イ)(ア)(エ)(ア)
せがなカ
6 百
入節
りきるモ
(イ)(イ)(ウ)(ヲ)
ややヤヤ
(ア)(ア)(ア)(ア)
ーーーー
とにこあ
7 百
容
のしさえ
づのかる
くくこせ
りらゑな
(イ)(ア)(エ)(ア)
8 百
容
せがなカ
りきるモ
(イ)(イ)(ウ)(ヲ)
ややヤ
或説
ーーーー

此殿(者)

二段　拍子各八

第一段

このとのは、
むべも、むべも、
とみけり、
さきくさの、
アハレ、
さきくさの、ハレ。

第二段

さきくさの、
みつば、よつばの、
なかに、
とのづくりせりや、
とのづくりせり。

此殿西

二段　拍子各八

与此殿者同音

第一段

このとのの、
にしの、にしの、
くらがき、
はるひすら、
アハレ、
はるひすら、ハレ。

第二段

はるひすら、
ゆけど、ゆけども、
にしの、くらがきや、
にしのくらがき。

此殿奥

二段　拍子各八

与此殿西同音

第一段

このとのの、
をくの、をくの、
さかやの、
うわだまり、
アハレ、
うわだまり、ハレ。

第二段

うわだまり、
われを、われを、
こふらし、
こさかこえなるや、
こさかこえなる。

或説「や」あり

鷹山

二段　拍子各八

与此殿同音
母屋大饗用此歌
夏不可用之

第一段

たかやまに、
たかを、たかを、
はなちゃげ、
をくをなみ、
アハレ、
をくをなみ、ハレ。

第二段

おくをなみ、
わがす、わがする、
ときに、
あえるせな、カモヤ、
あえるせな、カモ。

或説「ヤ」あり

三五説　**奥　山**　拍子五

空拍子
容
おくやまに(イ)
助音 ♩=72位
容
ききるやおおち
き
入節
容
やはヮけ(エ)ンづ(ウ)
き
入節
容
やはけンづ(ウ)
容
ききる(ウ)や
容
おおち(イ)

奥山尓　拍子五

空拍子
1音
おくやまに(イ)
一 之 こ 七 コ ク 引 引 こ 七 コ ク
助音 ♩=72位
容
2音
きながすさかきが
一 之 乙 下 コ ク こ 七 こ 之 乙 下 ク 乙 下
3音
おちきやとき
し 下し下 下 引 こ 七 こ 之 下 し コ ク 乙 下
4音
やとけンづる
し 下し下 下 引 こ 七 ク 下 し し 下し下 下
5音
ききる(ウ)やおおぢ(イ)
一 之 ム ハ ム ク ム ハ 之 丄 こ 七 引 引

三五説

奥　山

一段　拍子五

おくやまに、
き、きるや、おおぢ、
きやは、けンづる、
　きやは、けンづる、
き、きるや、おおぢ。

亡父基万遺稿

奥々山

一段　拍子五
（奥山尓一本）

おくやまに、
き、ながす、さかきがおぢ、
きやと、きやと、けンづる、
き、きるや、おおぢ。

藤家説

葦　垣

五段　拍子各七

第一段
あしがき、まがき、まがき、
　かきわけて、
てふこすと、おひこすと、ハレ。

第二段
てふこすと、たれか、たれか、
　このことを、
おやに、まうよこしまうしし。

第三段
とどろける、このいへ、
　このいへのおとよめ、
おやに、まうよこし、けらしし。

第四段
あめつちの、かみも、かみも、
　そうしたべ、
われは、まうよこし、まうさず。

第五段
すがのねの、すがな、
　すがなきことを、
われは、きく、われはきくかな。

藤家説　**葦垣**　拍子各七

五段

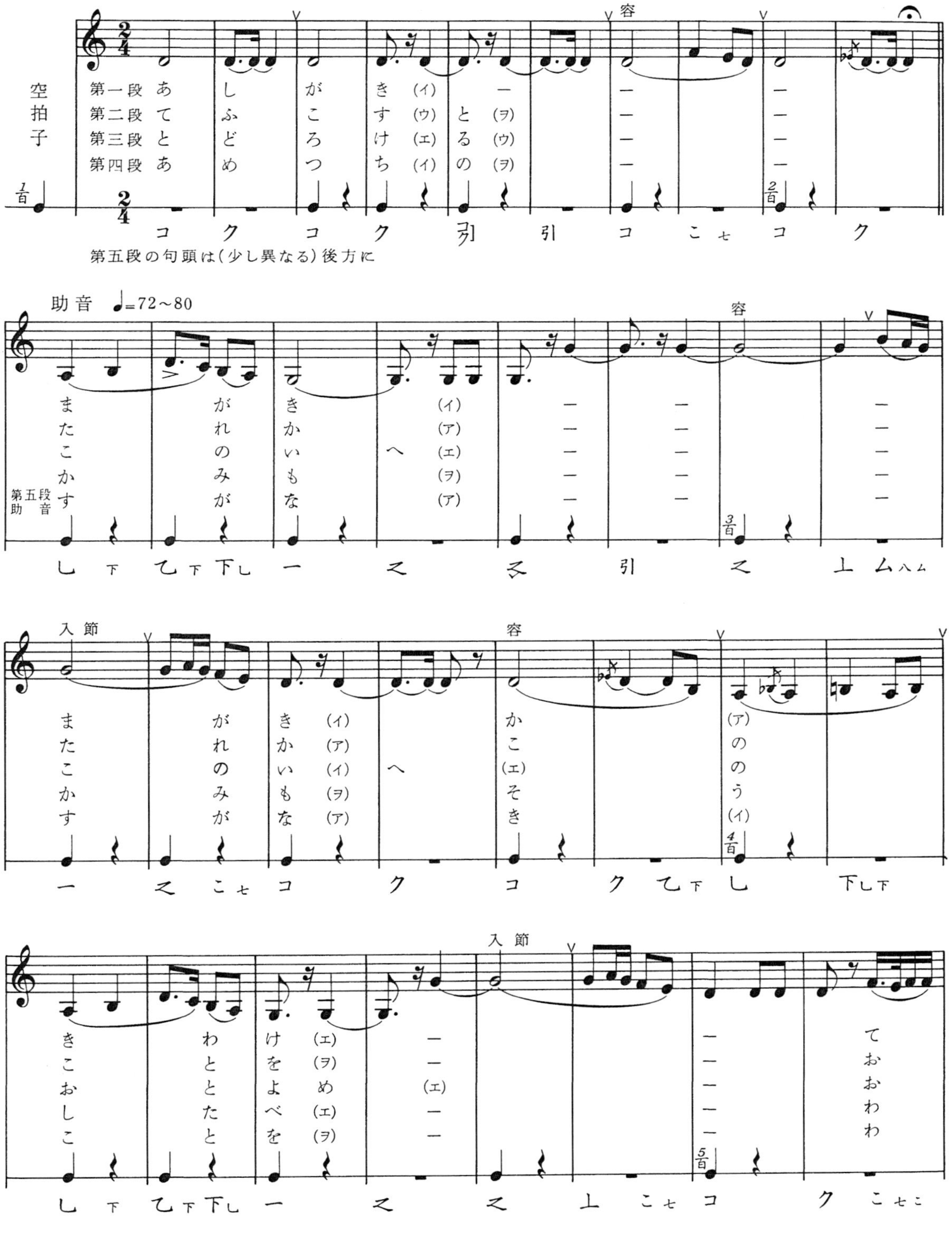

容
ふややれれ
こにははは
すままき
とううく
およよわ
一 之 八 ム八ム 引 八 ム八ム ム コ ク
6百
ひィこここれ
こしししは
すまけまき
(ウ) (ア) (エ) (ヲ) (イ)
とうらうく
乙 下 乚 下乚下 一 之 こ七こ ム八ム ム
7百
ハししさか
レしずな
(エ) (イ) (イ) (ウ) (ア)
一 之 上 引 之 上
第五段はここで終る

第五段　句頭

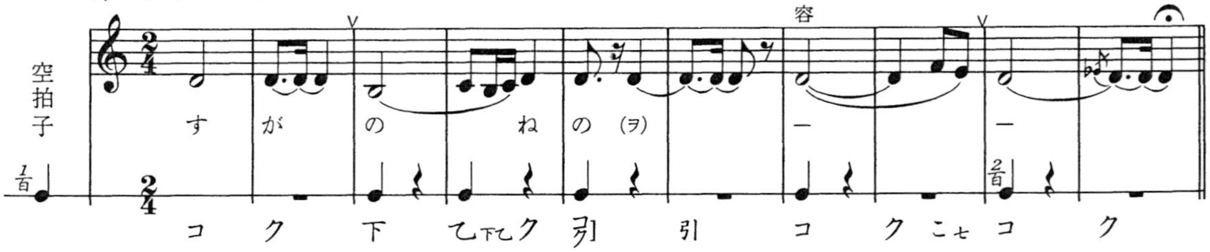
空拍子
容
すがのねの(ヲ)
1百
2百
コ ク 下 乙下乙ク 引 引 コ ク こ七 コ ク

藤家説

葛城

三段

第一段　拍子六

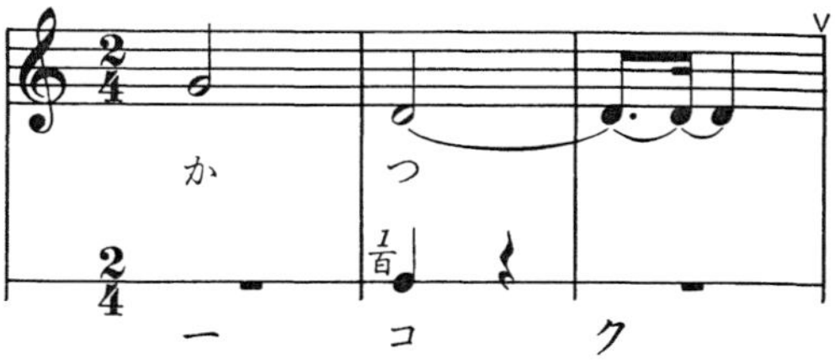

て　ら　（ア）　の　（ヲ）　ー　に
し　下し下　下　ム　一　之　引　之　こ七こ
し　な　る　（ウ）　や　（ア）　ー
6音
八　ム八ム　ム　八　一　之　之　引　之

第　二　段　　拍　子　七

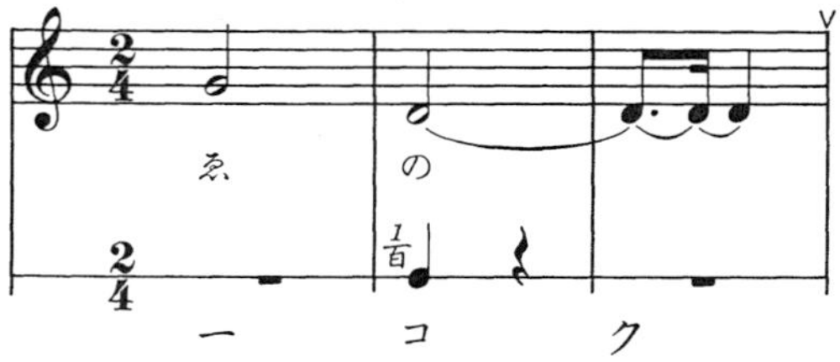
ゑ　の
1音
一　コ　ク

容
は　ゐ　に　（イ）　ー　ー
2音
下　乙下乙ク　コ　ク　引　こ七ク　コ　ク
助音
容
入節
し　ら　た　（ア）　ま　（ア）
3音
一　下　乙下乙　コ　ク七ク七　之　上　こ七　コ　ク

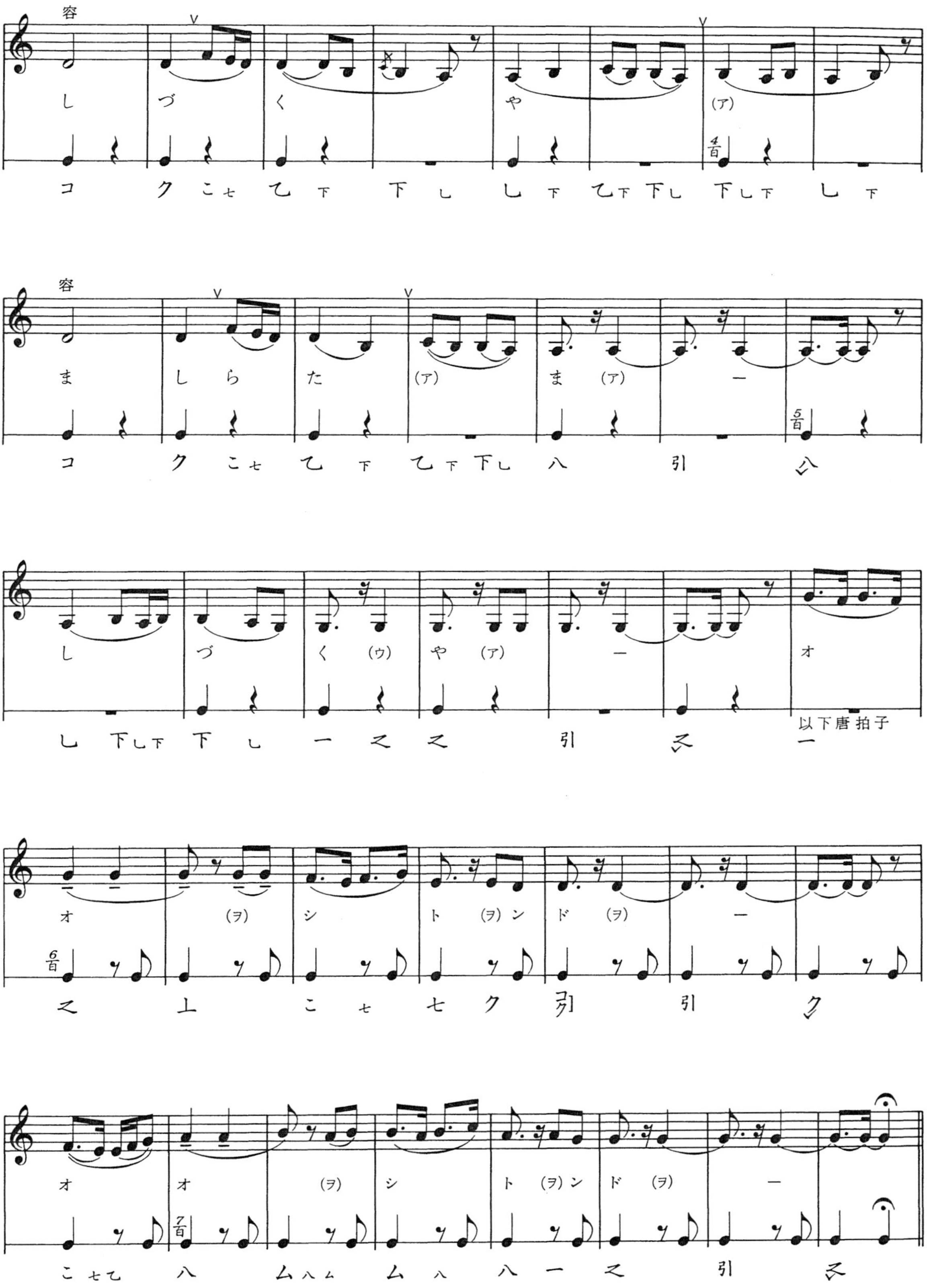
容
し づ く や (ア)
4百
コ ク こ七 乙 下 下 し し 下 乙下 下し 下し下 し 下
容
ま しら た (ア) ま (ア) ー
5百
コ ク こ七 乙 下 乙下 下し 八 引 ム
し づ く (ウ) や (ア) ー オ
以下唐拍子
し 下し下 下 し 一 之 之 引 之 一
オ (ヲ) シ ト (ヲ)ン ド (ヲ) ー
6百
之 上 こ 七 七 ク 引 引 ク
オ オ (ヲ) シ ト (ヲ)ン ド (ヲ) ー
7百
こ七乙 八 ム八ム ム 八 八 一 之 引 之

第三段　拍子九

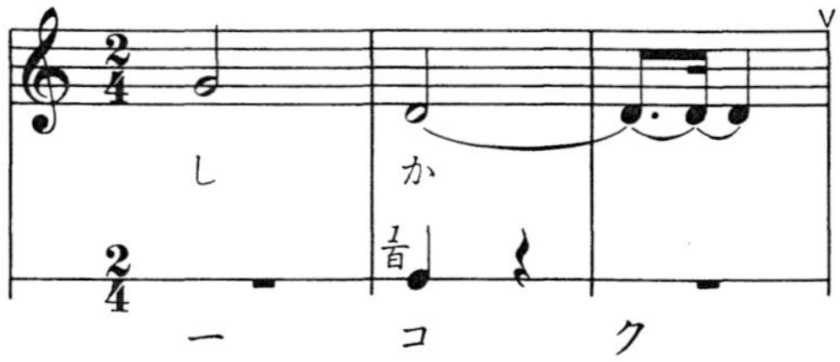
し　か
1音
一　コ　ク

容
し　て　は　(ア)　一　一
2音
下　乙下乙ク　コ　ク　こ七ク　コ　ク
容　入節
く　に　ぞ　(ヲ)　さ　(ア)　一
3音
一　下　乙下乙　コ　ク七ク七　之　上　こ七　コ　ク
容
か　ゑ　む　や　一
4音
コ　ク　こ七　乙　下　下　し　し　下　乙下下し　下し下　し　下
容
わ　い　へ　ら　ぞ　(ヲ)　と　み
5音
コ　ク　こ七　乙　下　乙下下し　八　八　八　ム八ム

藤家説

葛城

三段　拍子　第一段 六　第二段 七　第三段 九

第一段

かつらぎの、てらのまへなるや、
とよらの、てらのにしなるや。

第二段

ゑのはゐに、しらたま、しづくや、
ましらたま、しづくや、
オオシトンド、オオシトンド。

第三段

しかしてば、くにぞさかゑむや、
わいへらぞ、とみせんや、
オオシトンド、オオシトンド。
オオシトンド、オオシトンド。

藤家説　竹河　河口　拍子各七
各二段

竹河　第一段
河口　第一段

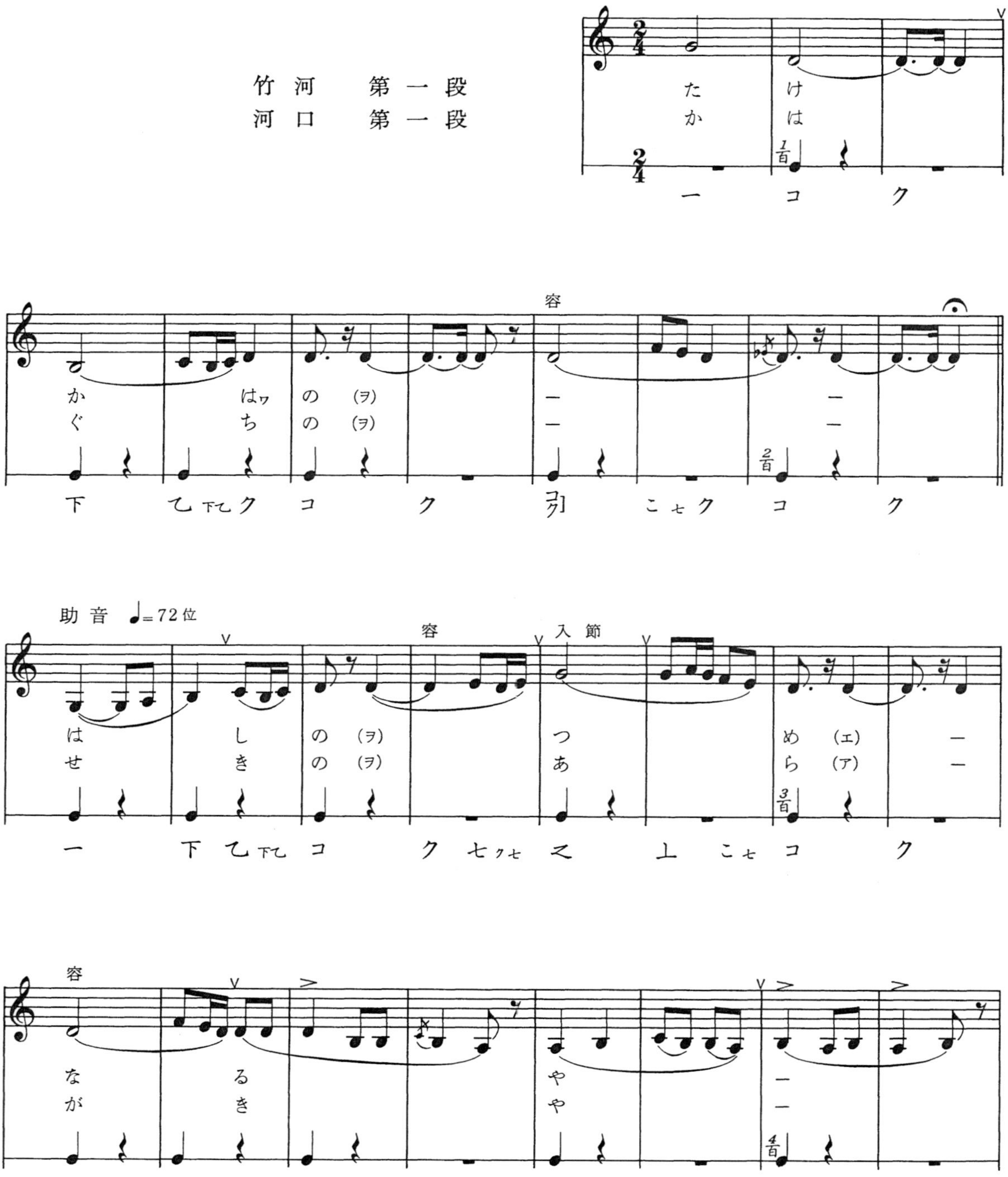

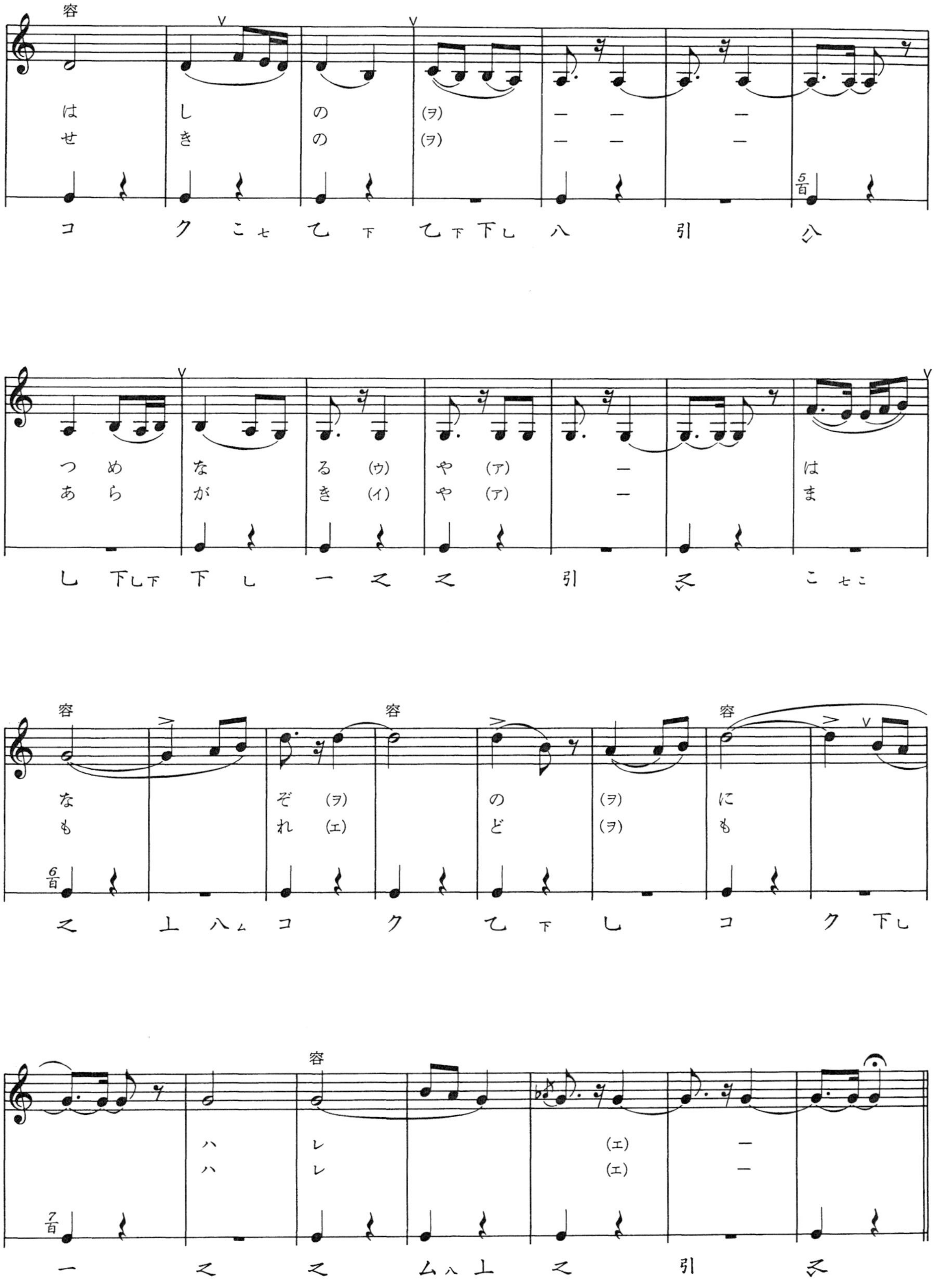
容
はしの(ヲ)ーーー
せきの(ヲ)ーーー
5百
コ ク こ七 乙 下 乙 下 下し 八 引 八
つめなる(ウ)や(ア)ーは
あらがき(イ)や(ア)ーま
し 下し下 下 し 一 之 之 引 之 こ 七こ
容 容 容
なぞ(ヲ)の(ヲ)に
もれ(エ)ど(ヲ)も
6百
之 上 八ム コ ク 乙 下 し コ ク 下し
容
ハレ(エ)ー
ハレ(エ)ー
7百
一 之 之 ム八上 之 引 之

竹河　第二段
河口　第二段

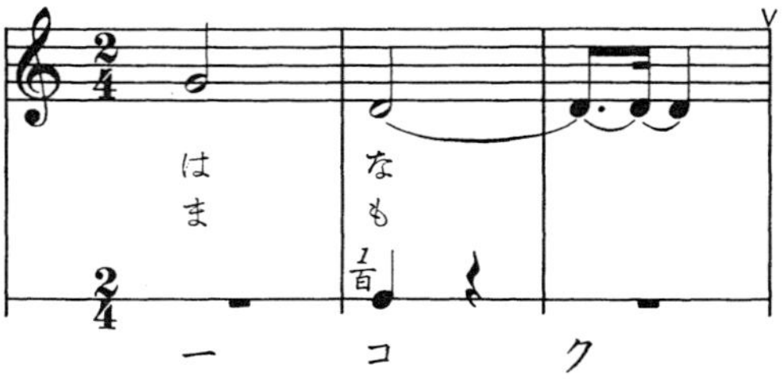

は な
ま も
一 コ ク

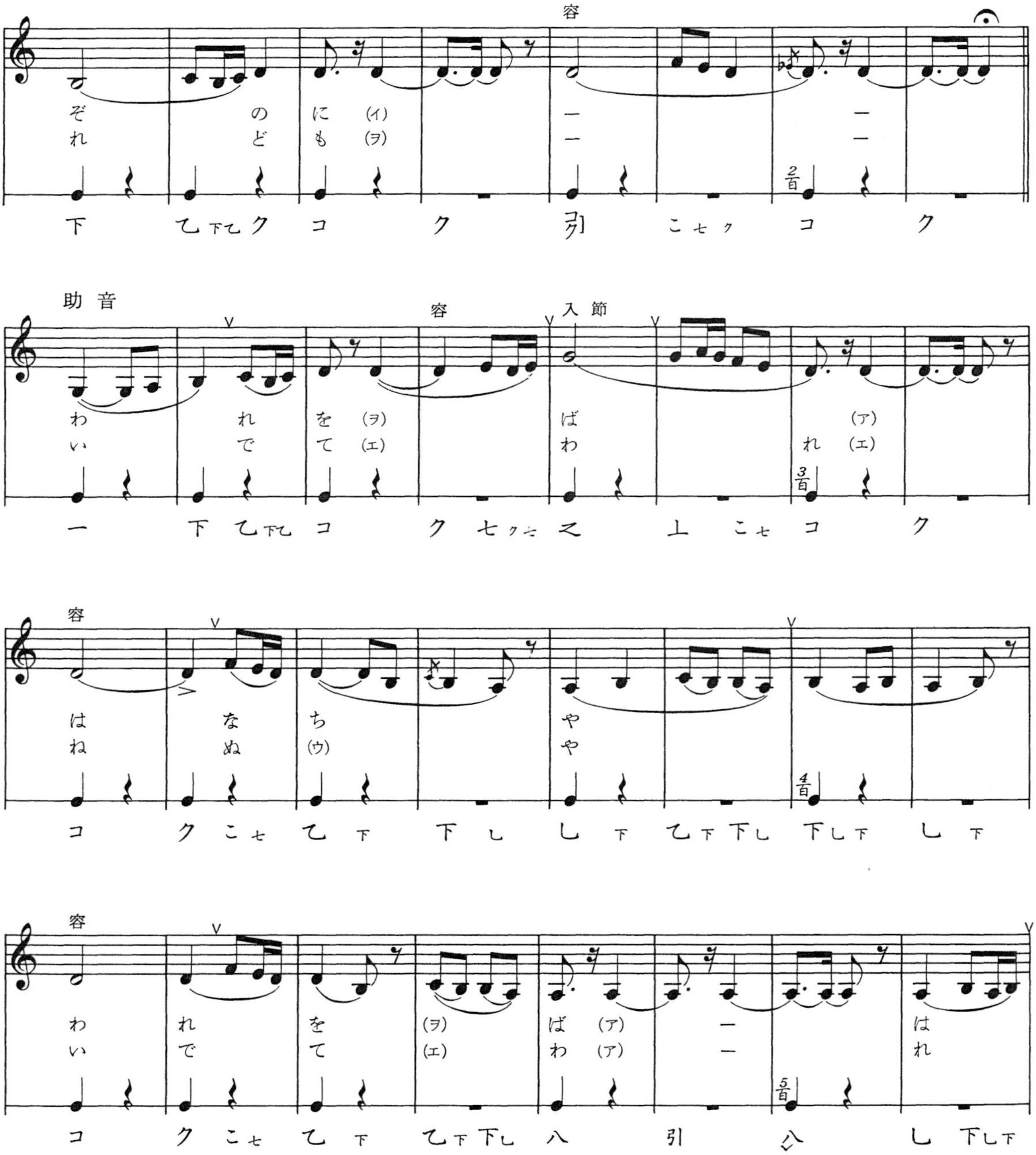

容
ぞ の に (イ) 一 一
れ ど も (ヲ) 一 一
下 乙下乙ク コ ク 引 こセク コ ク
助音 容 入節
わ れ を (ヲ) ば (ア)
い で て (エ) わ れ (エ)
一 下 乙下乙 コ ク セ 之 丄 こセ コ ク
容
は な ち や
ね ぬ (ウ) や
コ ク こセ 乙 下 下 し し 下 乙下下し 下し下 し 下
容
わ れ を (ヲ) ば (ア) 一 は
い で て (エ) わ (ア) 一 れ
コ ク こセ 乙 下 乙下下し 八 引 八 し 下し下

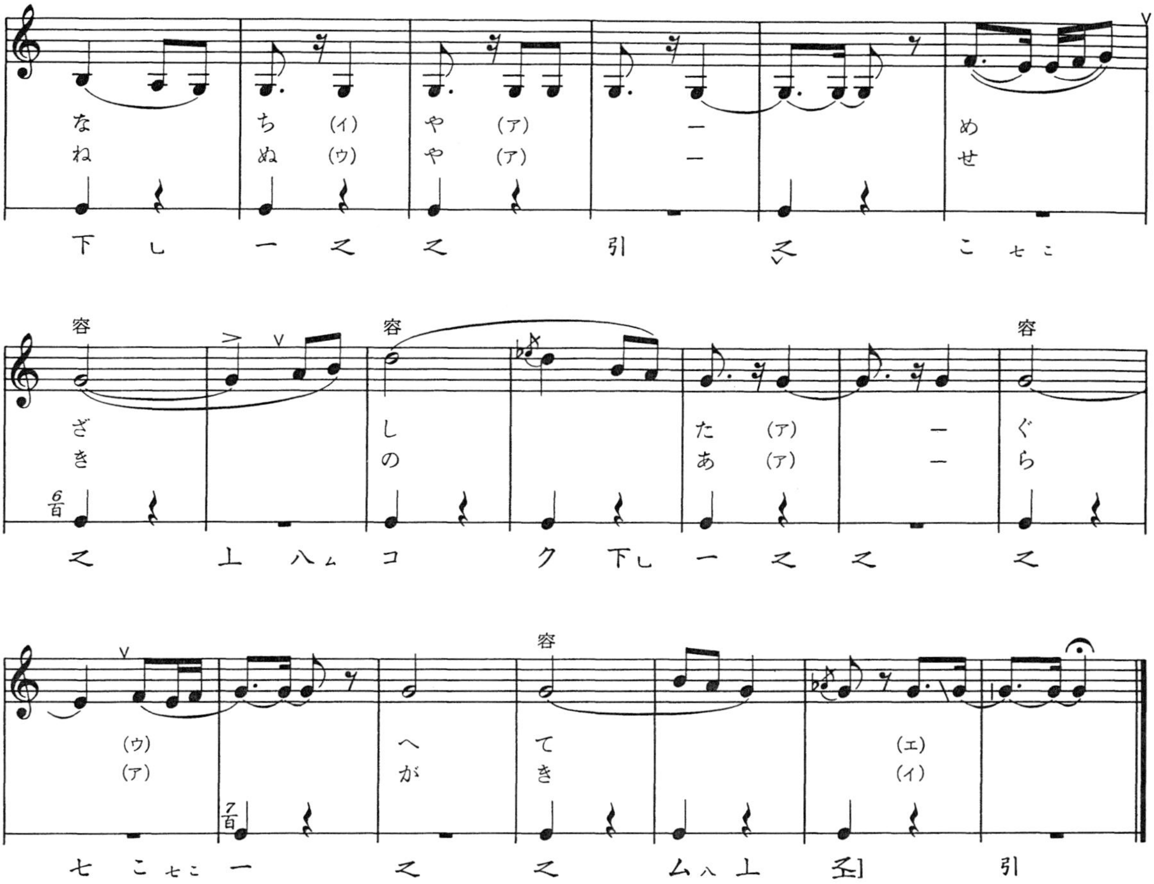

藤家説

竹河　二段　拍子各七

河口同音

第一段

たけかはの、はしのつめなるや、
はしのつめなるや、はなぞのに、ハレ。

第二段　同音

はなぞのに、われをば、はなちや、
われをば、はなちや、めざし、たぐへて。

藤家説

河口　二段　拍子各七

竹河同音

第一段

かはぐちの、せきの、あらがきや、
せきの、あらがきや、まもれども、ハレ。

第二段　同音

まもれども、いでて、われねぬや、
いでて、われねぬや、せきの、あらがき。

地　久　破　狛四拍子　拍子十二

桜人と比較される時の便宜を考え，故意に四分の二拍子に採集した．

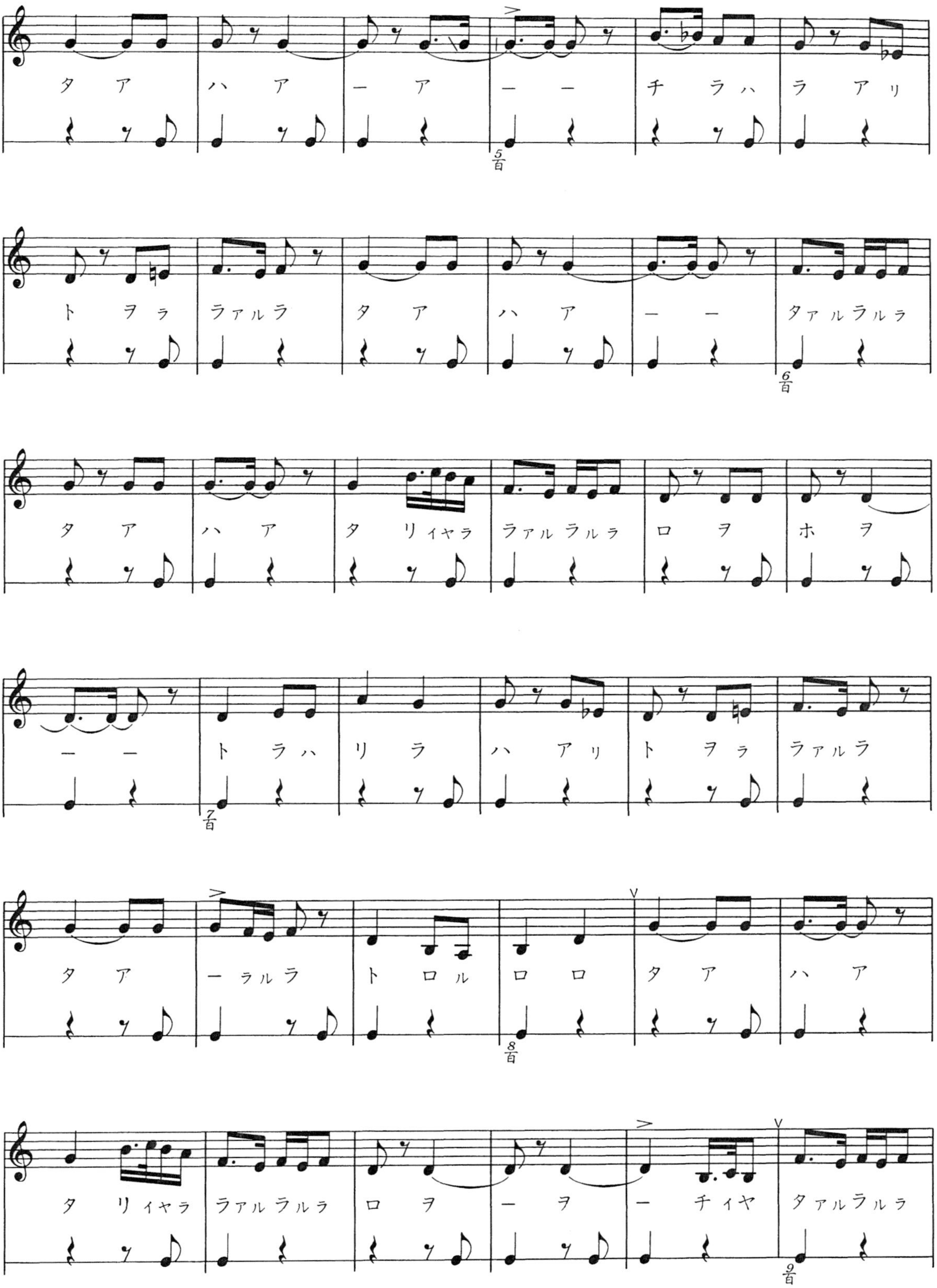
タ ア ハ ア ー ア ー ー チ ラ ハ ラ ア リ
5音
ト ヲ ラ ラァルラ タ ア ハ ア ー ー タァルラルラ
6音
タ ア ハ ア タ リィヤラ ラァルラルラ ロ ヲ ホ ヲ
ー ー ト ラ ハ リ ラ ハ ア リ ト ヲ ラ ラァルラ
7音
タ ア ーラルラ ト ロ ル ロ ロ タ ア ハ ア
8音
タ リィヤラ ラァルラルラ ロ ヲ ー ヲ ー チィヤ タァルラルラ
9音

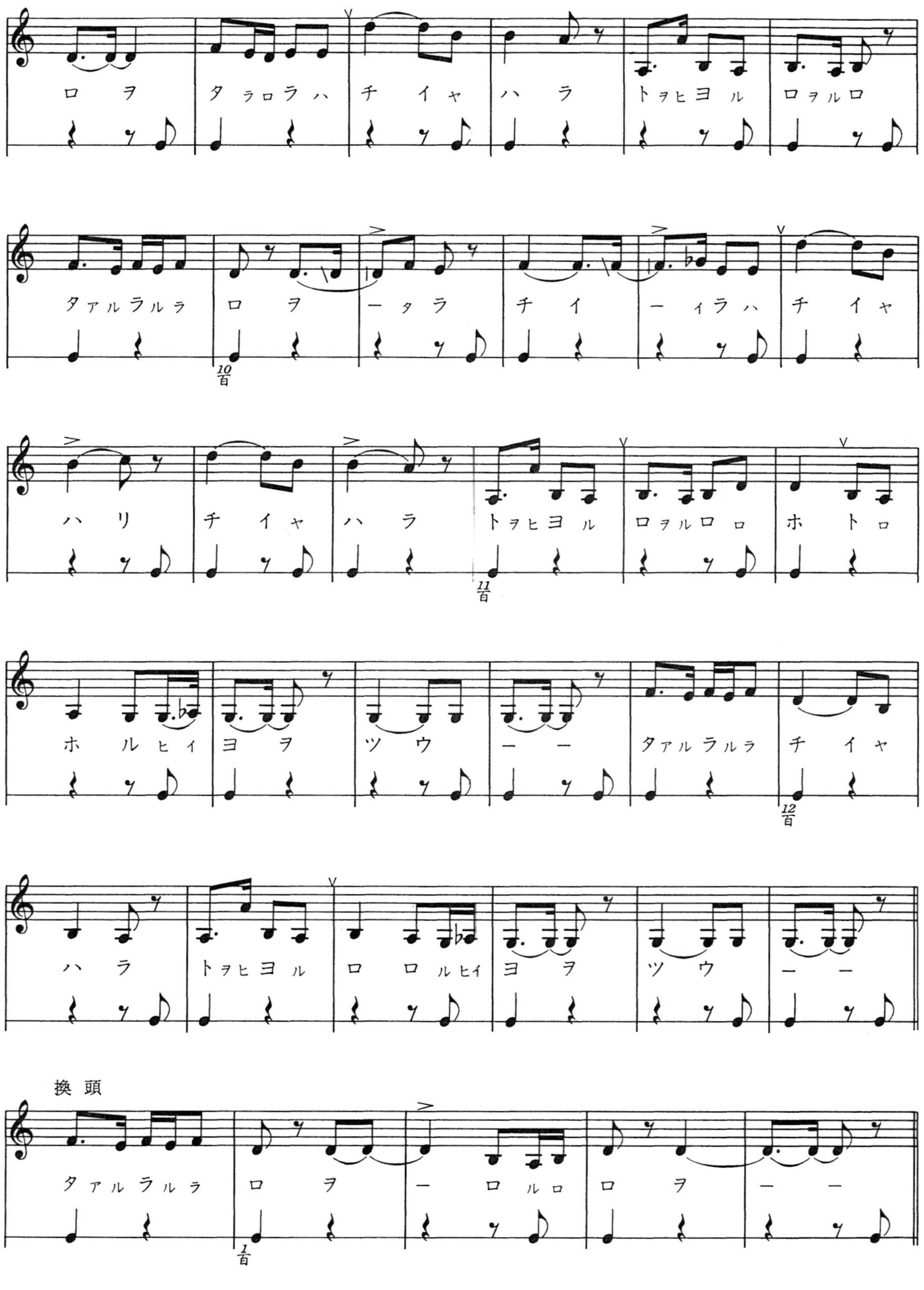
ロ ヲ タラロラハ チ イャ ハ ラ トヲヒヨル ロヲルロ
タアルラルラ ロ ヲ ータラ チ イ ーィラハ チ イャ
10百
ハ リ チ イャ ハ ラ トヲヒヨル ロヲルロロ ホ トロ
11百
ホ ルヒィ ヨ ヲ ツ ウ ー ー タアルラルラ チ イャ
12百
ハ ラ トヲヒヨル ロ ロルヒイ ヨ ヲ ツ ウ ー ー
換頭
タアルラルラ ロ ヲ ー ロルロ ロ ヲ ー ー
1百

明治撰定　安名尊

(1)上段は，原譜通りを訳譜したもの．
あ な た ふ と
(2)下段は，唱って伝えられた旋律を採譜したもの．
入 節
容 由
(ヲ) ー (ヲ) ー
入 節
容 由
2音
助音 ♩=72
(3)上段の譜の括弧内の音は，後に訂正された所を示す．
容 由
入 節
け ふ (ウ) の た
容 由
入 節
容 由
(ア) ー ふ (ウ)
容 由
1 2 3
3音

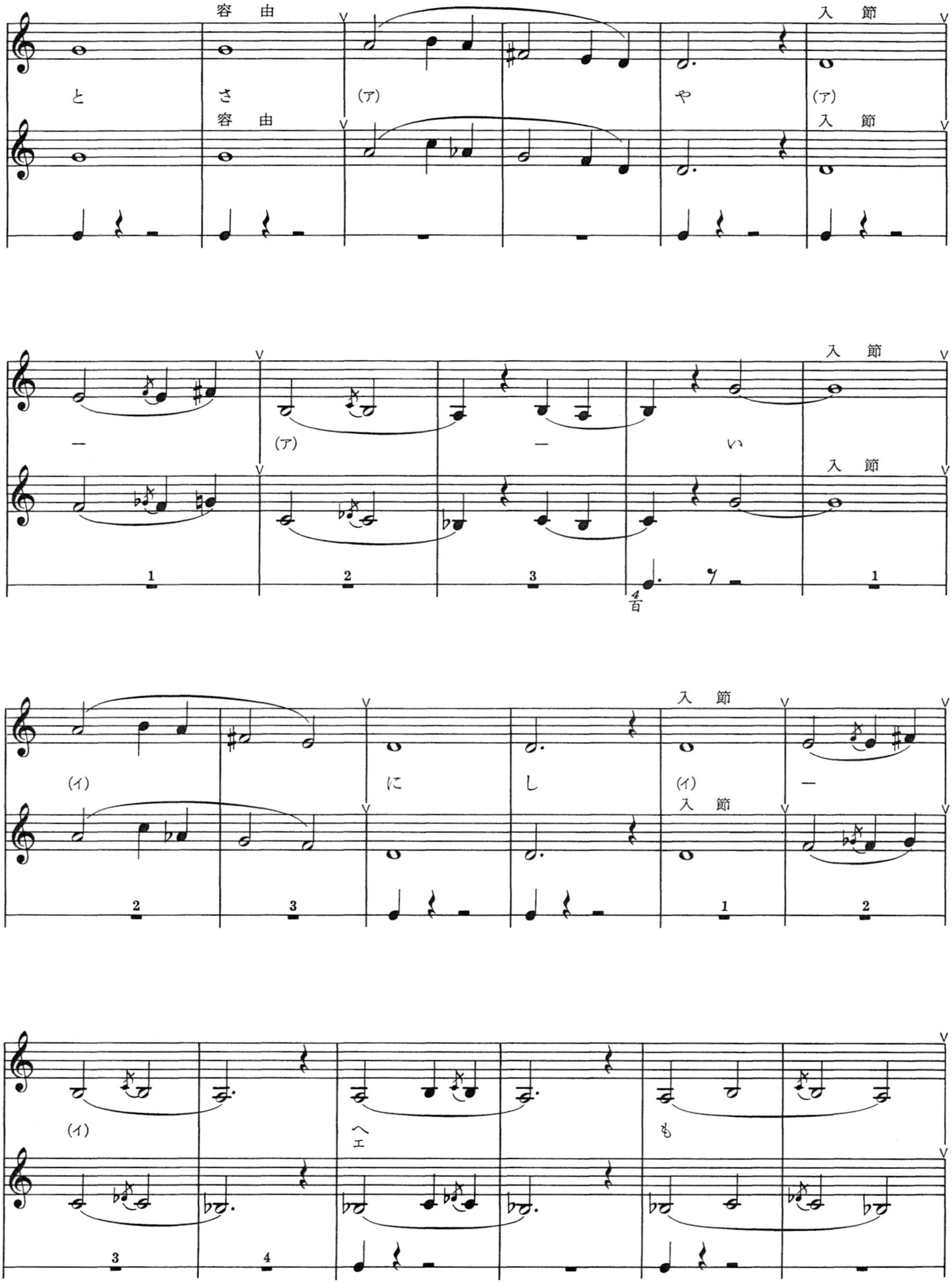
容 由
入 節
と
さ
(ア)
や
(ア)
容 由
入 節
入 節
ー
(ア)
ー
い
入 節
1
2
3
4
百
1
入 節
(イ)
に
し
(イ)
ー
入 節
2
3
1
2
(イ)
へ
エ
も
3
4

第二段　句頭

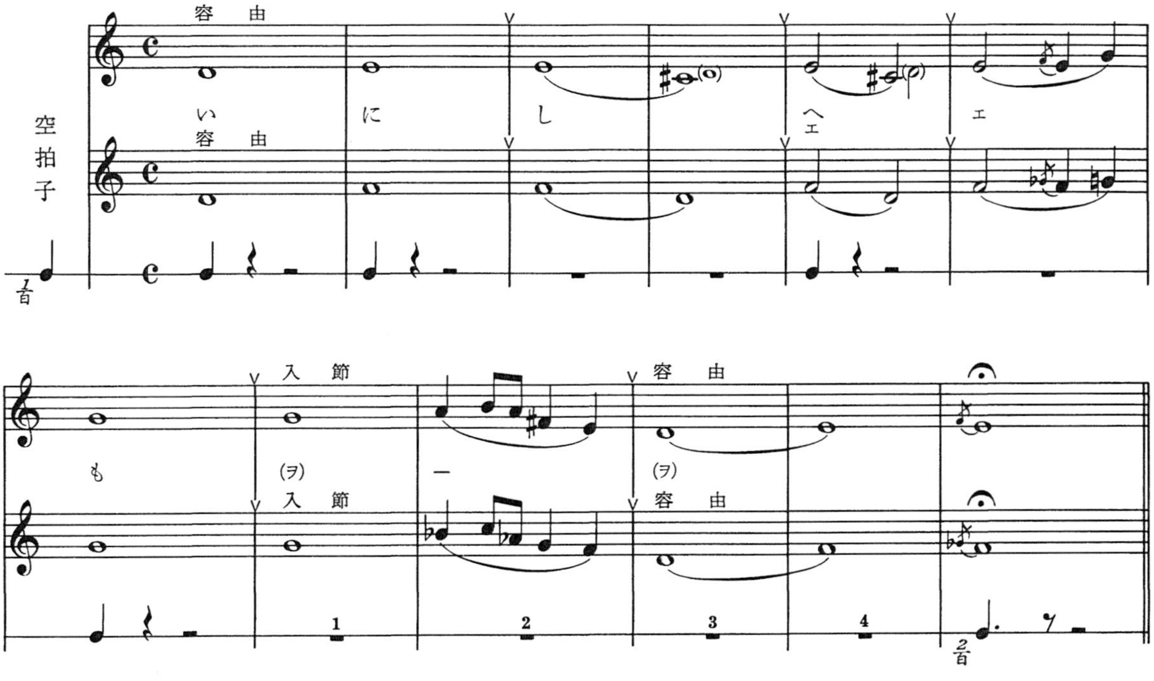

この安名尊の二行の訳譜の上方の♯F(嬰へ)と♯C(嬰ハ)，および下方のB(変ロ)とAs(変イ)に注意されたい．なお，助音以下の各百間の小節数も検討されたい．

藤家説　安名尊

第二段 句頭

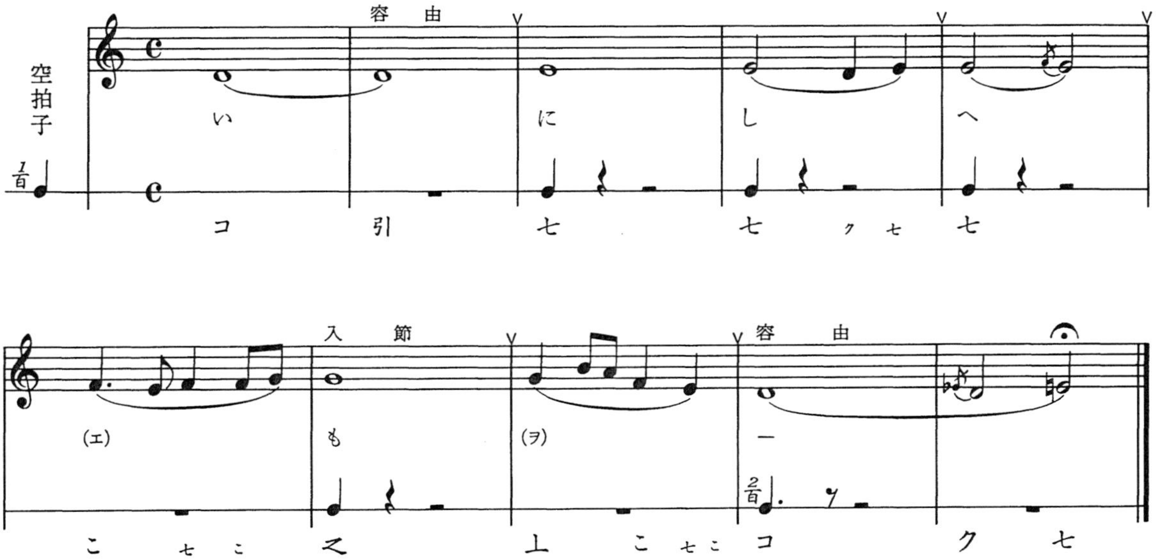

三五説　**安名尊**

空拍子
あ　な　た　ふ　と　(ヲ)
一　之　之　上
入　節
容　由
一　一　一
引　一　之　こ　コ　ク
助音　♩＝84位
容　由
入　節
け　ふ　の　(ヲ)　た
コ　七　こ　之　上　一
容　由
(ア)　ふ　(ウ)　と　(ヲ)　さ
之　七　こ　ム　之　上　こ
入　節
入　節
や　(ア)　ー　(ア)　い
コ　ク　こ　乙　下　下　し　下　し　下

容 由
(イ) に し へェ
之 こ セ コ ク 乙 下 し 下し下
容 由
も ハ レ
5音
引 下 乙 下 下 し 一 之 ム 八
(エ) ー ー
之 上 乙引 引 ク 之 八 之

第二段　句頭

空拍子
い に し へェ
1音
こ こ セ 七 こ セ 七 ク 七
入 節
容 由
(エ) も (ヲ) ー
2音
こ セ こ 一 上 こ セ コ ク 七 ク セ

双　調　歌

三度拍子の部

無　力　蝦　拍子八

無力蝦

一段　拍子八

ちからなき(い)、かへる、
ちからなき(い)、かへる、
ほねなき(い)、みみず、
ほねなき(い)、みみず。

酒飲　拍子 十五

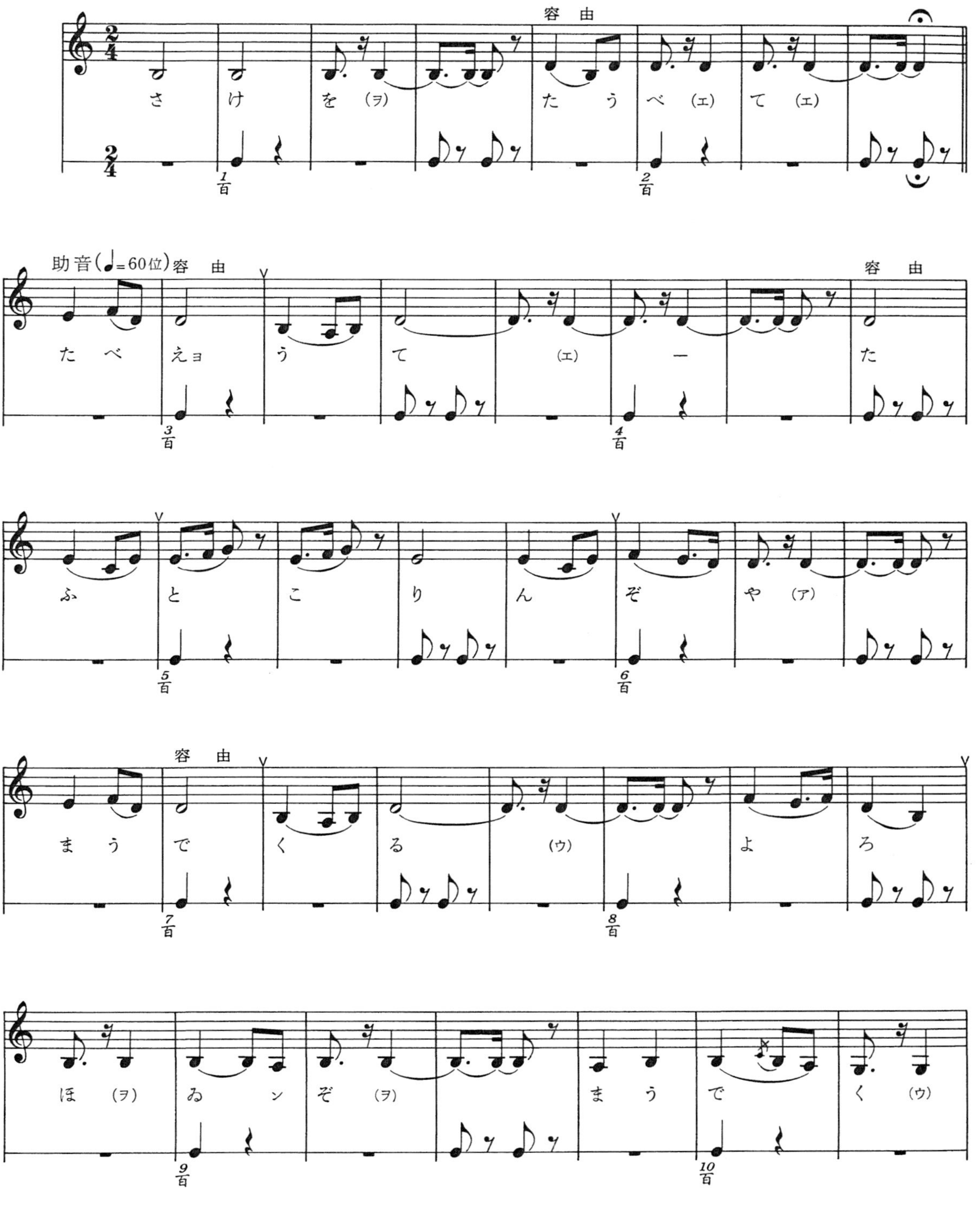
容 由
さ け を (ヲ) た う べ (ェ) て (ェ)
1 百
2 百
助音(♩=60位) 容 由
た べ えョ う て (ェ) ー
容 由
た
3 百
4 百
ふ と こ り ん ぞ や (ア)
5 百
6 百
容 由
ま う で く る (ウ) よ ろ
7 百
8 百
ほ (ヲ) ゐ ン ぞ (ヲ) ま う で く (ウ)
9 百
10 百

酒飲

一段　拍子十五
(藤家五拍子用之)

さけをたうべて、
たべえうて、
たふと、
こりんぞや、
まうでくる、
よろほいンぞ、
まうでくる、
たんな、たんな、
たりやらんな、
タリチリラ。

茇　山

美　濃　山　　拍子　二十

空拍子
容　由
み
の
$\frac{2}{4}$
1百
容　由
や
ま
に　(イ)　ー
2百
3百
助音（♩＝60～72位）
し　ん
し
に　(イ)
ー
ー
お
い
4百
5百
容　由
(イ)
た
る　(ウ)
ー
ー
た
6百
7百
ま　ン　が
容由　容由
(ア)
ま
ン
が
し
はヮ
(ア)
8百
9百

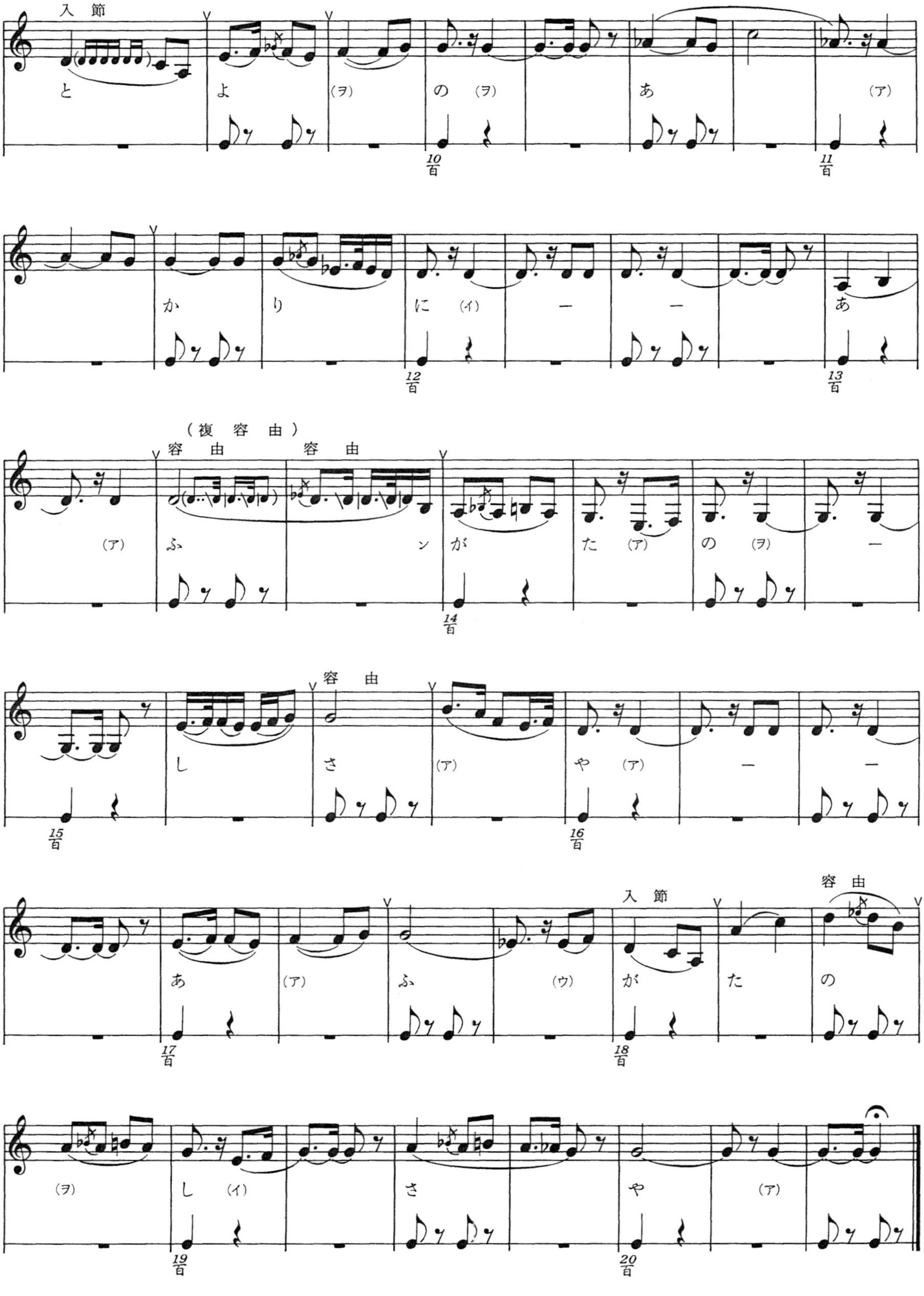
入節
と　よ　（ヲ）　の　（ヲ）　あ　（ア）
10 百　11 百
か　り　に　（イ）　ー　ー　あ
12 百　13 百
（複　容　由）
容　由　容　由
（ア）　ふ　ン　が　た　（ア）　の　（ヲ）　ー
14 百
容　由
し　さ　（ア）　や　（ア）　ー　ー
15 百　16 百
入節　容由
あ　（ア）　ふ　（ウ）　が　た　の
17 百　18 百
（ヲ）　し　（イ）　さ　や　（ア）
19 百　20 百

美濃山（或苳山）

一段　拍子二十
（藤家五拍子用之）

みのやまに、
しんしに、おいたる、
たまがしは、
とよのあかりに、
あふが、たのしさや、
あふが、たのしさや。

田中井戸

一段　拍子十
（藤家五拍子用之）
合胡飲酒破之時
有別口伝

たなかの、ゐどに、
ひかれる、たなぎ、
つめつめ、あこめ、こあこンめ、
タラリラリ、
たなかの、こあこめ。

眉《まゆ》止《と》之《じ》女《め》

一段　拍子十六

（をほみき、わかせや、）此説両三度之後、大饗又臨時客之時
みまくさ、とりかへ、
［をほみき、いたせ、］当家の秘説也
まゆとじめ、まゆとじンめ、
まゆとじンめ、まゆとじンめ、
まゆとじンめや、まゆとじめ、
まゆとじめ。

田中井戸

拍子 十

たなかの（ヲ）ゐどに（イ）
助音 ♩＝72位
ひかれる（ウ）たなぎ（イ）
つめ つめ
容
あこめ（エ）
こあこ ン め（エ）
タラリラルラリ（イ）
容
たンなかの（ヲ）
こあこめ（エ）

眉止之女　拍子　十六

空拍子
容
み　ま　く　(ウ)
1百
さ　と　り　か　へ　(エ)
2百
助音　♩=60~72
容　由
ま　ゆ　と　じ　(イ)　め　(エ)　ま
3百
4百
容　由
ゆ　と　じ　(イ)　め　(エ)　ま
5百
6百
容　由
ゆ　と　じ　ン　め　(エ)　ま
7百
8百

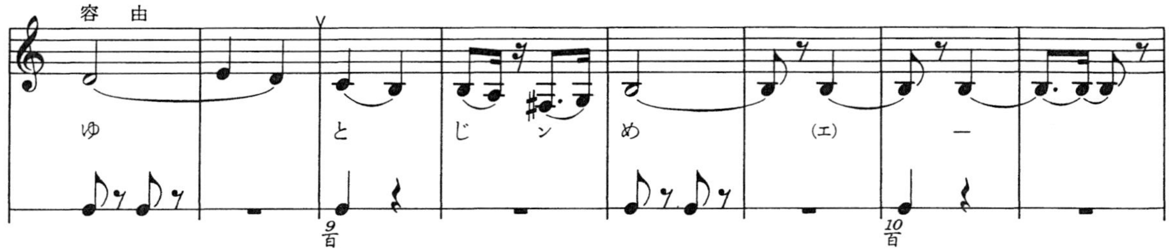

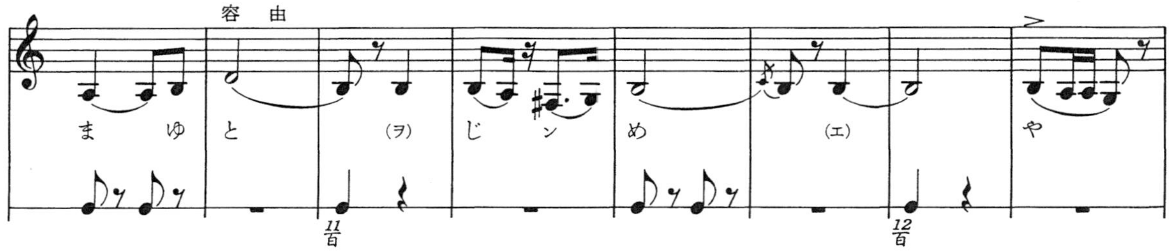

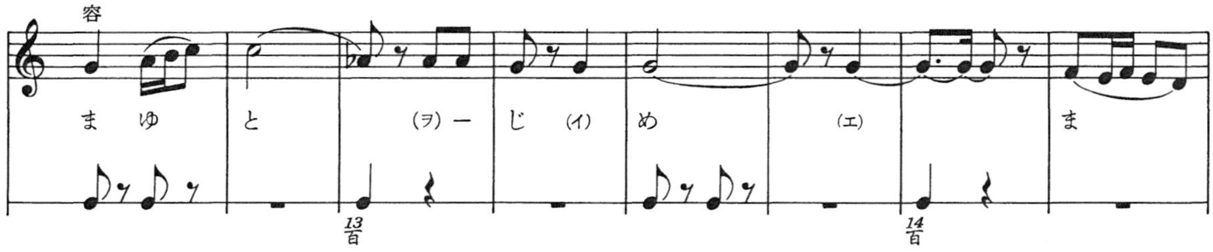

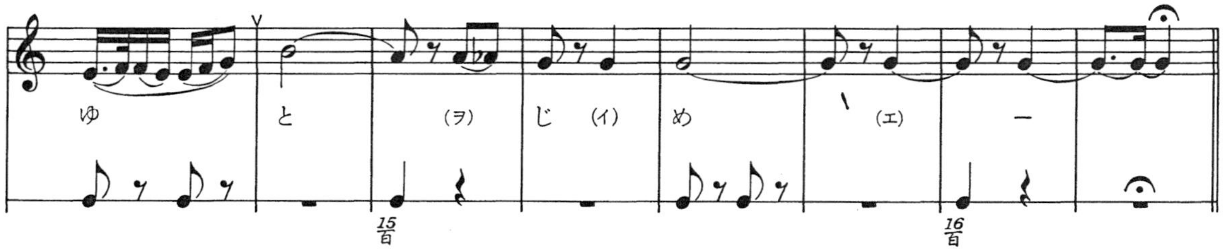

句頭の二説「わかせや」は“両三度之後，大饗又臨時客之時必如此可詠之”とあり．「いたせや」は“当家の秘説なり”とある．

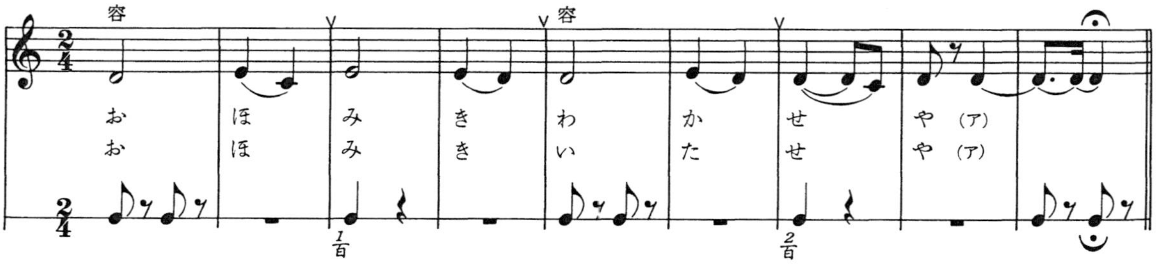

角　　総　拍子十

（総　　角）

あ　げ　ま
入　節
き　（イ）　や　ト　ウ　ド　（ヲ）　ウ
1百　2百
助音　𝅗𝅥=50～56（♩=100～112）
容　入　節
ひ　ろ　ば　（ア）　か　（ア）　りゃ
3百
容
ト　ウ　ド　（ヲ）　ウ　さ　か　り　て
4百
ね　た　れ　（エ）　ど　も　（ヲ）　一　一
5百　6百

角総

一段　拍子十

本滋同音

あげまきや、
トウドウ、
ひろばかりや、
トウドウ、
さかりて、
ねたれども、
まろびぁいにけり、
トウドウ、
かよりぁいにけり、
トウドウ。

本　　滋　　拍子　各十

二　段

第一段

第二段

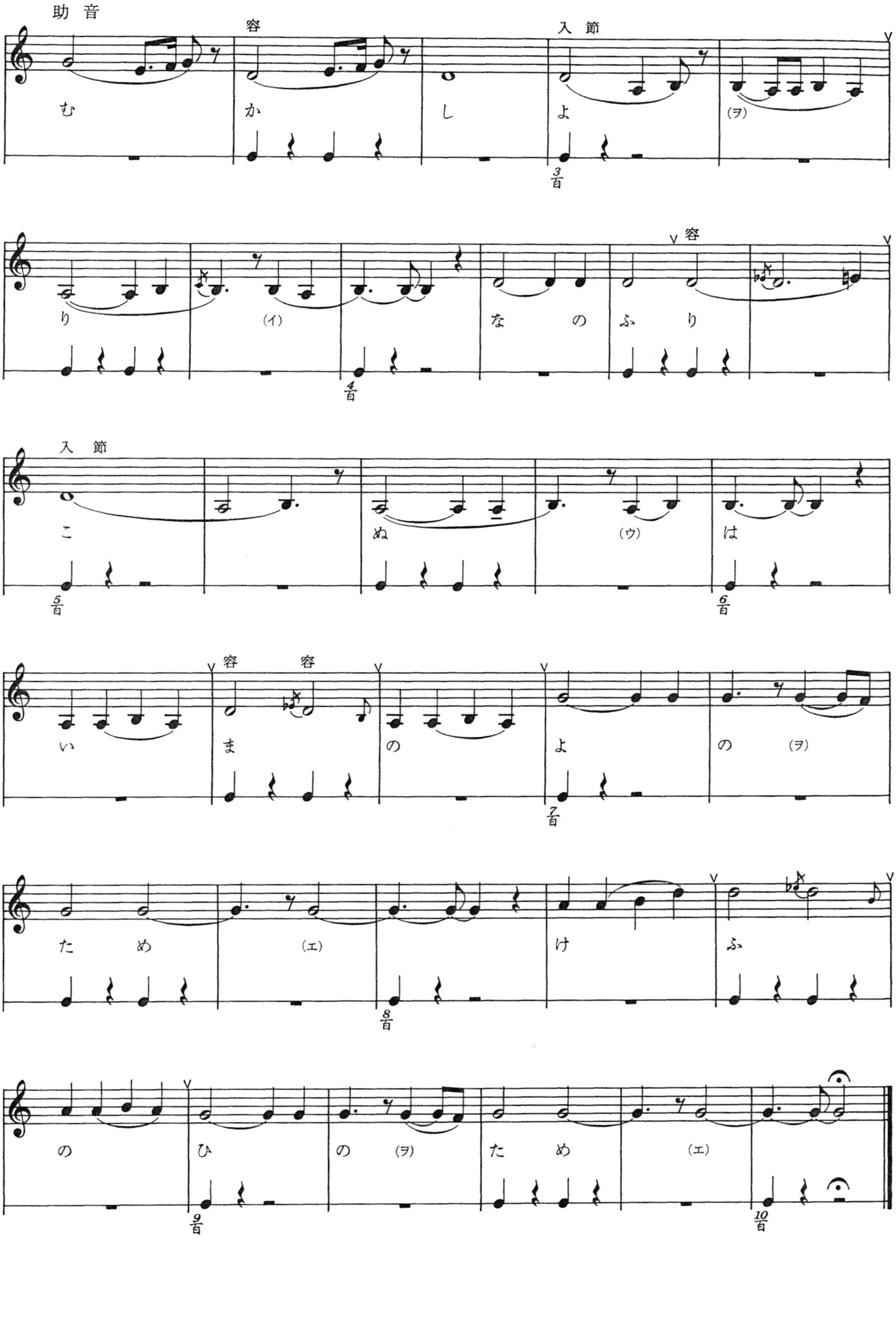
助音
容
入節
む
か
し
よ
(ヲ)
3音
り
(イ)
4音
な
の
ふ
り
容
入節
こ
ぬ
(ウ)
は
5音
6音
容
容
い
ま
の
よ
の
(ヲ)
7音
た
め
(エ)
8音
け
ふ
の
ひ
の
(ヲ)
た
め
(エ)
9音
10音

本滋

二段　拍子各十

角総同音
但相替節多也

第一段

もとしげき、
もとしげき、
きびのなかやま、
むかしより、
むかしから。

第二段

むかしから、
むかしより、
なのふりこぬは、
いまンのよのため、
けふンのひのため。

三五説

大宮

一段　拍子十

角総同音

おほみやの、
にしのこむぢに、
あやめ、こむだり、
さやめ、こむだり、
タリタリリ、タリ。

我家

一段　拍子十九

わいへンは、とばりちゃうをも、
たれたるを、おほきみ、きませ、
むこにせん、みさかなに、なによけん、
あはンび、さだをか、かせよけん、
あはンび、さだをか、かせよけん。

此説当時不用

あはンびのしまなる、しまをとこ、
古説に
あはンびのしまなる、しまをとこ。
あはンび、さだをか、かせよけん。
古説に　とるらんや。
ひくらんや。　当時不用
又説　まつらんや。

三五説　大宮　拍子十

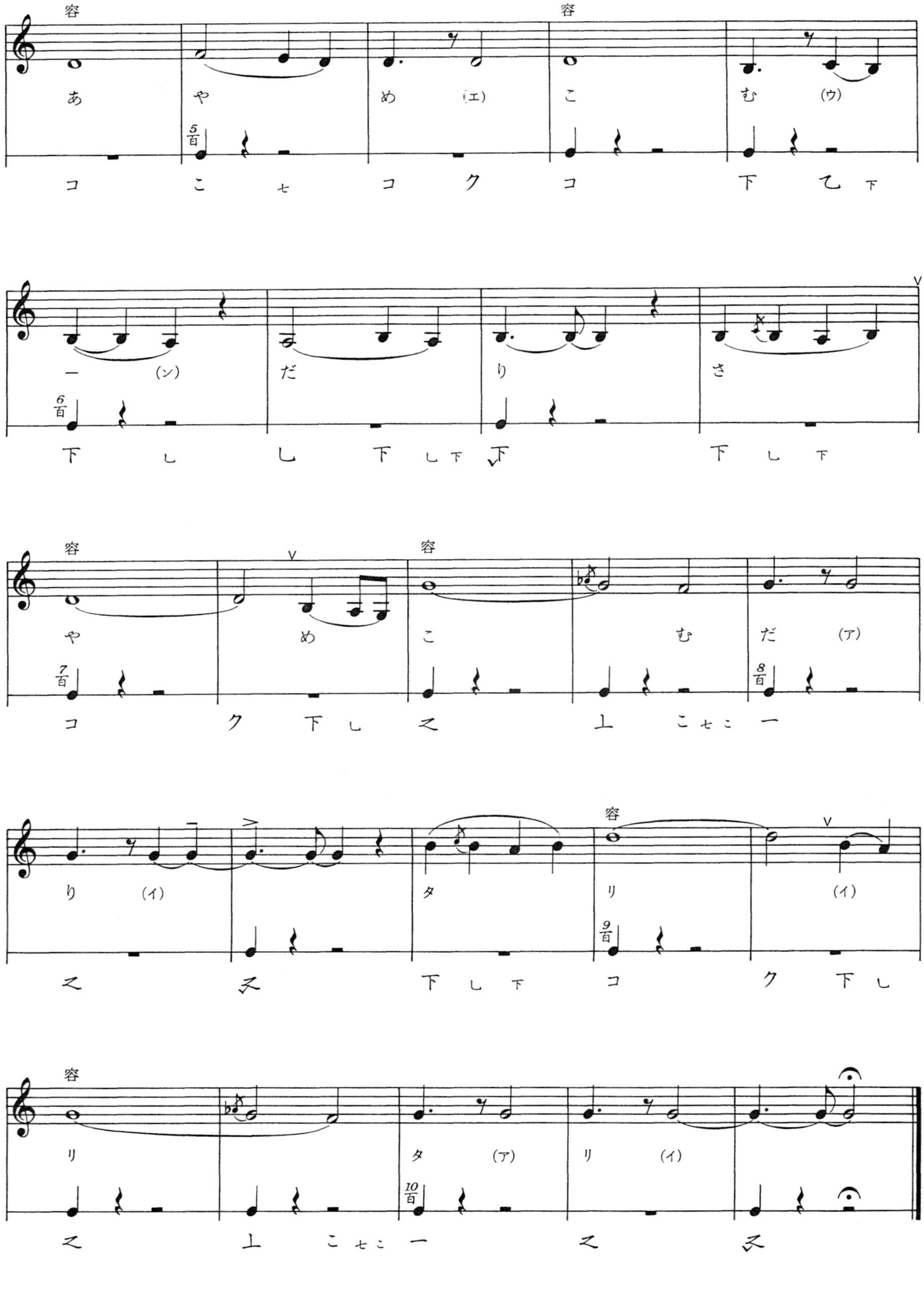
容 容
あ や め (エ) こ む (ウ)
5百
コ こ セ コ ク コ 下 乙 下
ー (ン) だ り さ
6百
下 し し 下 し 下 下 下 し 下
容 容
や め こ む だ (ア)
7百 8百
コ ク 下 し 之 上 こ セ こ 一
容
り (イ) タ リ (イ)
9百
之 之 下 し 下 コ ク 下 し
容
リ タ (ア) リ (イ)
10百
之 上 こ セ こ 一 之 之

我　家　拍子十九

空拍子
わ い へ (エ)ン は (ア) ー
1音 2音
助音 ♩=84位
容由 容由
と ば り ちゃう を も
3音 4音
容由 容由
た れ た る を (ヲ) ー ーー ー お
5音 6音
ほヲ き (イ) み き ま せ (エ)
7音 8音
容由
む こ に せ む (ウ) ー み さ (ア)
9音 10音

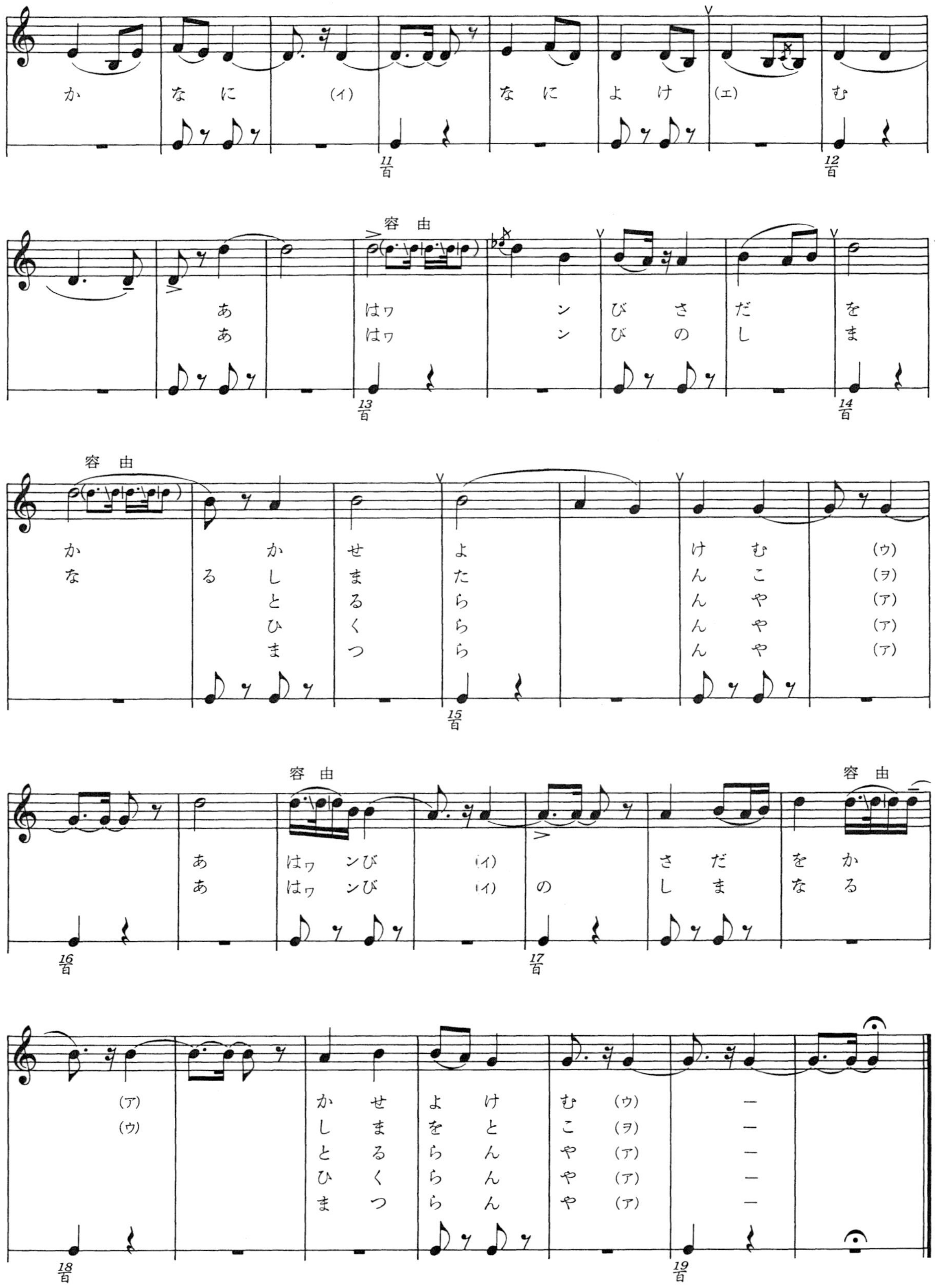

か なに (イ) なに よけ (エ) む
11百
12百
容由
あ はヮ ン びさ だし を
あ はヮ ン びの し ま
13百
14百
容由
か かせよ けむ (ウ)
なるしまた んこ (ヲ)
とるら んや (ア)
ひくら んや (ア)
まつら んや (ア)
15百
容由
容由
あ はヮ ンび (イ) さだ をか
あ はヮ ンび (イ) の しま なる
16百
17百
(ア)
(ウ)
かせ よけ む (ウ) ー
しま をと こ (ヲ) ー
とる らん や (ア) ー
ひく らん や (ア) ー
まつ らん や (ア) ー
18百
19百

難波海　拍子十二

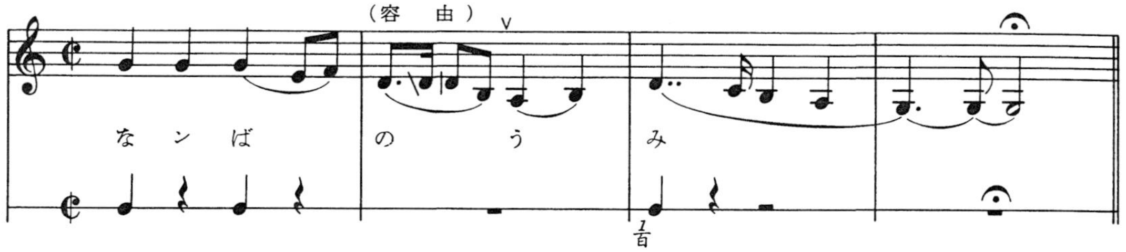

助音　𝅗𝅥=56～66（♩=112～120）

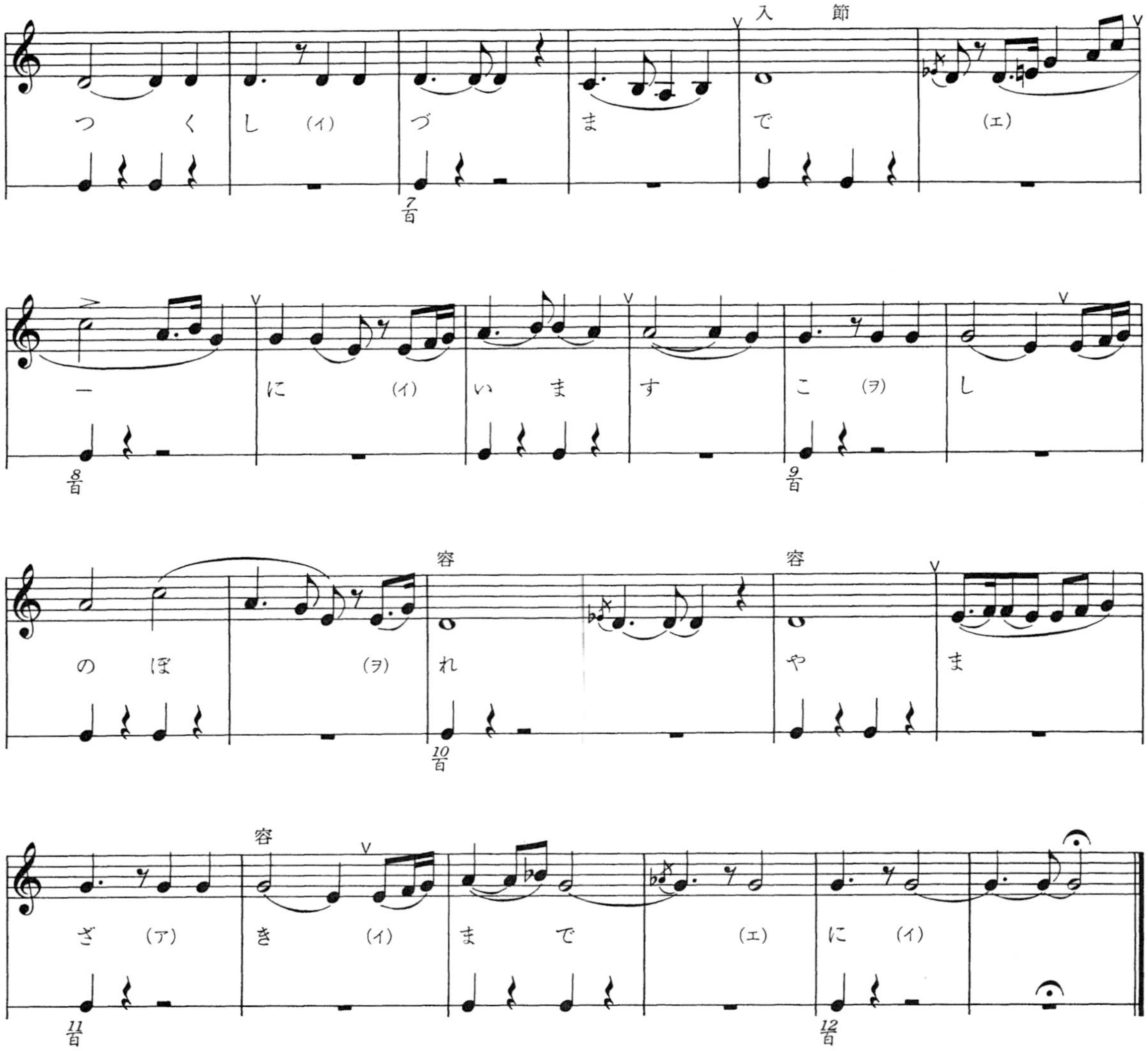

難波海

一段　拍子十二

聊早歌也如我家

なんばのうみ、
なんばのうみ、
　こぎもてのぼる、
をぶね、をぶンね、
　つくしづまでに、
いますこし、のぼれ、
やまざきまでに。

美作　藤生野

各　二　段　　　　　拍子各八

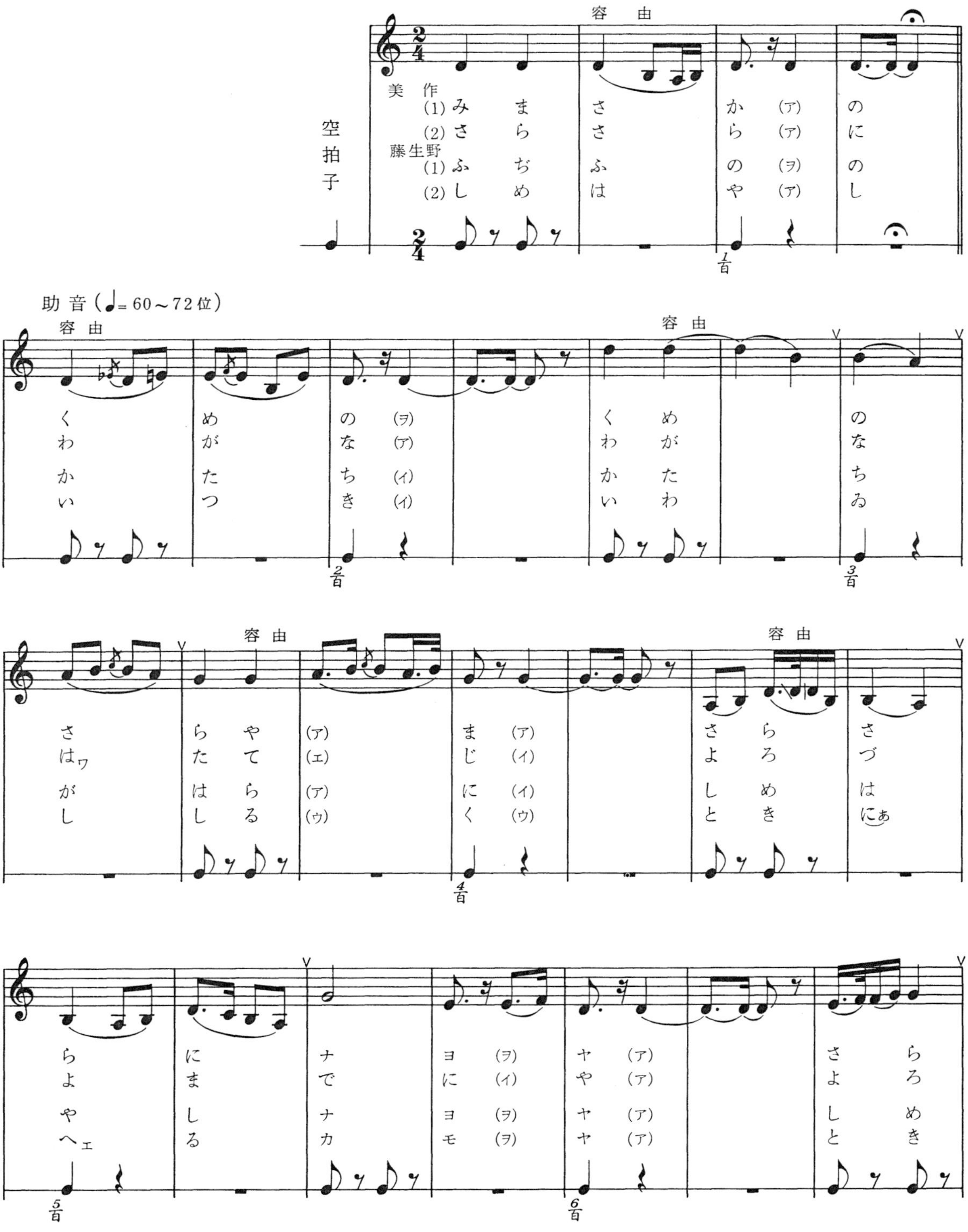

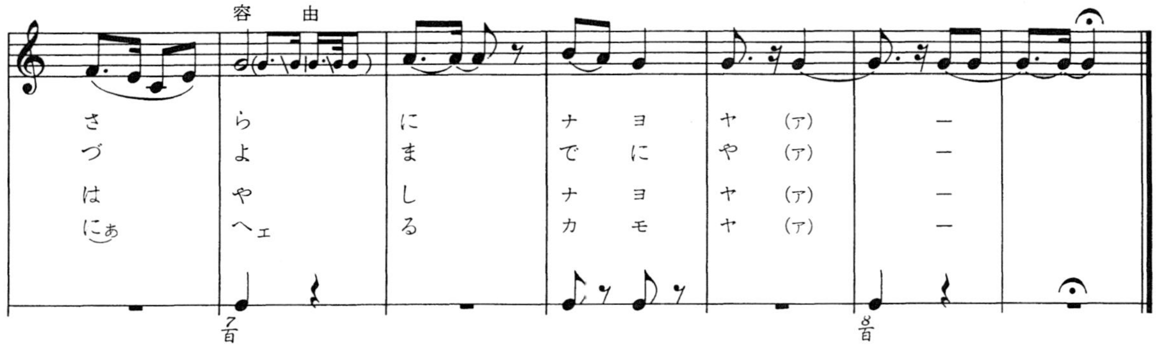

美作

二段　拍子各八

貞観主基風俗(歌)

第一段

みまさかや、
くめの、くめの、
さらやま、
　さらさらに、ナヨヤ、
さらさらに、ナヨヤ。

第二段

さらさらに、
わがな、わがなは、
たえじ、　て
　よろづよまでにや、
よろづよまでにや。

藤生野

二段　拍子各八

美作同音　此歌春可用之

第一段

ふぢふのの、
かたち、かたちが、
はらに、
　しめはやし、ナヨヤ、
しめはやし、ナヨヤ。

第二段

しめはやし、
いつき、いわゐし、
しるく、
　ときにぁへる、カモヤ、
ときにぁへる、カモヤ。

席　田

二　段

第一段　拍子八
容
む　し　ろ
1百
だ　の　や
2百
助音　𝅗𝅥＝50位（♩＝100位）
容　容
む　し　ろ　だ
3百
の　(ヲ)　ー　ー　ー　ー　い　づ
容
4百
容　容　容
ぬ　き　が　はヮ　(ア)ン
5百

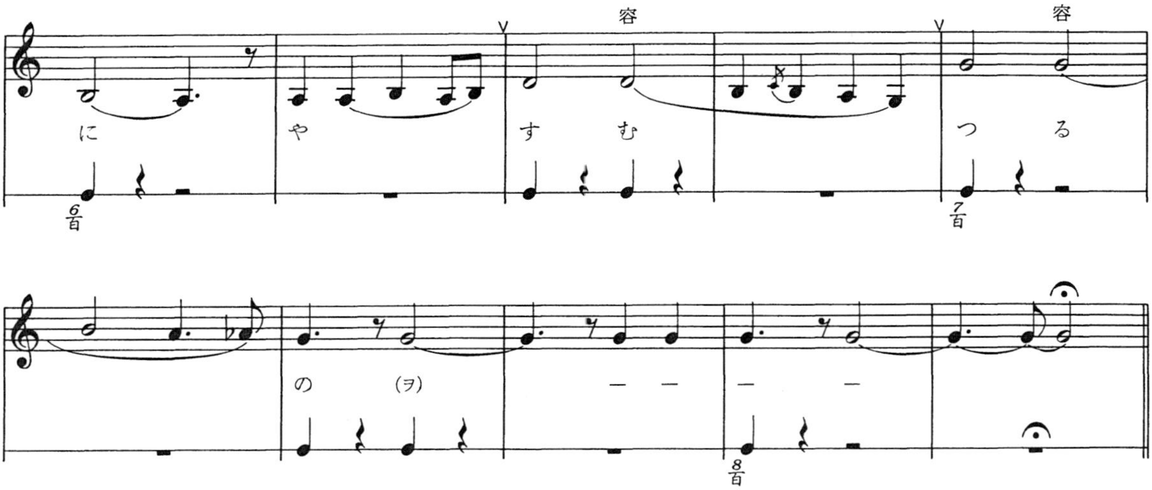

第二段　拍子 十二

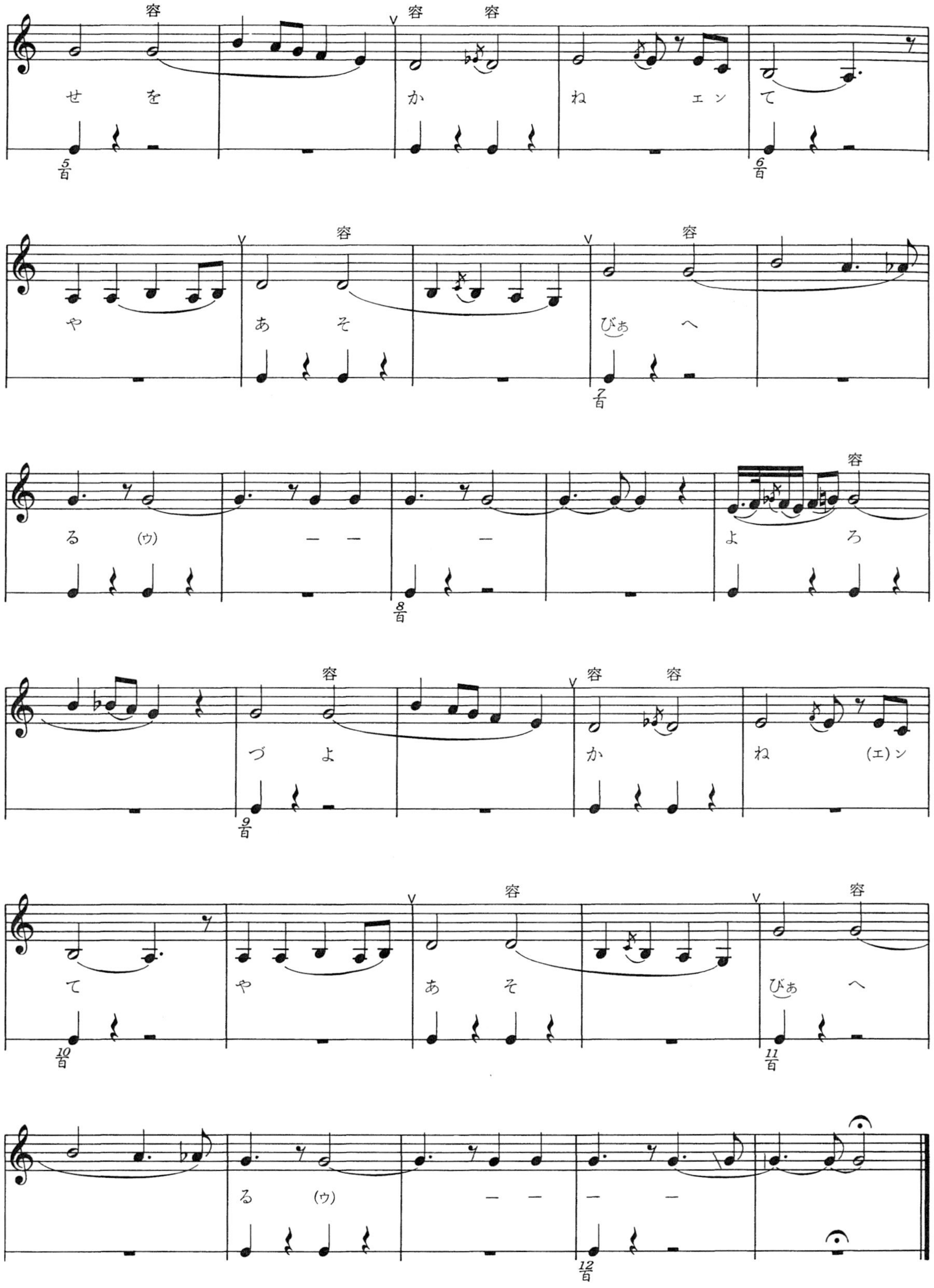
容 容 容
せ を か ね エン て
5 音 6 音
容 容
や あ そ びぁ へ
7 音
容
る (ウ) ー ー ー よ ろ
8 音
容 容 容
づ よ か ね (エ)ン
9 音
容 容
て や あ そ びぁ へ
10 音 11 音
る (ウ) ー ー ー ー
12 音

席田

二段　拍子　第一段八　第二段十二
美濃国元慶悠紀風俗(歌)
(藤家用五拍子)

第一段

むしろだのや、
むしろだの、
いづぬきかはンにや、
すむつるの。

第二段

すむつるのや、
すむつるの、
ちとせをかねてぞ、
あそびぁへる、
よろづよかねてぞ、
あそびぁへる。

青馬

一段　拍子二十四
浅緑同音

あをのま、はなれば、
とりつなげ、
さをのま、はなれば、
とりつなげ、
しのいさやの、
しのいさやの、
させこがひこなる、
さいろんこ、
または(た)、たろんごの、
たいきの、わらは《ワ》の、
させこがひこなる、
さいろんこ。

浅緑

一段　拍子二十四
青馬同音

あさみどりや、
こいはなだ、
そめかけたりとや、
みるまでに、
たまひかる、
したひかる、
しんきやう
しゅしゃかの、
しだりやなぎ、
または(た)、たゐどなる、
せんざい、
あきはぎ、なでしこ、
からをひ、
しだりやなぎ。

妹之門

一段　拍子二十二
同浅緑但末相替

いもがかどや、
せながかど、
ゆきすぎかねてや、
わがゆかば、
ひぢかさの、
ひぢかさの、
あめもやふらなん、
しでたをさ、
あまやどり、
かさやどり、
やどりてまからん、
しでたをさ。

(浅緑同音)　青　馬　拍子　二十四

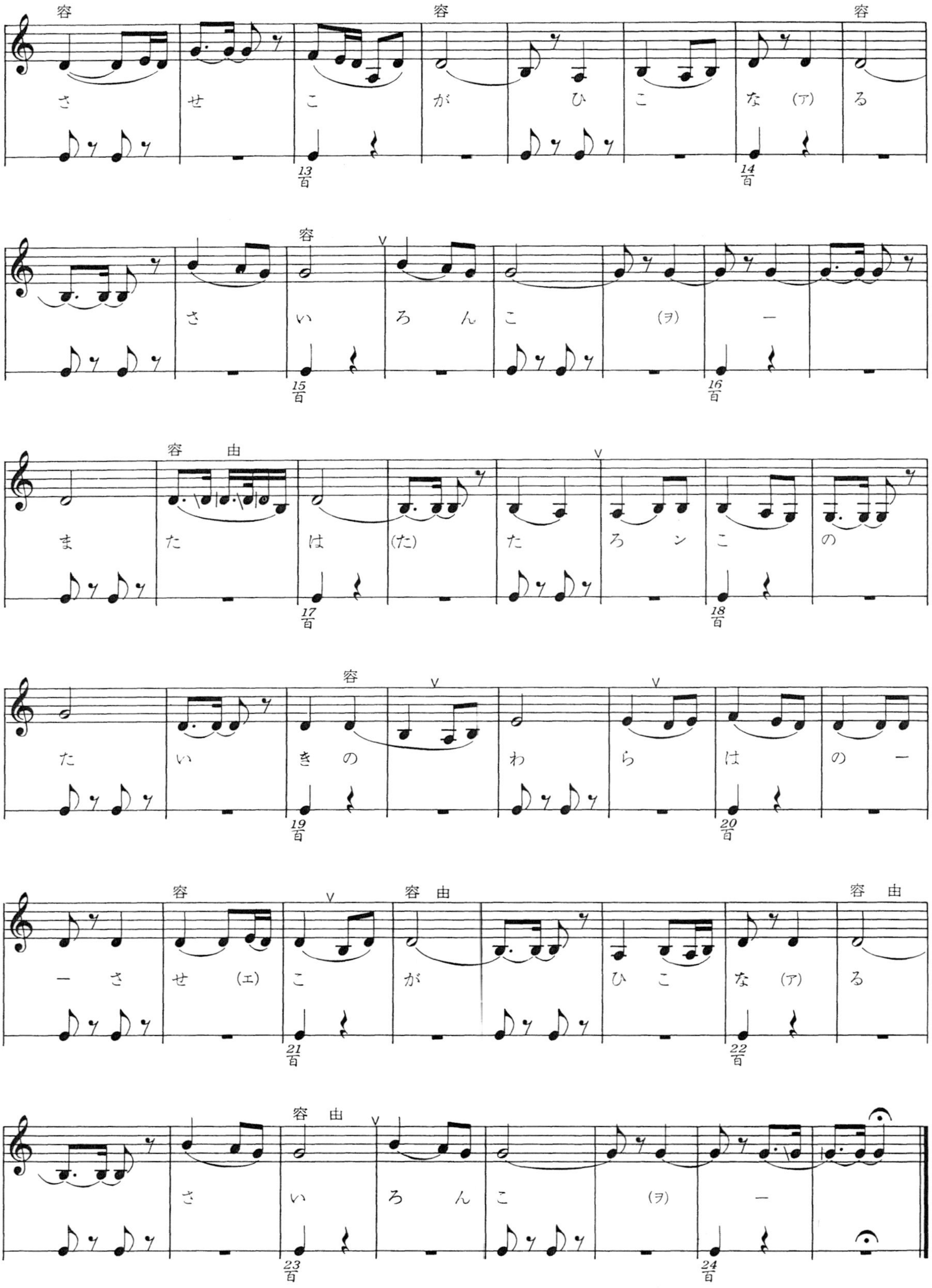
容 容 容
さ せ こ が ひ こ な (ア) る
13 百
14 百
容
さ い ろ ん こ (ヲ) ー
15 百
16 百
容 由
ま た は (た) た ろ ン こ の
17 百
18 百
容
た い き の わ ら は の ー
19 百
20 百
容 容 由 容 由
ー さ せ (エ) こ が ひ こ な (ア) る
21 百
22 百
容 由
さ い ろ ん こ (ヲ) ー
23 百
24 百

(青馬同音)　# 浅緑　拍子　二十四

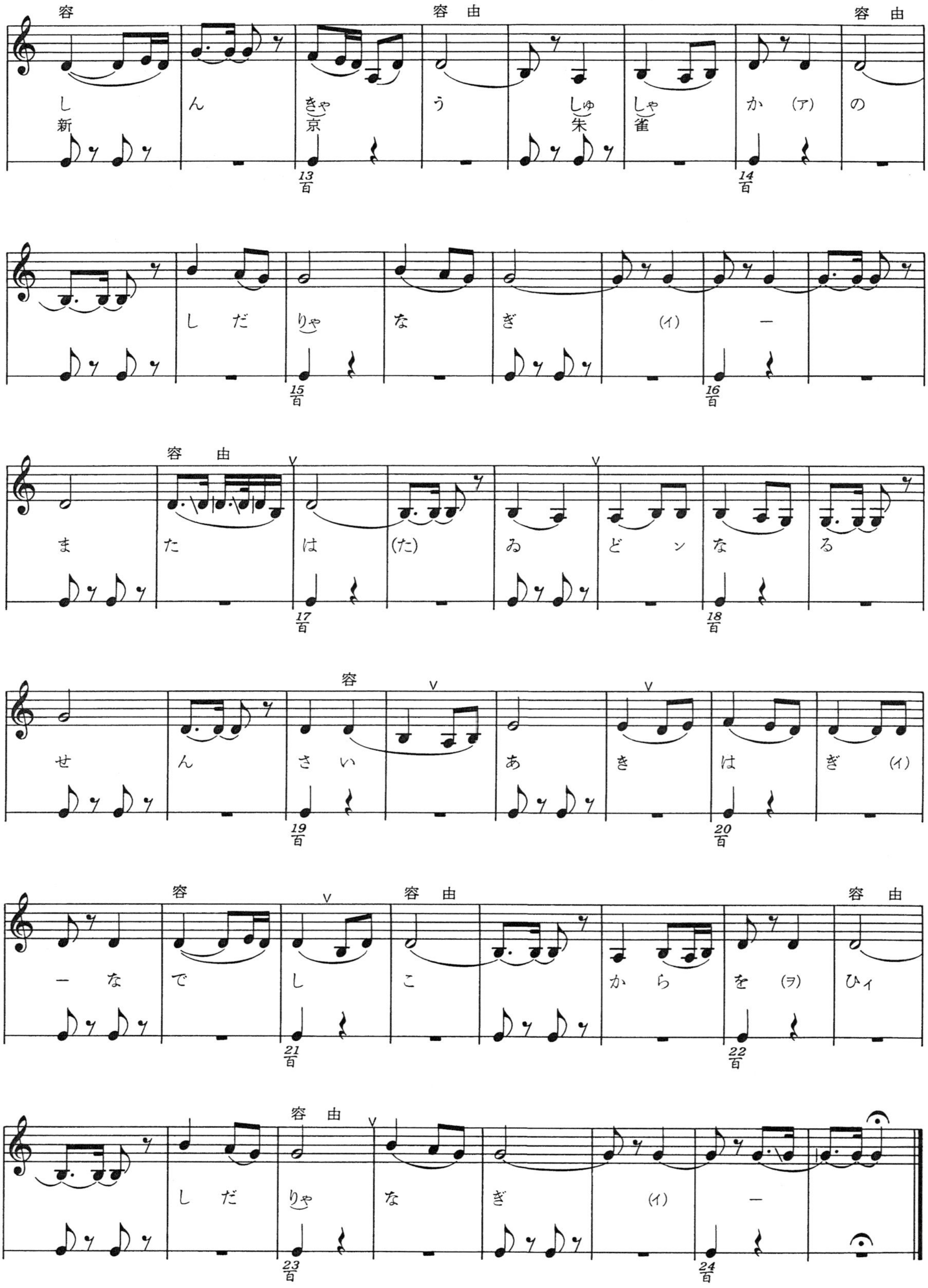
容 容 由 容 由
し ん きゃ う しゅ しゃ か (ア) の
新 京 朱 雀
13 百
14 百
し だ りゃ な ぎ (イ) ー
15 百
16 百
容 由
ま た は (た) ゐ ど ン な る
17 百
18 百
容
せ ん さ い あ き は ぎ (イ)
19 百
20 百
容 容 由 容 由
ー な で し こ か ら を (ヲ) ひィ
21 百
22 百
容 由
し だ りゃ な ぎ (イ) ー
23 百
24 百

（同浅緑但末相替）

妹之門

拍子 二十二

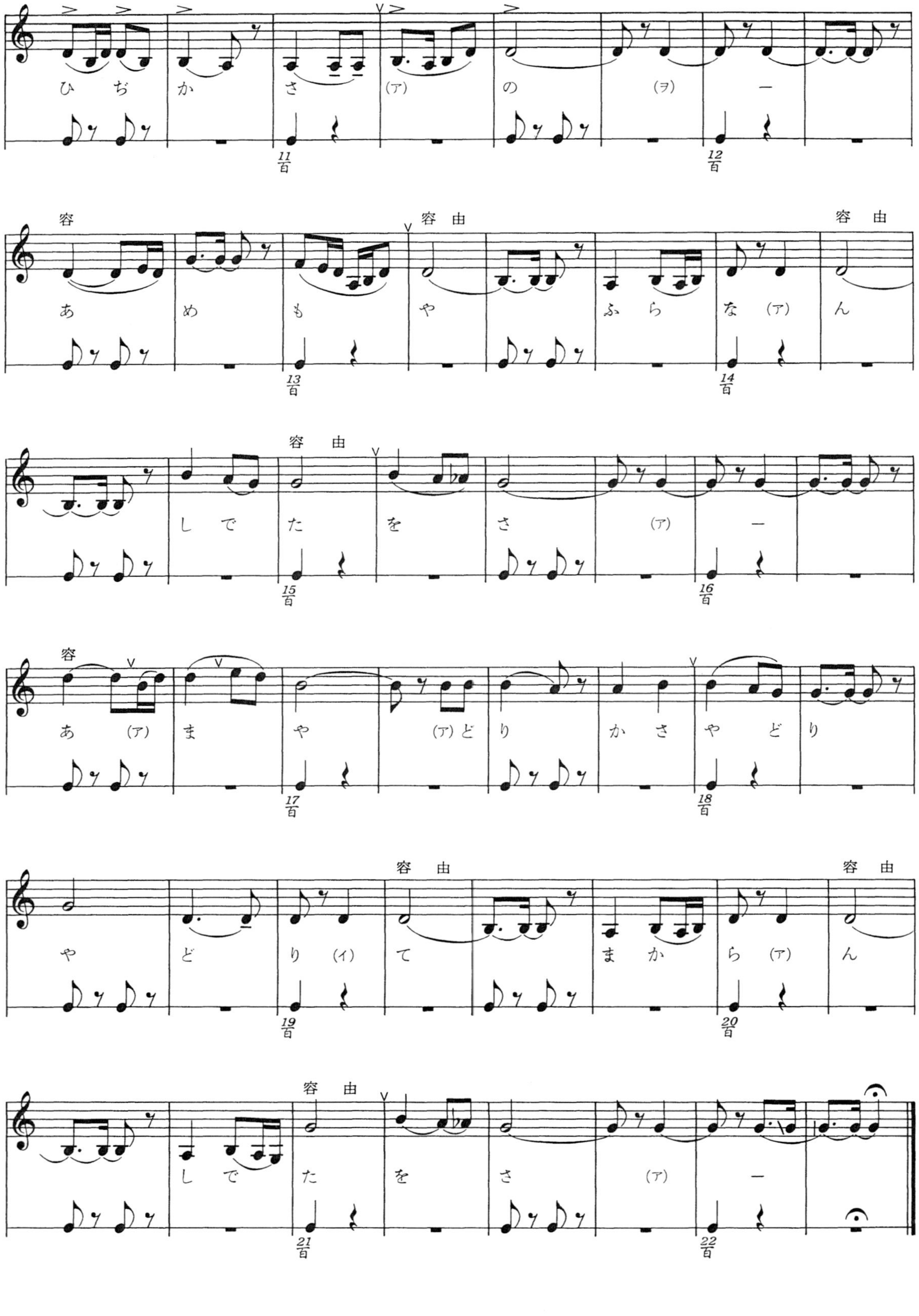
ひ ぢ か さ (ア) の (ヲ) ー
11 百
12 百
容 容 由 容 由
あ め も や ふ ら な (ア) ん
13 百
14 百
容 由
し で た を さ (ア) ー
15 百
16 百
容
あ (ア) ま や (ア) ど り か さ や ど り
17 百
18 百
容 由 容 由
や ど り (イ) て ま か ら (ア) ん
19 百
20 百
容 由
し で た を さ (ア) ー
21 百
22 百

三　五　説　　**無力蝦の原体**　　拍　子　八

狛壱越調　**吉　簡**　唐拍子　拍子十

笛本譜

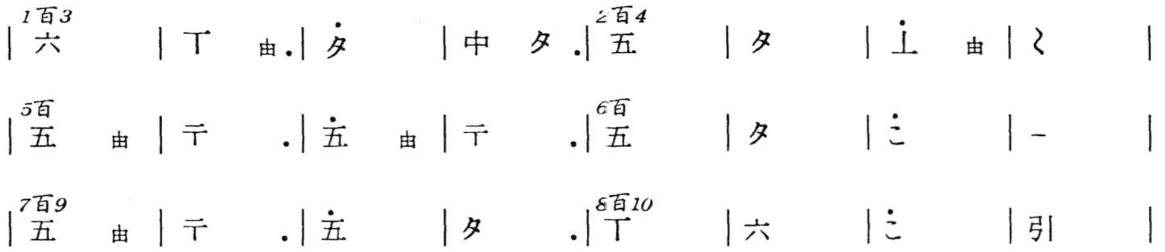

笛仮名譜

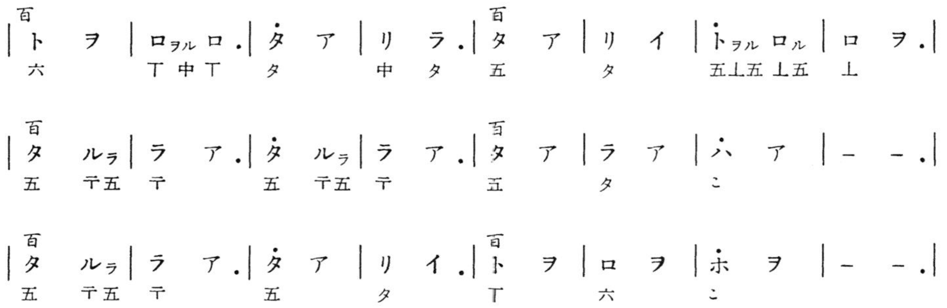

次に，この仮名譜を双調調に渡した譜を示す．三度拍子の部の初頭において無力蝦は，この旋律に，その歌詞をつけたものである．ただし，三行目のところを，すこし変えてある．

双調調へ渡した

吉　簡

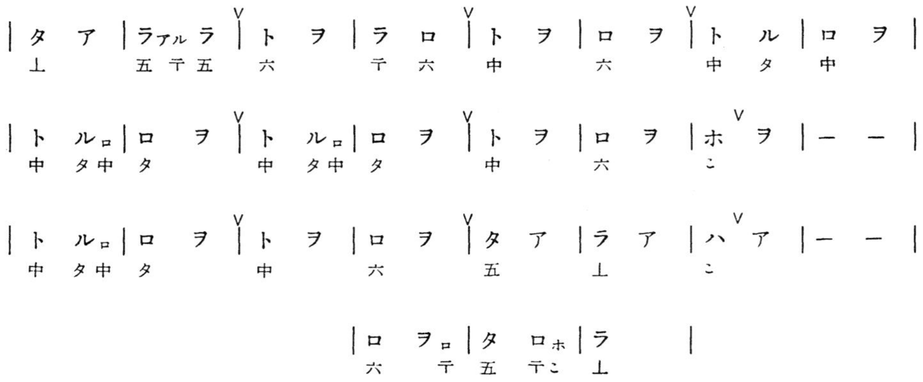

三五説　**無力蝦第一**　拍子八

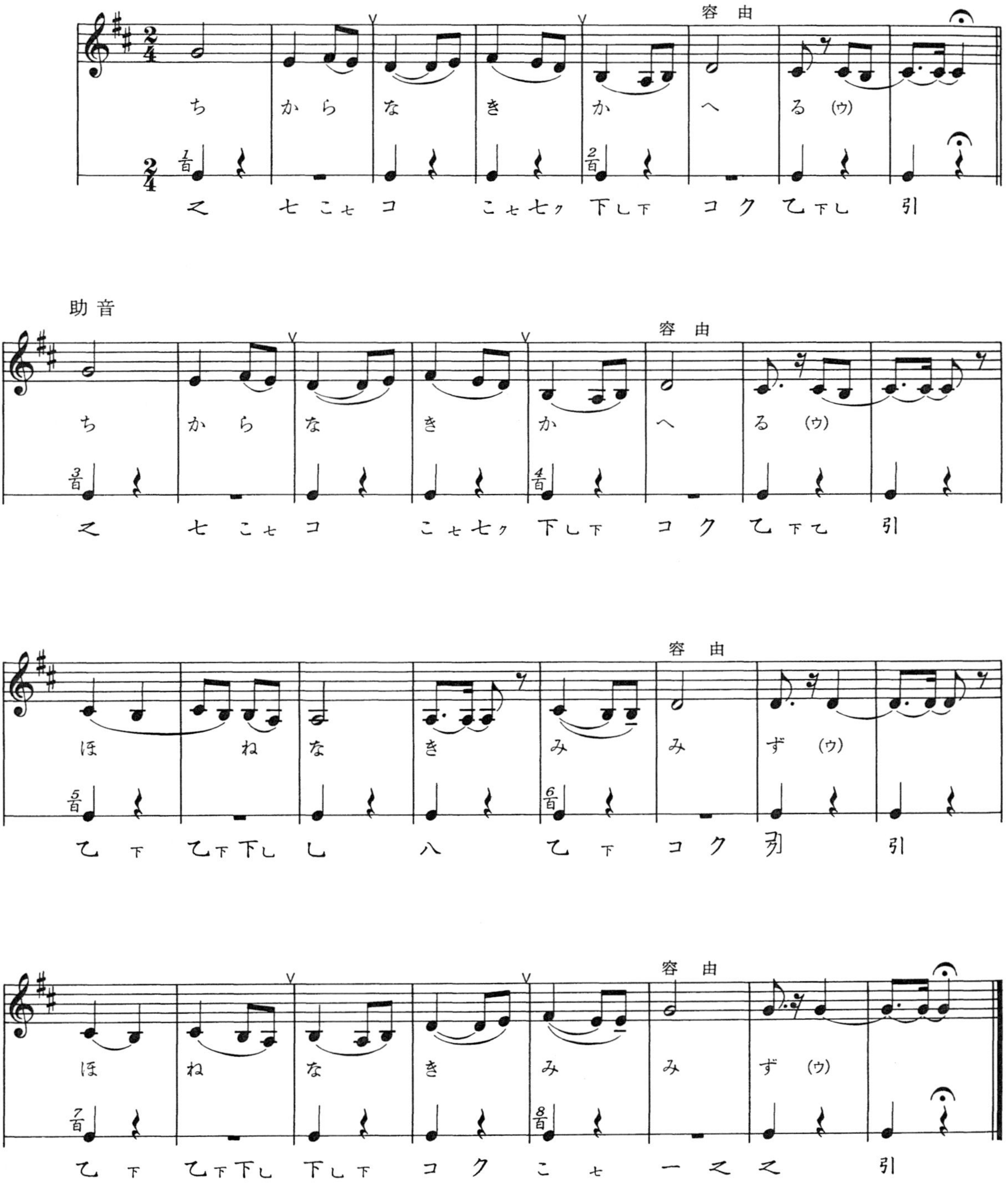

三五説　無力蝦第二

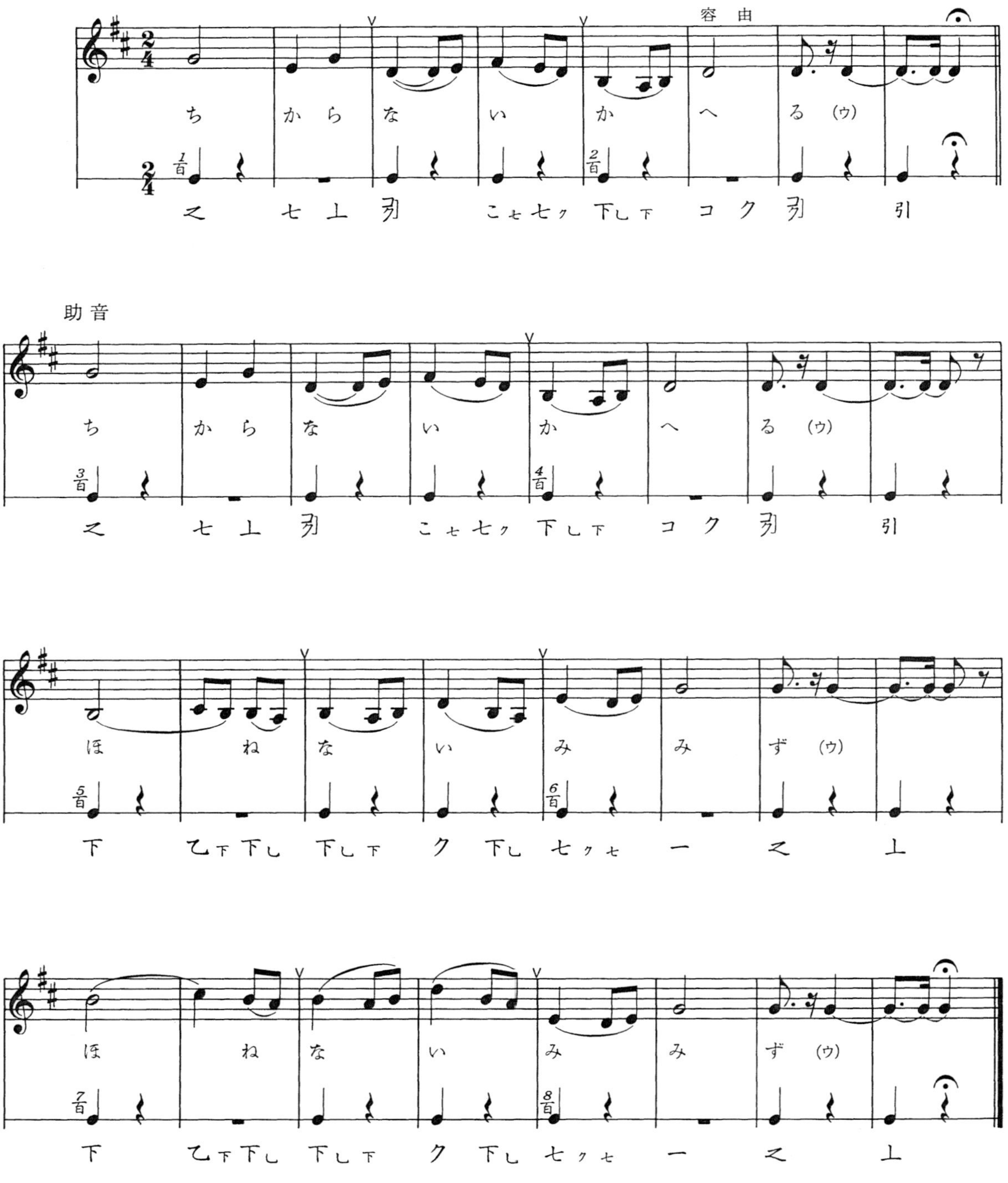
容由
ち　から　な　い　か　へ　る（ウ）
之　七上　引　こ七七ク　下し下　コ　ク　引　引
助音
ち　から　な　い　か　へ　る（ウ）
之　七上　引　こ七七ク　下し下　コ　ク　引　引
ほ　ね　な　い　み　み　ず（ウ）
下　乙下下し　下し下　ク　下し　七ク七　一　之　上
ほ　ね　な　い　み　み　ず（ウ）
下　乙下下し　下し下　ク　下し　七ク七　一　之　上

無　力　蝦

上掲の無力蝦第二を，原曲吉簡本来の
旋法に，なおしてみたもの．

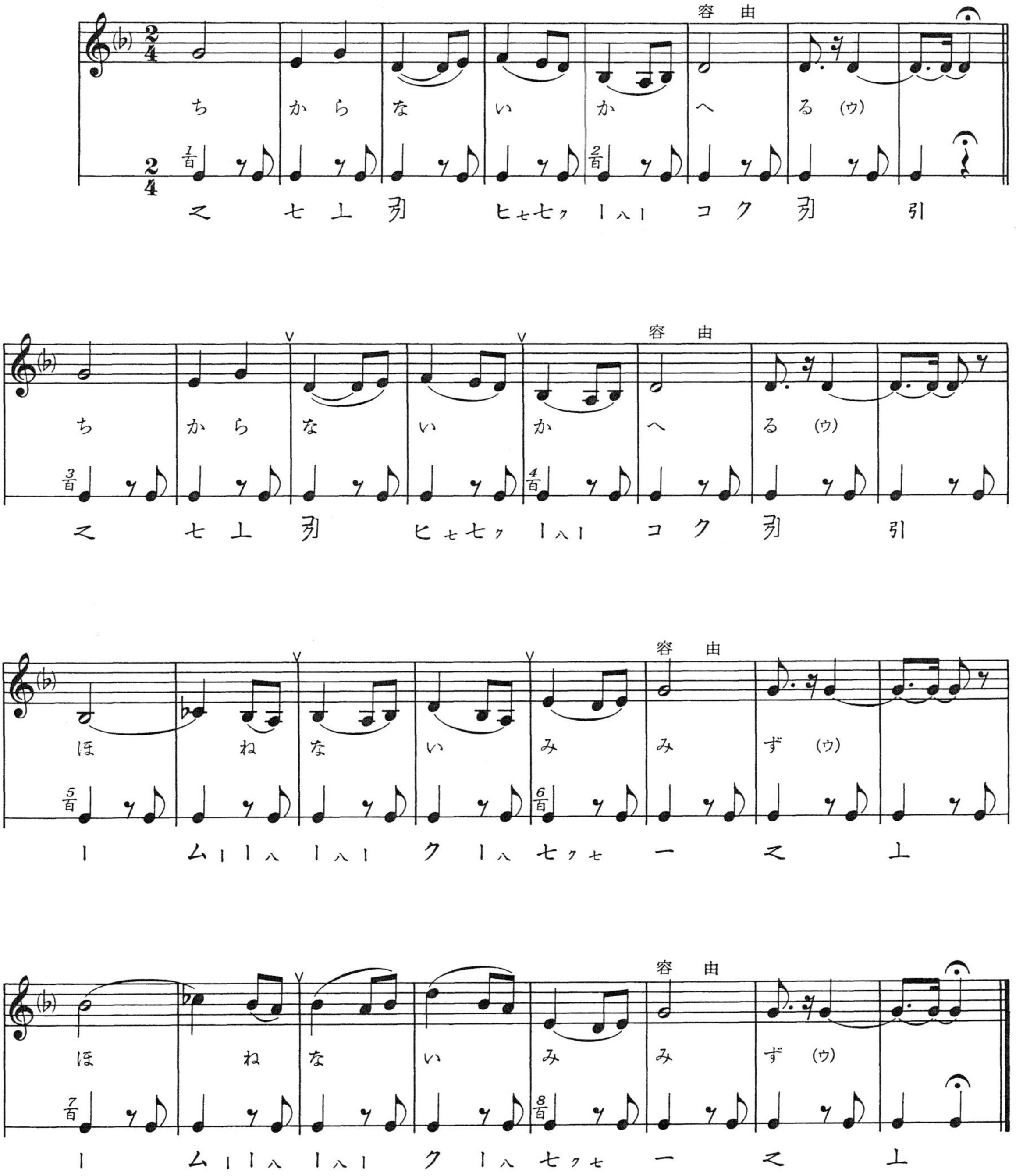

三行目と四行目のCes (変ハ)はD(ニ)に変更すれば一段とよくなる．

地　久　急　狛四拍子　拍子十

（美濃山の母体）

一音低く訳譜した

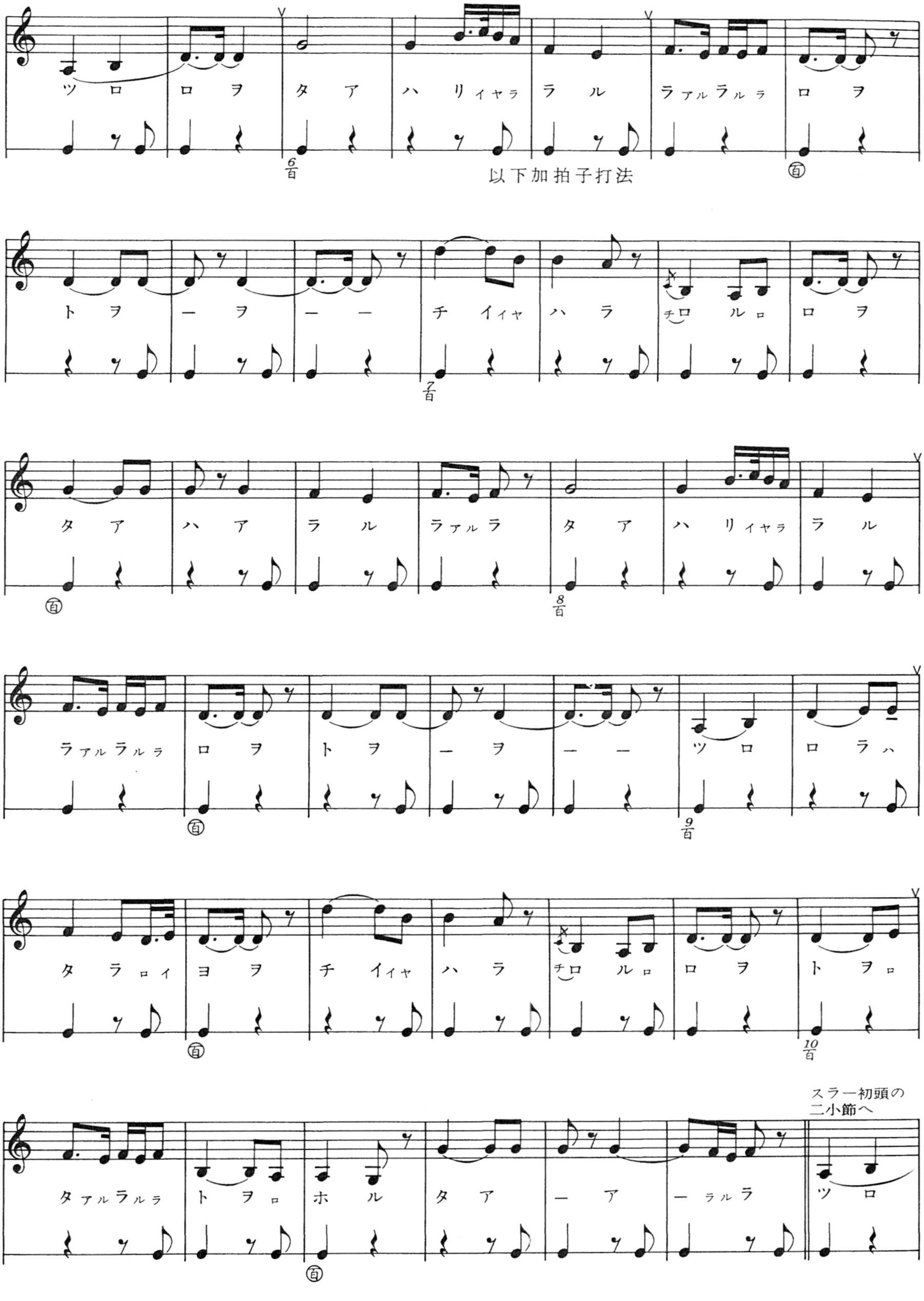
ツ ロ ロ ヲ タ ア ハ リィヤラ ラ ル ラァルラルラ ロ ヲ
6百
以下加拍子打法
ト ヲ ー ヲ ー ー チ イィヤ ハ ラ チロ ルロ ロ ヲ
7百
タ ア ハ ア ラ ル ラァルラ タ ア ハ リィヤラ ラ ル
8百
ラァルラルラ ロ ヲ ト ヲ ー ヲ ー ー ツ ロ ロ ラハ
9百
タ ラロイ ヨ ヲ チ イィヤ ハ ラ チロ ルロ ロ ヲ ト ヲロ
10百
タァルラルラ ト ヲロ ホ ル タ ア ー ア ーラルラ ツ ロ
スラー初頭の
二小節へ

口　伝　　# 田中井戸　　拍子十

た な か (ア) の ゐ ど に (イ)
1音
2音
助音
♩＝72位
ひ か れ る た な ぎ (イ)
3音
4音
容由
つ め つ め あ こ め (エ)
5音
6音
こ あ こ ン め エ タ ラ リ ラ リ (イ)
7音
8音
容由
た な か の こ あ こ め (エ)
9音
10音

壱越調　**田中井戸**

た な か (ァ) の ゐ ど に (ィ)
1百 2百
ひ か れ る た な ぎ (ィ)
3百 4百
容由 容由
つ め つ め あ こ め (ヱ)
5百 6百
こ あ こン め タ ラ リ ラ リ
7百 8百
容由
た な か の こ あ こ め (ヱ)
9百 10百

美作の原体

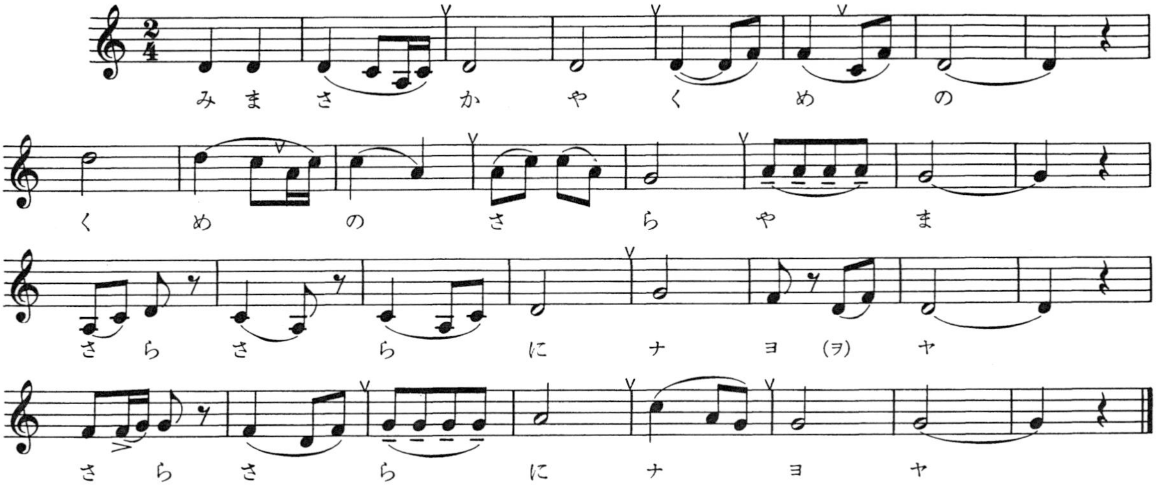
みまさ か や く め の
く め の さ ら や ま
さらさら に ナ ヨ (ヲ) ヤ
さらさら に ナ ヨ ヤ

藤家説　美作

助音 ♩=84位
容 由
容 由
み まさ か (ア) の く め の (ヲ)
1音 2音
コ ク 乙下乙 コ ク コ ク こセ コ ク
容 由
く め の さ ら や ま (ア)
3音 4音
コ ク 乙下 し 八 ム八ム ム 八 一 之 上
八度上でも
容
さ らさ ら に ナ ヨ ヤ (ア)
5音 6音
し 下 乙下下し 下し下 ク 下し 一 之 こセ コ ク

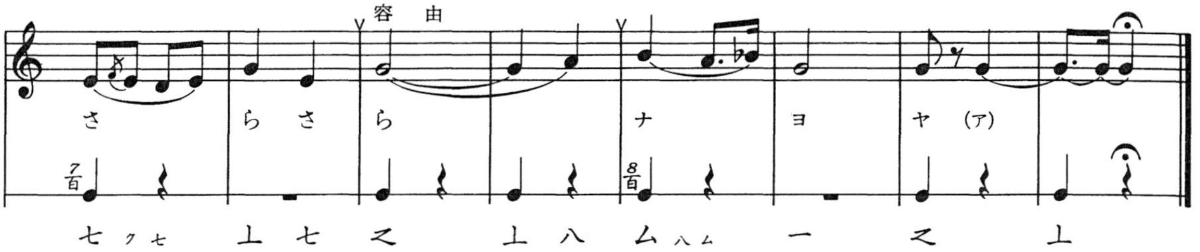
容 由
さ ら さ ら ナ ヨ ヤ (ア)

三 五 説　**美　作**

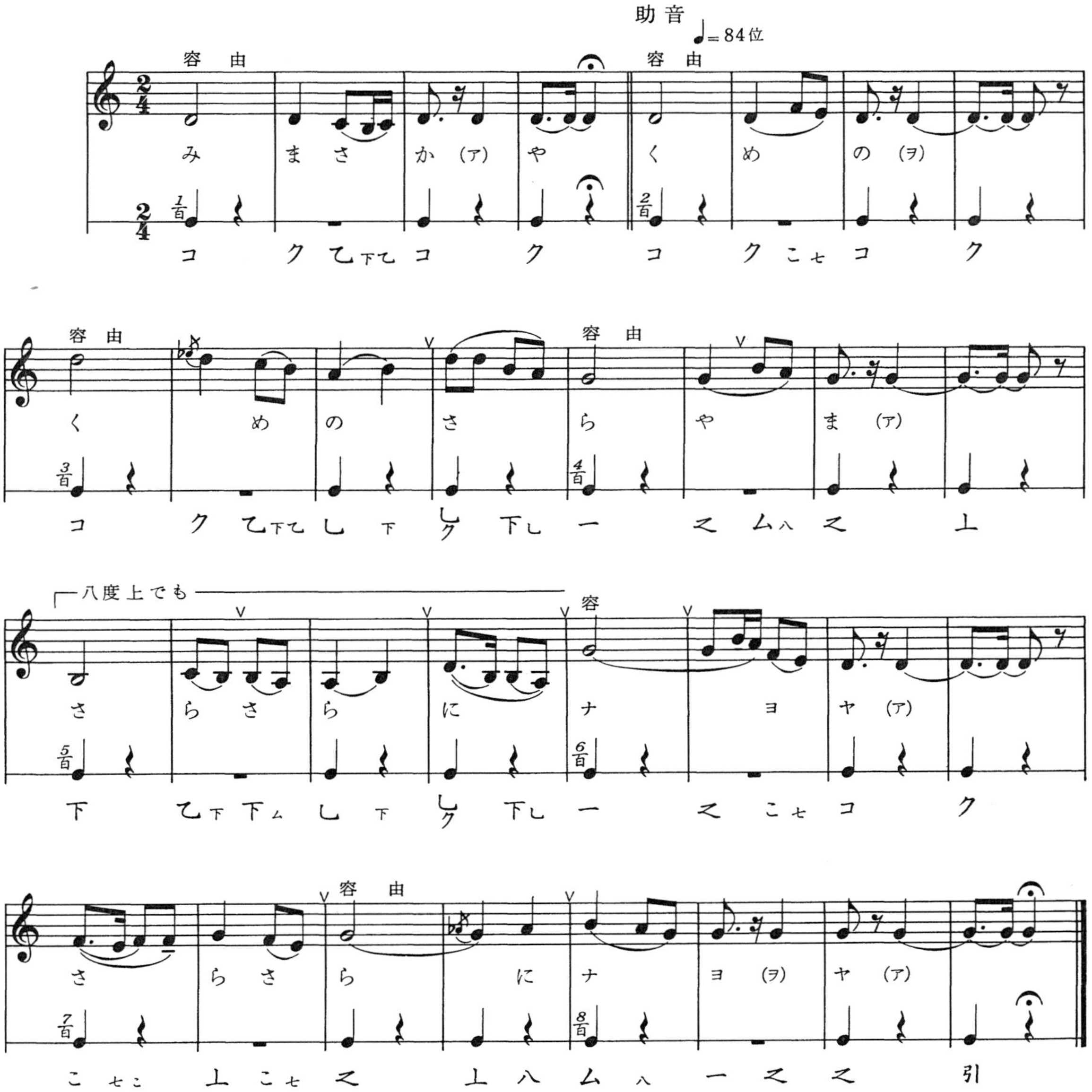
助音
♩＝84位
容 由
み ま さ か (ア) や
容 由
く め の (ヲ)
容 由
く め の さ
容 由
ら や ま (ア)
八度上でも
さ ら さ ら に
容
ナ ヨ ヤ (ア)
容 由
さ ら さ ら に ナ ヨ (ヲ) ヤ (ア)

藤家説　**難波海**

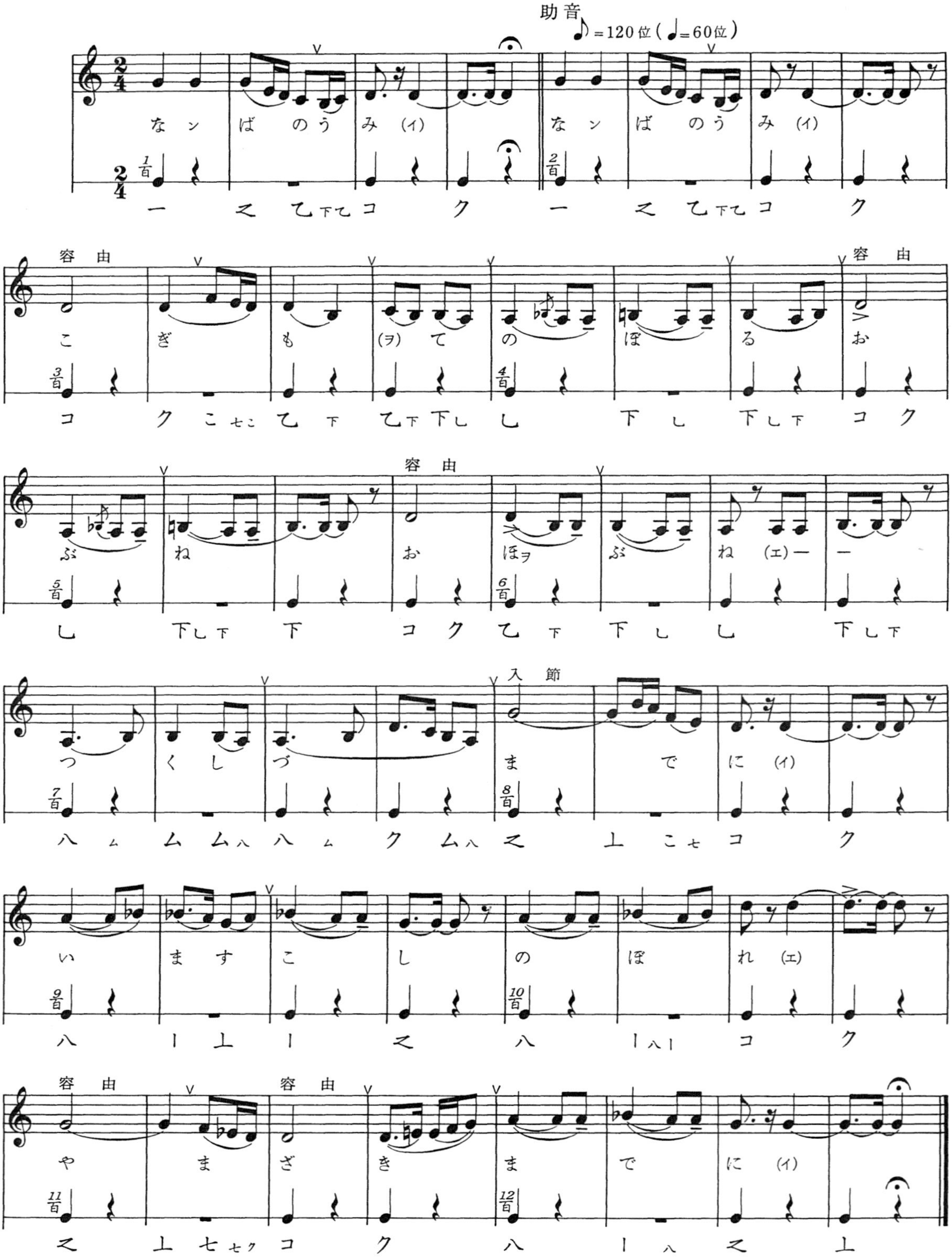

助音
♪＝120位（♩＝60位）
なン ばのう み（イ）
なン ばのう み（イ）
容由
こ ぎ も （ヲ）て の ぼ る お
容由
ぶ ね お ほヲ ぶ ね （エ）ー ー
入節
つ く し づ ま で に （イ）
い ます こ し の ぼ れ （エ）
容由
や ま
容由
ざ き ま で に （イ）

三　五　説　　　**難　波　海**

助音
♪=120位
なンばのうみ(イ)
なンばのうみ(イ)
容由
こぎもての(ヲ)ぼる(ウ)
容由
おぶねおほヲぶね(エ)
容由
つくしづまでに(イ)
いますこ(ヲ)しのぼれ(エ)
容由
やまざきまでに(イ)

席田の原体

〔元慶の風俗歌〕

明治撰定

席田

原譜通りのものと，唱われる時のものとの比較．

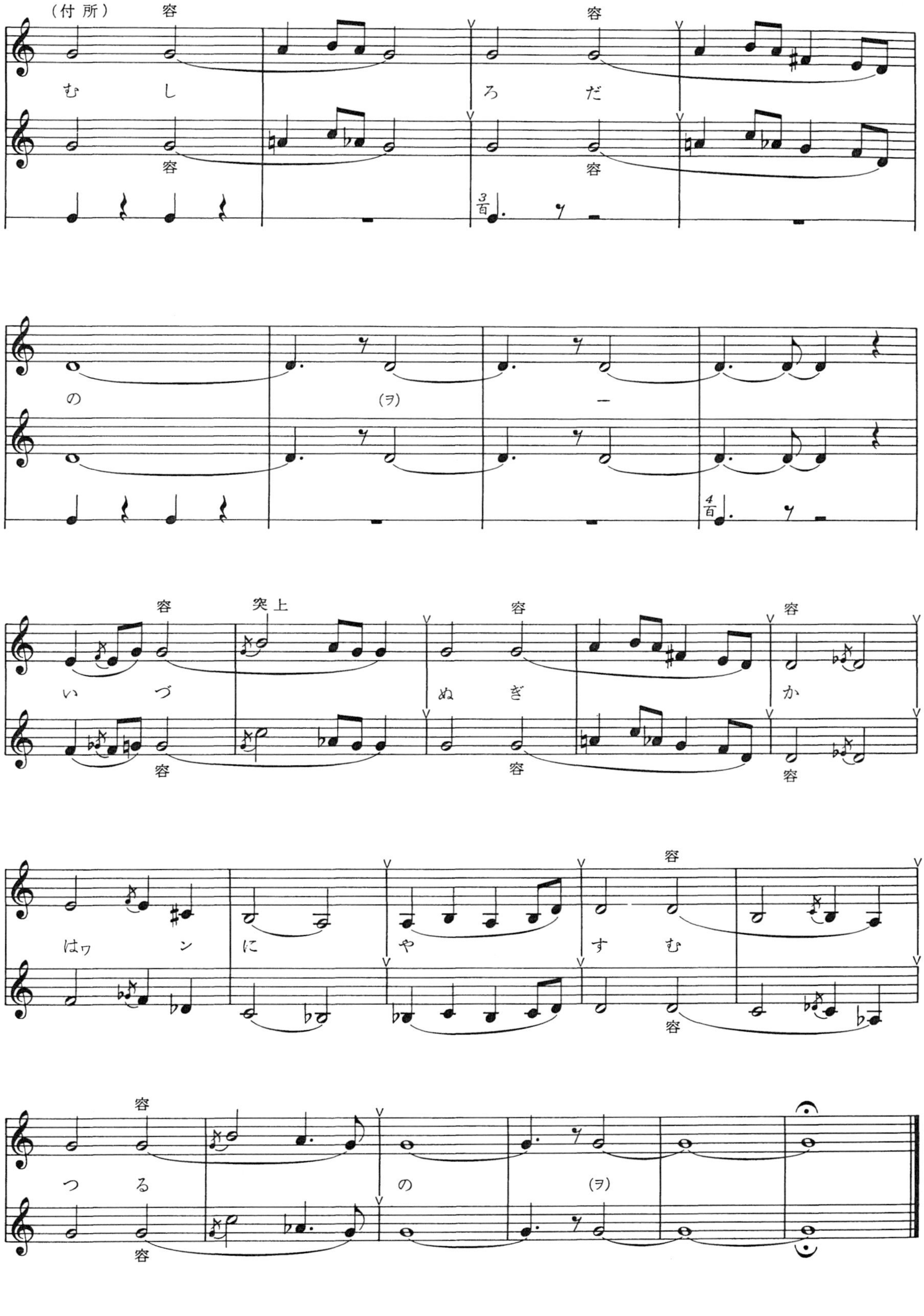
（付所）
容
むしろだ
の　(ヲ)　ー
3百
4百
突上
いづぬぎか
はヮンにやすむ
つるの　(ヲ)

双　調　歌

双調歌《そうじょうか》とは，寛平(西暦 889)の頃，すなわち平安朝初期から今日まで呼ばれてきている，いわゆる呂歌のことであり，また，平調歌《ひょうじょうか》とは，いわゆる律歌のこと，と承知しておいてほしい．その理由は，催馬楽には，呂旋の歌も，律旋の歌も，皆無であることが判明したからで，こう称した方が，誤解がないと思うからである．

源家(宇多)では呂歌を先にし，藤家では律歌を先においているが，催馬楽は，もとは一流，すなわち源流しかなかったのであるから，『催馬楽略譜』の場合のように，呂歌を先に，律歌を後にするのが妥当である．『三五要録』や『仁智要録』の場合のように，律歌を先においたのは，主客顚倒である．

本書には，五拍子の双調歌(いわゆる呂歌)の名を二十一首も挙げてあるが，これは旋律の面からいえば，十三首しかないのである．というのは，同音の歌，すなわち同一旋律の歌が八首もあるからである．真金吹は山城と，新年・梅之枝・沢田河の三首は安名尊と，此殿西・此殿奥・鷹山の三首は此殿者と，河口は竹河と，それぞれ同音の歌である．

『三五要録』に載せてある五拍子の呂歌は二十五首もあるが，これは，眉止之女・酒飲・美濃山・席田・青馬・浅緑・妹之門の七首を五拍子に取扱っているからで，『催馬楽略譜』では，この七首は三度拍子に取扱っている．

本書で，桜人・紀伊国・石河の三首を初めに置いたのは，これらは，狛楽の旋律・形式を利用して作られたもので，五拍子の双調歌中，最も初期の作品と見たからである．

(注)　この「双調歌」を読む時には，226 頁の「狛双調調」の図と，230 頁の「双調調」の図，および 240 頁の「双調歌における転調」の項を参照してほしい．それによって，催馬楽の呂歌なるものが，決して呂旋法を基調とした歌曲ではなく，笛の自然音階が基調となっている唱物であることが，はっきりすると思う．

五 拍 子 の 部

(1)　**桜　人《さくらびと》**　狛双調調の曲で，地久ノ破の旋律・形式を利用して作られた歌である(52 頁参照)．この両者を比較しても，簡単には納得がゆくまい．それほどこの両者の間には，変更・工夫がなされているのである．だが，地久ノ破は狛四拍子，拍子十二の曲，桜人は五拍子，拍子十二の歌である点から考えてみれば，漸次合点がゆくことと思う．

最初の桜人は，この狛楽曲の旋律を，もっと大胆に利用したもので，五拍子打法ではなく，地久ノ破の場合のように，狛四拍子の打法で唱っていたにちがいないことも判明する．

この打法で，適当なテンポで唱えば，この歌は捨てがたいものになるが，緩慢速度《ノロテン》で，五拍子打法で唱ったのでは，この歌の真価はわかるまい．

(2) **紀伊国《きのくに》**　地久ノ破と同調の曲で，白浜《ほうひん》の旋律を利用した歌である．これも，初めのうちは，やはり狛四拍子の打法を用いていたと考えられる．

桜人とこの歌とは，その旋法・旋律といい，そのリズミカルな点といい，その頃の在来の唱物には，まったく聴かれなかった新鮮味を多分に含んでいたので，多くの人によろこばれ，またよろこんで唱われたにちがいない．参考までに，白浜と比較検討してみるとよい．

(3) **石　河《いしかわ》**　狛壱越調の曲で，石川《せつせん》(一名節世岐《せせき》)を，唐双調調へ渡した(移調した)旋律を，利用した歌である．前の二首の第3音は盤渉(ロ)であったが，この歌の第3音は，その半音低い鸞鏡《らんけい》(変ロ)で，このために，かなり哀調を帯びた歌である．この歌も，初めのうちは，やはり，狛四拍子打法で唱っていたのであろう．

(4) **山　城《やましろ》**　句頭間の旋律は平凡だが，助音以下，“狛《こま》のわたり”からは，盆踊を思わせるような節《ふし》で，とくに，ライシナヤ，サイシナヤの所の節などは，すばらしい．五拍子物の中でこれほど庶民的な，おもしろいものはあまりない．

五拍子打法はもちろんのこと，狛四拍子の打法も見合せ，任意のリズムを手拍子で打ちながら，ところどころに太鼓も交えて唱ってみたら，一層おもしろいであろう．

ところで，ライシナヤ，サイシナヤは，囃子詞だといわれているが，このライとサイとは，高麗語で，コレ，アレの意味の言葉ではなかったろうか．そして，シナヤは，今日でも京都方面で時々耳にする，シナイデネとかスルンジャナイヨの意味の言葉だと思うが如何であろうか．

なお，『唱物譜』および明治撰定の山城は，贋城《やましろ》と改名してよいのではないかとさえ思った．つい最近，これらの山城の助音以下の各区分の小節数を調べてみたところ，六小節のあり，七小節のあり，九小節のあり，十小節のが二つもあり，十一小節のまであり，しかも，それが二カ所もあるのに驚いたのである．

(5) **真金吹《まがねふく》**　既述のように，山城と同音の歌である．

(6) **安名尊《あなとう(と)》**　山城とは異り，上品な歌で，いささか尊大ぶったところもある．だが，双調調の笛の音取の旋律の一部を，たくみに取り入れてある所や，終りの近くに，“此両字歌速”と記入してある部分などは，他に見られない変化が与えられたすぐれた曲である．ただ，入節の所に，“廿許《ばかり》ユルベシ”と指示してある場合を見受けるが，このような小細工は，疑問に思う．重視する必要はあるまい．

『唱物譜』や私のかつて教えられた明治撰定の安名尊は，『催馬楽略譜』の安名尊とはおよそ異ったひどいものである(55頁の安名尊の訳譜参照)．

なお，58頁は藤家説の，60頁は三五説の安名尊である．これらによって，それぞれの説の催馬楽の相違の一端が，窺知できると思う．

(7) **新　年《あたらしきとし》**　安名尊と同音の歌で，旋律については，いうことはない．小中村清矩述『歌舞音楽略史』(岩波文庫)の74頁に引用してある“続日本紀，天平十四年正月，六位以下等，鼓琴歌曰，新　年　始　尓《アタラシキトシノハジメニ》，何久志社《カクシコソ》，仕奉良米《ツカヘマツラメ》，万代摩提丹《ヨロヅヨマデニ》と載せたるは，今の催馬楽譜の呂ノ歌に収めて，新年の曲とし”，とあるのは，多少，詞を補って，安名尊と同一の旋律を適用したものなのである．正月に唱うには，ふさわしい催馬楽であろう．

（8）　**梅之枝**《むめがえ》　既述のように，これも安名尊と同音の歌で，この旋律《ふし》は公家達に愛好されていたと見え，このような替歌も作って楽しんでいたのであろう．

（9）　**沢田河**《さわだがわ》　この歌は歌詞すら，『催馬楽略譜』にも，『三五要録』にも，『仁智要録』にも載せてないが，安名尊と同音の歌にちがいないから，安名尊の訳譜の下に加えた．この歌がのけものにされた理由はよくわからないが，安名尊の旋律の本元は，この歌ではないかと思われる．

(10)　**妹与我**《いもとわれ》　上掲の諸歌の旋律とはかなり違ったもので，捨てがたい歌の一つである．

(11)　**鈴之河**《すずかがわ》　妹与我とほとんど同じ旋律の上品な歌で，『三五要録』はこの歌の譜を載せてない．

(12)　**此殿者**《このとの(は)》　朗らかで陽気な旋律の歌で，とくに，後半にその特徴がよく出ている．その点が多くの人に喜ばれたと見え，替歌が三首もある．

(13)　**此殿西**　此殿者と同音．

(14)　**此殿奥**　これも同音．

(15)　**鷹　山**　これもまた同音．

この四首には，桜人・山城・鈴之河などの場合のように，転調された所もあるので，解説第三章(224頁)，第四章(230頁)，第五章(240頁)を参照されたい．唱う速度も考究してみる必要があるだろう．あまりゆっくりでは，おもしろくない．

以上の石河以外の歌は，すべて『催馬楽略譜』によって訳譜したもので，従って，源家説の催馬楽である．

次の歌は，すべて『三五要録』によるもので，藤家説もしくは三五説の催馬楽である．

(16)　**奥　山**《おくやま》　これはおもしろい小品である．が，五拍子打法で唱っては，その良さはわからない．狛四拍子の加拍子の打法か，唐拍子の打法に変えた方がよい(249頁の「三度拍子」の項参照)．

(17)　**奥山尓**《に》　上掲の奥山によく似た旋律の歌だが，これも，五拍子打法で唱ったのではおもしろくない．

(18)　**葦　垣**《あしがき》　五段，拍子各七．従って，拍子数は合計三十五．五拍子物だから，小節数280にものぼる長い歌である．だが，各段の旋律は，第五段の句頭がすこし異っているだけで，その他は，まったく同じである．

文献によると，これは仁明天皇の御作の一つである西王楽序に関係があるということだが，ともかく，唐楽的な所が相当見られる歌である．

このように何段もある歌の場合，早いテンポで唱うように注意したい．そして，この歌は雅楽界でよくいわれる，舞立《まいたち》風に，軽快に，もちろん駈出《かけだし》にならぬよう，とくにリズミカルに唱わなければならない．そして拍子は，五拍子やその打法などにこだわらずに，笏拍子ではなく，張扇・手拍子・棒切れの方がよい．二組に別れて，第四段までは交代に，掛合式で別々に唱い，第五段の助音の所から一緒になって斉唱したら，一段と楽しめる歌になるであろうし，もともと，そのように唱う歌に作られていると思う．各段の句頭は，時には，八度上で独唱してみるのもおもしろいが，この際，拍子(間)をきちんと測《と》って，唱う方がよい．しかし，このような五拍子の歌に箏の閑掻を用いるのは考えものである．

(19)　**葛城**《かつらぎ》　前に引用した『歌舞音楽略史』(岩波文庫)の 74 頁に，“光仁天皇竜潜《りようせん》の時，葛城の寺の前なるや，豊浦の寺の西なるや云々と，童の謡ひたるは，天皇登極ノ徴也と，是亦，続日本紀卅一に載せたるも，催馬楽譜の呂ノ歌に収めて，葛城の曲とせる云々”とあるのは，この歌のことである．

この歌は三段からなる．しかつめらしく笏などを執って唱う歌とは思えない．手拍子でもよかろう．もちろん，五拍子打法などにこだわるには及ばない．

第二段と第三段の終末の囃子詞“オオシトンド”の旋律《ふし》には，童謡的なものが感じられる．

これも，テンポを早く，軽快に，リズミカルに唱う歌である．

(20)　**竹河**《たけかわ》　二段よりなる．旋律は二段ともほぼ同じで，葛城のそれと，ほとんど変らない．ただ，終りの二句の旋律は相当に違っている．葛城の場合と同じように唱えば，おもしろかろう．

(21)　**河口**《かわぐち》　これも二段よりなる．竹河とまったくの同音の歌である．

地久《ちきゆう》**ノ破**《は》(52 頁)　敗戦後，桜人との関係を検討するために，この曲を五線上に訳譜している間に，重要なことを二つ発見した．その一つは，呂歌の基調となっている本当の旋法を裏付けるものを，ここに見付けたこと．いま一つは，五拍子の名称およびその打法の明確な出所を，ここに見付けたことである．五拍子といえば，毎小節に五拍ずつ含む曲を表示する名称とだれしも思うだろうが，催馬楽の場合の五拍子は，それとはまったく違った意味に用いてある(247 頁の「催馬楽拍子」の項参照．第一の旋法については，226 頁の「狛双調調」の図および 230 頁の「双調調」の図参照)．

私は，この曲を訳譜したことによって，この仕事を続行する意欲が増進された．催馬楽を研究してみようと思う人にはかなり参考になるものがあると思うので，附加したのである．

なお，この訳譜を一音ずつ低く書いたのは(本来は，狛双調調の曲だから，一音高く書くべきなのだが)，桜人と比較するには，この方が都合がよいと考えたからである．

三度拍子の部

この部の前半に載せた十六首の中，(1)無力蝦(8)大宮の外はすべて，『催馬楽略譜』によって訳譜したものである．その外はすべて，源家説の催馬楽である．

(1)　**無力蝦**《ちからなきかえる》　狛壱越調の秘曲の一つである吉簡《きつかん》の笛の唱歌の詞の代りに，カエルとミミズの歌詞をつけた小品にすぎないが，私はこの歌を，催馬楽の起原のキッカケを作った重要なものと見ている．ただし，この部の先頭に掲げたものは，それを狛壱越調から双調調へ渡したものである．

この原体は，97 頁を参照．また，吉簡の笛本譜(98 頁)およびその仮名譜(98 頁)，それを双調調に渡した笛の仮名譜(98 頁)をも参照．

この歌の譜は『催馬楽略譜』には載っていない．『三五要録』第四巻の終りの方の，田中井戸の次に，継子扱いにされてはいるが，ともかくも見出せる．その訳譜は，参考のためにこの部の後半に載せた(99-101 頁参照)．

ここの無力蝦には，吉簡の場合と同様に，唐拍子の打法の簡略化したものを適用した．この方が三度拍子打法の場合よりはるかにおもしろくなる(250 頁第四図参照)．

ちなみに，この本来の打法は，旋律を躍動させる力を多分に含んでいるようである．狛楽の納《な》曽利《そり》ノ急・貴徳《きとく》ノ急・八仙《はつせん》ノ急・新靺鞨などは，この打法を用いる曲で，どれも，なかなかおもしろいが，もしこれらの曲に催馬楽の三度拍子打法を適用したら，そのおもしろさは，半減するにちがいない．この点からみても，この歌は最初のうち，少なくとも寛平頃までは，この打法を，手拍子で打ちながら，唱っていたと思われる．

吉簡は既述のように，狛壱越調の曲であるから，これを唐双調調へ渡せば，既載の石河の場合のように，第 3 音は鸞鏡(変ロ)になるわけで，この歌の訳譜には変記号を用いてある．

ところが，『三五要録』の無力蝦は，この大切な点を見落したのか無視したのか，第 4 音を上無に，第 7 音を下無に見て作譜されている．今一度，99, 100 頁の無力蝦を参照されたい．これには，変記号はなく，嬰記号が二つも適用されている．これは，訳譜の各行の下方に附記してある琵琶譜の字符に忠実に従って書けばこのようになる事を指摘するために，載せたのである．『三五要録』の選者がいかに呂旋化に努めていたかを知る恰好な証拠といえる．

従って，この二通りの無力蝦を，唱うなり，奏《ひ》くなり，吹くなりしてみたら，呂旋の歌曲がどんなものか，よくわかると思う．

なお，101 頁は，100 頁を吉簡本来の旋法に訂正してみたものだが，これによって，『三五要録』の催馬楽譜によってでも，その歌の本当の施律を突き止められることが，わかってくると思う．

（2） **酒　飲**《さけをたうべて》　当初，歌詞だけが狛楽の胡徳楽の舞から思い付いて作られたのではないかと思ったが，その後，藤流・三五流の酒飲を検討してみた結果，この流のものは，旋律・構成に胡徳楽が利用されていることがわかった．（これは狛壱越調から唐双調調へ渡してみて，その検討の結果からいうのである）．

この舞をおもしろいという人は多かったが，旋律そのものは平凡で，これはと拾い上げるような旋律句も見出せない．そのせいか，かなり期待していたのだが，訳譜してみたら裏切られたようで，ちょっと失望した．

もっとも，素面でこんな文句をいっていても始まるまい．ともかく，まず，酒をたうべて，ほろよい気分になって唱ってみたら，或いは，この歌の値打がわかってくるのかもしれない．

あるいは三度拍子の打法を唐拍子打法に変え，笏も張扇か三ノ鼓にかえ，すこしゆっくりしたテンポで唱ってみたら，この曲の持ち味が出るのではないかとも考えている．

この歌の第 3 音は，石河の場合のように，鸞鏡(変ロ)になるわけだが，桜人の場合のように，盤渉にしておいた．

（3） **美濃山《みのやま》**　蓑山とも書く．狛楽の地久ノ急の初頭の旋律句の一片を，巧妙に，効果的に利用している．そのほか，転調をかなり適用して，旋律に少なからず変化を与えている．この点は，他の催馬楽には見られない注目すべき特色である．平安時代の歌曲としては，抜群の出来ばえだといっても過言ではあるまい．

102 頁の地久ノ急の訳譜，解説第三章(224 頁)，第四章(230 頁)，第五章(240 頁)，を参照．

『三五要録』の美濃山は，五拍子で呂旋に作譜されている．また，明治撰定の蓑山の譜は，三度拍子で，これも呂旋に作譜されているが，唱われる時のその旋法は，呂旋ではないし，本書の美濃山とも異っている．その蓑山は，明治以来公開の場所で唱奏されたことはないから，どんな歌か知っている人は，あまりあるまい．

（4） **田中井戸《たなかのいど》**　前の三首はどれも狛楽に関係がある歌であったが，これは唐楽に関係のある，すなわち胡飲酒《こんじゆ》ノ破《は》の旋律を多分に利用した歌である．

この破の本来の調は，壱越で，唐楽の中でもっとも歌謡的な曲の一つである．チベット辺の民謡を唐楽化したものだろう，といわれている．『催馬楽略譜』の田中井戸の旋律は，この破を双調調へ渡し，多少変更したものである．

104 頁の田中井戸は，やはり同調の歌だが，その旋律をほとんど変えてない．『催馬楽略譜』に，“合胡飲酒破之時，有別口伝”とあるのは，これと見てよかろう．もちろん，『略譜』にはその墨譜は載せてない．私がその破の笛の唱歌の旋律に従って(この曲の箜の旋律も参照して)，五線上に載せたものである．

最初のうちの田中井戸は，本来の調である壱越調の胡飲酒ノ破の笛の唱歌の旋律をそのまま利用し，三度拍子打法ではなく，この破独特の壱鼓《いつこ》の打法を適用して唱っていたと思われる．この田中井戸もおもしろい(105 頁参照)．

以上三通りの田中井戸の旋法を調べてみると，催馬楽の呂歌の旋法も，唐楽の双・壱二調の旋法も，昔から呂旋といわれてきているが，信頼できないということに気が付かれると思う．

（5） **眉止之女《まゆとじめ》**　マユトジメ，マユトジメ，を反復また反復するこの歌が，単調にならないように，旋律に細心の工夫を凝らしている点は，注目すべきことである．

ノロテンで唱ったら，眉顰《ひそ》女《め》になりかねないが，三度拍子打法などにこだわらずに，ツナギ桴も適用するとか，とにかく，任意のリズムを手拍子で打ちながら唱ったらおもしろいであろう．

これは，相当飲んでから，大勢で，少なくとも数人で，賑かに唱ったものと推定される．オオミキワカセとかオオミキイタセとか，句頭の替文句がある点から，句頭者もときどき替えたり，一息入れて燗をさせた酒を飲みながら，マユトジメを繰返し繰返し陽気に唱っていたと思われる．

このように唱えば，しばしば出てくる唐楽的な単調な引《ひき》の部分も，かえって興味を増す所となるにちがいない．

ちなみに，この歌の旋律は唐楽の酒青司《しゆせいし》に関係があるという説があるが，これを肯定できるようなフシも見える．しかし，それはほんの僅かで，それよりも，酒席の面での関係の方が多いのではなかろうか.

酒といえば，これに関係のある催馬楽はこのほかに三，四首ある．酒飲はもちろんのこと，田中井戸・我家・此殿奥などそうである．一方，唐楽でも，回杯楽・傾盃楽・胡飲酒・酒胡子(一名酔公子)・酒青司などそうで，私は杯の字を含む唐楽は好かないが，酒の字を含む唐楽は好きである．そのうちで，酒胡子と酒青司とはあまり知られていないようだが，結構楽しめる，なかなかの佳什だと思う．もっとも，一小節を四拍にとって演奏したのでは，問題外である．

(6)　**角総**《あげまき》　歌詞は，まさに天衣無縫だが，旋律は，それにふさわしくない．少々こりすぎている．この旋律を唱いこなすには，相当練習しなければなるまい．

角総と書かないで，総角と書くべきだ，という人があるかもしれないが，そうともいえないようである．『催馬楽略譜』にも，『三五要録』にも，角総と，角の字が先になっているのである．『大字典』によると，角の一字だけでも，総の一字だけでも，ともに，アゲマキの意があり，角髪の二字を，総角と同じだと書いている点も考慮する必要があると思う．おそらく，平安時代にはアゲマキを角総と書いていたのが，その後，なにかの加減で，逆に総角と書くようになったのではあるまいか．

(7)　**本滋**《もとしげ》　二段からなる．第二段の旋律は第一段と多少異った所がある．角総と同音の歌といわれているが，『催馬楽略譜』のは，必ずしも，そうとはいえない．角総よりは唱いやすいし，歌詞も穏健であるせいか，角総・大宮よりは，しばしば唱われたらしい．

双調歌の三度拍子物のうちで，二段からなるのは，これと，美作・藤生野・席田の四首である．なお，藤家説の本滋は五拍子である(『三五要録』参照)．

(8)　**大宮**《おおみや》　この譜は『催馬楽略譜』には載せてない．藤家説のは断絶したらしい．したがってこれは，『三五要録』によって訳譜したものである．その初頭に“角総同音”と附記してあることで，この説の角総は大宮と同音であることが明らかである．

この終りの，タリリタリは，笛の唱歌の調を，囃子詞的に取り入れたまでのものである(243-4頁参照)．

(8)　**我家**《わいえ》　この旋律には他の歌に見られない面白さがある．源流の三度拍子打法のリズムを巧みに利用した所など，注目すべき点で，(5)眉止之女に似ている．

安名尊ぶった宮廷の人々の半面を物語る歌の一つだと思われる．さすがに素面の時には唱いかねたろうが，無礼講の席では，酔がまわるにつれて，だれかが口火を切れば，一同が手拍子で唱ったものであろう．

とにかく，あまり上品な歌ではないが，その旋律には捨てがたい独特の魅力がある．歌詞が低俗だからといって，抹殺してしまうのは，惜しい．

この歌も，もちろんノロテンで，笏などもって唱っては，形にならない．

(10)　**難波海**《なんばのうみ》　愉快な旋律の歌である．名品の一つだが，これもハヤテンで，リズミカルに唱わなければ，この歌の良さは出ない．助音(付所)からはみんなで，手拍子を打って斉唱していたにちがいない．

この部の後半に載せた二通りの難波海は，比較のためもあるが，その他に，注目すべき点があるので附加したのである．108頁は藤家説の，109頁は三五説のものである．

108頁には，「丨《ぼく》」と「匕《ひ》」が，109頁には「丨」だけが，適用されている所がある．これは琵琶譜の字符で(「丨」は神仙，「匕」は勝絶を示す)，『三五要録』の催馬楽の呂歌の譜には，この歌以外にはまったく見られない字符である(268頁の下の図参照)．『三五要録』の選者師長も，呂旋一点張りでは押し通せない場合のあることに，気が付きだした跡が窺われるめずらしい実例だと思う．

琵琶譜の読める人は，ためしに，上記二説の訳譜の各行の下方に附記してある琵琶譜を，字符に忠実に従って訳譜してみたら，どのような難波海が出現するか，得る所が存外少なくないであろう．

(11)　**美作**《みまさか》　これも名品の一つといえよう．貞観主基《すき》の風俗歌(清和天皇の大嘗会〔西暦859〕に唱われた)を，後に，催馬楽化したのが，『催馬楽略譜』の呂歌の三度拍子部のまっさきに載せてあるこの歌である(この美作によって，上記の風俗歌に復元したのが，106頁上の美作である)．

なお，106頁下は，(11)の旋律を変更した藤家説の美作で，107頁は，これを更に変更した師長の，即ち三五説の美作である．ただし，この二つとも，呂旋的に作譜されている所は訂正しておいた．

ちなみに，大嘗会に唱われる風俗歌は，風俗とはまったく別種のもので，拍子《ま》を測らないで自由に，たいてい句の終りを流すように唱う旋律の歌である．しかし，その旋律の自由な流れの中に，自然な緩急がないと，間のびした感や，唐突な感を与える．

どのような旋律か，唱ってみるのは簡単であるし，それを聴けばまた容易にわかるが，これを五線上に表示するのは不可能に近い．的確に表示しようとするほど，譜は徒らに複雑になるばかりか，かえってますます実際に遠いものとなる．

上に指摘した106頁は，間《ま》(拍子)の不可測的な風俗歌の旋律を可測的なものにし，原型を推測して変更したものだが，これを，間を測らないで，自由に，伸ばしたり，縮めたりして唱ってみたら，或いは，風俗歌なるもののおよその見当がつくかもしれない．

なお，昭和五年に復活させようとした美作は，この106頁を催馬楽化したものであるから，『催馬楽略譜』の美作とは，もちろん，旋法がちがう．

(12)　**藤生野**《ふじうの》　二段で，美作と同音の歌である．

(13)　**席田**《むしろだ》　やさしい，平凡な旋律の上品な歌である．元慶悠紀《ゆき》の風俗歌(陽成天皇の大嘗会〔西暦877〕に唱われた)を，後に，催馬楽化したのが，『催馬楽略譜』に載っているこの席田である(これを後に，五拍子に変更したのが，『三五要録』に載っている席田である)．

ちなみに，催馬楽化とはどういうことか，ここで一度説明しておこう．

この訳譜から，まず，容由《ようゆう》・突《つき》の二種の装飾音を取り除き，次に，四小節にわたる「引」を適宜に短縮し，各旋律句のリズムをいろいろに変更してみて，まとまりのある旋律に仕上げてみると，110頁上のようなもの，或いは，それにいくらか似た旋律になる．それを美作の場合のように，間《ま》にこだわらずに自由に唱ってみるうちに，元慶の風俗歌は，多分，このようなものだったろうと，推測されてくる．

これが，催馬楽から風俗歌への復元の方法であるが，これを逆に応用すれば，催馬楽化の方法になる．

すなわち，まず，全体の長さを三十二小節に，いいかえれば，三度拍子にするなら，四小節を一区分とするものが八に，五拍子にするなら八小節を一区分とするのが四になるように，歌詞を絶えず念頭に置いて，「引」を徴・宮の二音に適用し，中間と終末の二ヵ所には段落をつくるために，相当の長さに引きのばす．次に，容由もしくは入節を適用し得るように，旋律のリズムをいろいろに変更したり，突を適度な所に附加したりすれば，催馬楽のようになる．

110 頁下の訳譜の下段の方は，かつて私が教えられた，そして終戦前まで，これが本当の席田だと思っていた旋律を五線上に表示したものである．上段の方は，明治撰定の席田の墨譜によって訳譜したものである．

下段の方の席田の墨譜を見た人はなかろうが，それは上段の方の墨譜を無視して，下段の譜のように唱っていたからである．その意味では，110 頁下も，当分は必要な譜の一つだと思う．

(14)　**青　馬**《あおのま》　白馬《さおのま》の終りまでは，席田の旋律によく似た節《ふし》の反復で，それから後は，なかなかおもしろい．四小節に及ぶ「引」の多いのには多少閉口させられるが，ハヤテンで，リズミカルに唱えば，その引も或いは，かえって興味を増すものになるかもしれない．

とにかく，三度拍子物だが，拍子二十四もある歌をノロテンで唱ったのでは，間のびがして，趣きはまったく失われてしまう．

(15)　**浅　緑**《あさみどり》　青馬と同音の歌．歌詞が凝っていて，女性向きの歌である．これに対して，前の青馬は男性的な歌といえよう．

(16)　**妹之門**《いもがかど》　アマヤドリから後の，おもしろい旋律の他は，青馬のそれと大差ない．

平　調　歌

五 拍 子 の 部

伊　勢　海　拍子十

八度上でも可
空拍子
い　せ　の　う　み
1百
括孤内の所は笏を打たない
（但し三度の節には打つ）
助音（♩＝84位）
の　(ヲ)　き　よ
2百
き　な　き　(イ)
3百
入　節
さ　(ア)　に　(イ)
125頁(1)参照
容　由
し　ほ　(ヲ)　か　(ア)
133頁(1)参照
4百

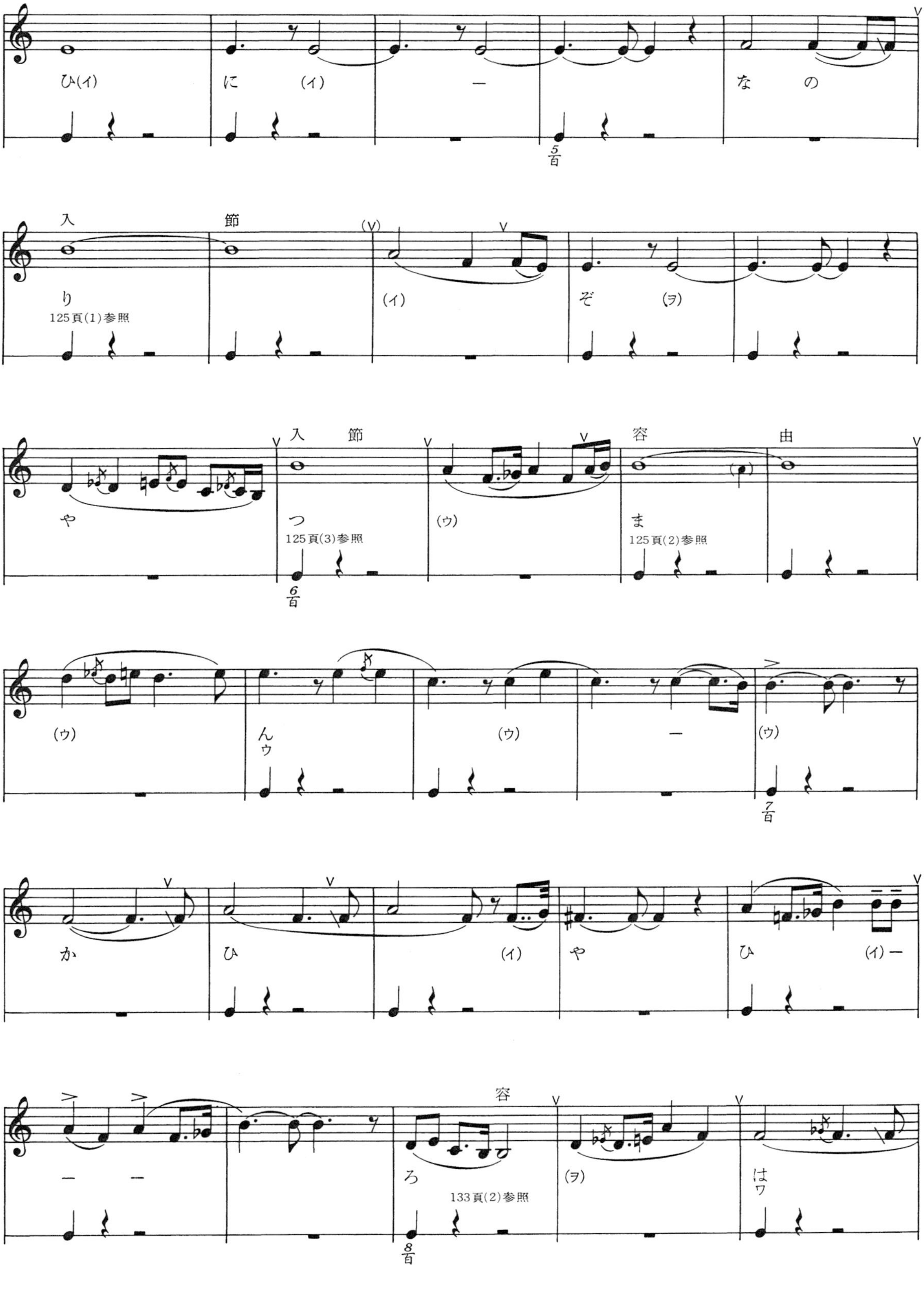
ひ(イ)
に
(イ)
ー
な
の
5
百
入
節
(V)
り
125頁(1)参照
(イ)
ぞ
(ヲ)
入
節
容
由
や
つ
125頁(3)参照
(ウ)
ま
125頁(2)参照
6
百
(ウ)
ん
ウ
(ウ)
ー
(ウ)
7
百
か
ひ
(イ)
や
ひ
(イ)ー
容
ー
ー
ろ
133頁(2)参照
(ヲ)
は
ワ
8
百

二度の節には

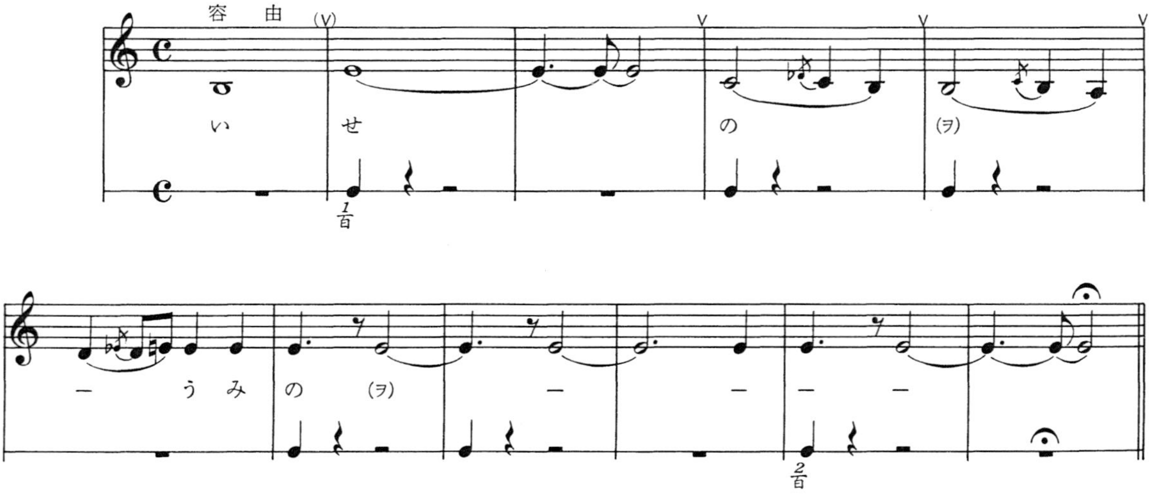

(1) 二小節にわたる入節のリズム

伊勢海　　走井
飛鳥井　　庭生

(2) 二小節にわたる容由のリズム

伊勢海にのみ見る

(3) 一小節の入節のリズム

または

伊勢海　走井　飛鳥井

(4) 二拍間の入節のリズム

または

走井　飛鳥井　庭生など参照

伊勢海

一段　拍子十

いせのうみの、きよき、なぎさに、
しほがひに、なのりぞや、つまん、
かひやひろはん、たまやひろはん。

走井

一段　拍子九

此歌自三月至五月用之

はしりゐの、こかや、
かりおさめ、かけ、
それンにこそ、まゆつくらせて、
いとひき、なさめ。

走井　拍子九

八度上でも可
空拍子
は し り ゐ
1百
(イ) の (ヲ) — — —
2百
助音（♩=100位）
容由 抽音
こ か (ア) や (ア) か
入節 入節
り (イ) お (ヲ) さ
3百
め (エ) か け (エ) — —
4百
— — — — — —
5百

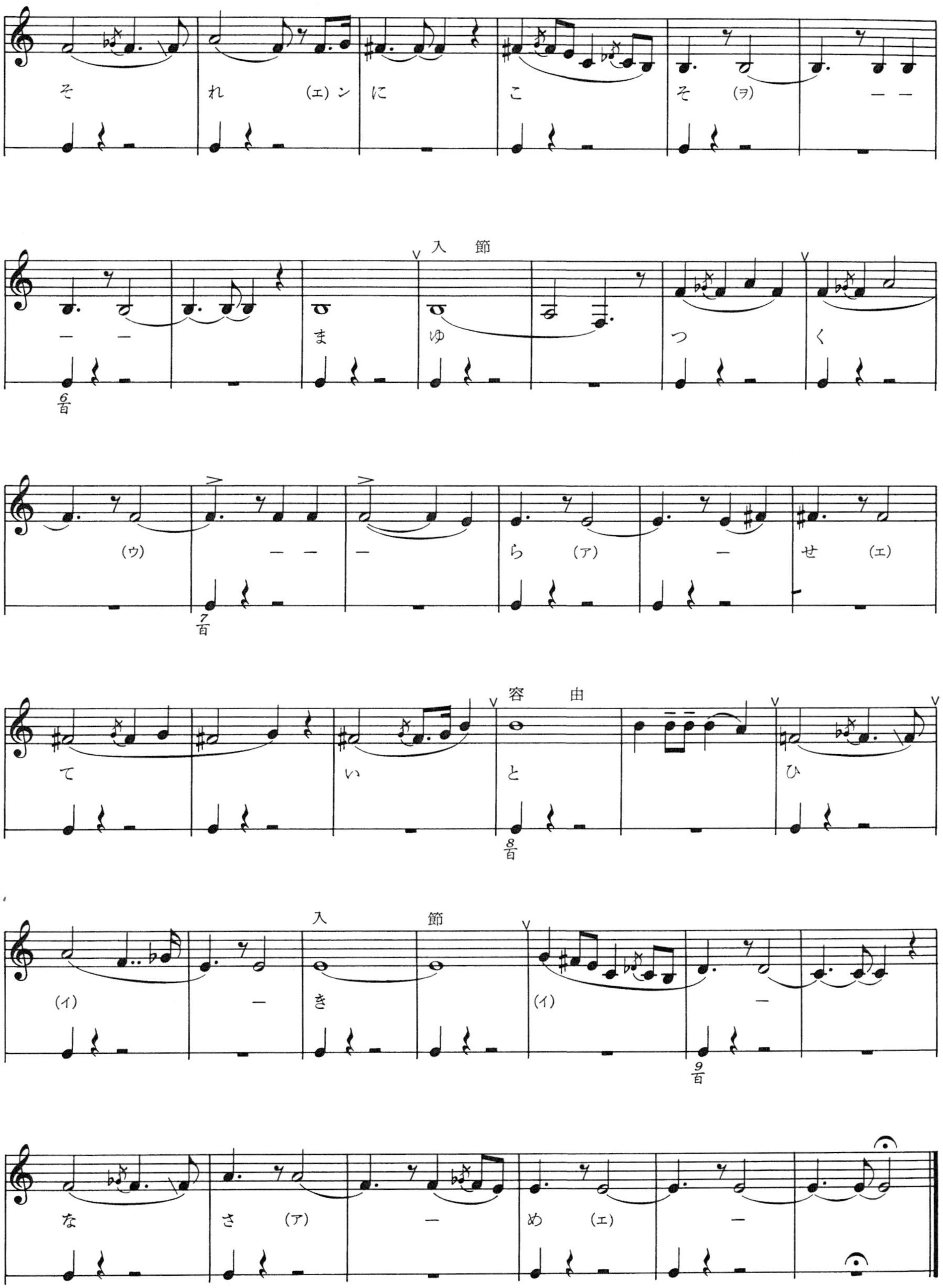
そ れ (エ)ン に こ そ (ヲ) ー ー
入 節
ー ー ま ゆ つ く
6百
(ウ) ー ー ー ら (ア) ー せ (エ)
7百
容 由
て い と ひ
8百
入 節
(イ) ー き (イ) ー
9百
な さ (ア) ー め (エ) ー

飛《あ》鳥《すか》井《ゐ》　拍子九

八度下でも可
空拍子
あ す か ゐ (イ)
1音
に (イ) ー
2音
助音（♩=100位）
八度上でとあるが
この音から八度上に
や ど (ヲ) り (イ) ー
入節
は (ア) す (ウ) ー ー べ
125頁(4)参照
3音
し (イ) ー オ
4音
一説（秘説は後掲）
し (イ)や 或説 (イ) ー

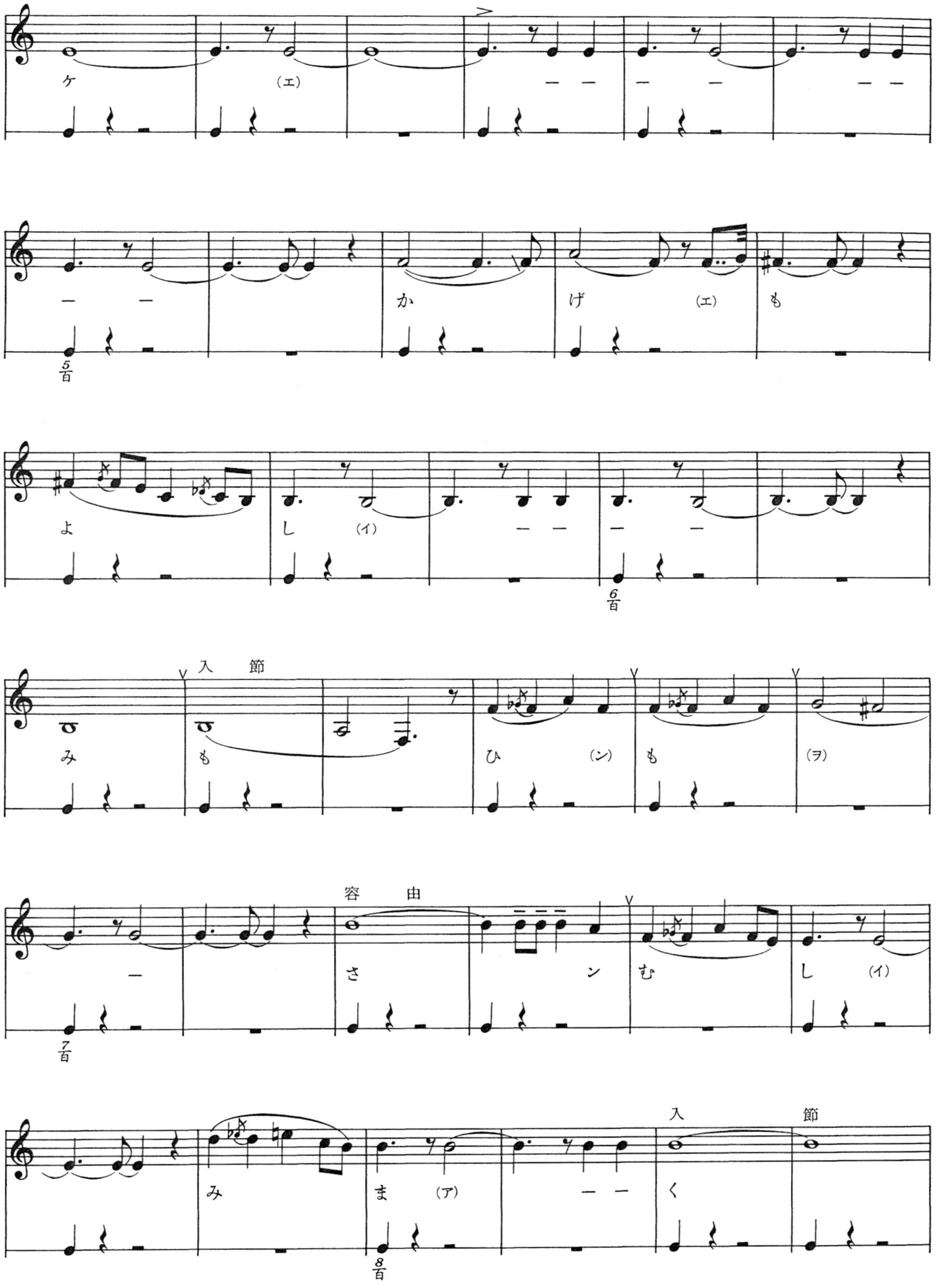
ケ (エ) ー ー ー ー ー ー
ー ー か げ (エ) も
5百
よ し (イ) ー ー ー ー
6百
入 節
み も ひ (ン) も (ヲ)
容 由
ー さ ン む し (イ)
7百
入 節
み ま (ア) ー ー く
8百

飛鳥井

一段　拍子九

私注音振大概同走井
但　少々相替

あすかゐに、やどりは、すべし、
ヲケ、かげもよし、
みもひンも、さンむし、
みまくさも、よし。

庭《には》生《におふる》　拍子九

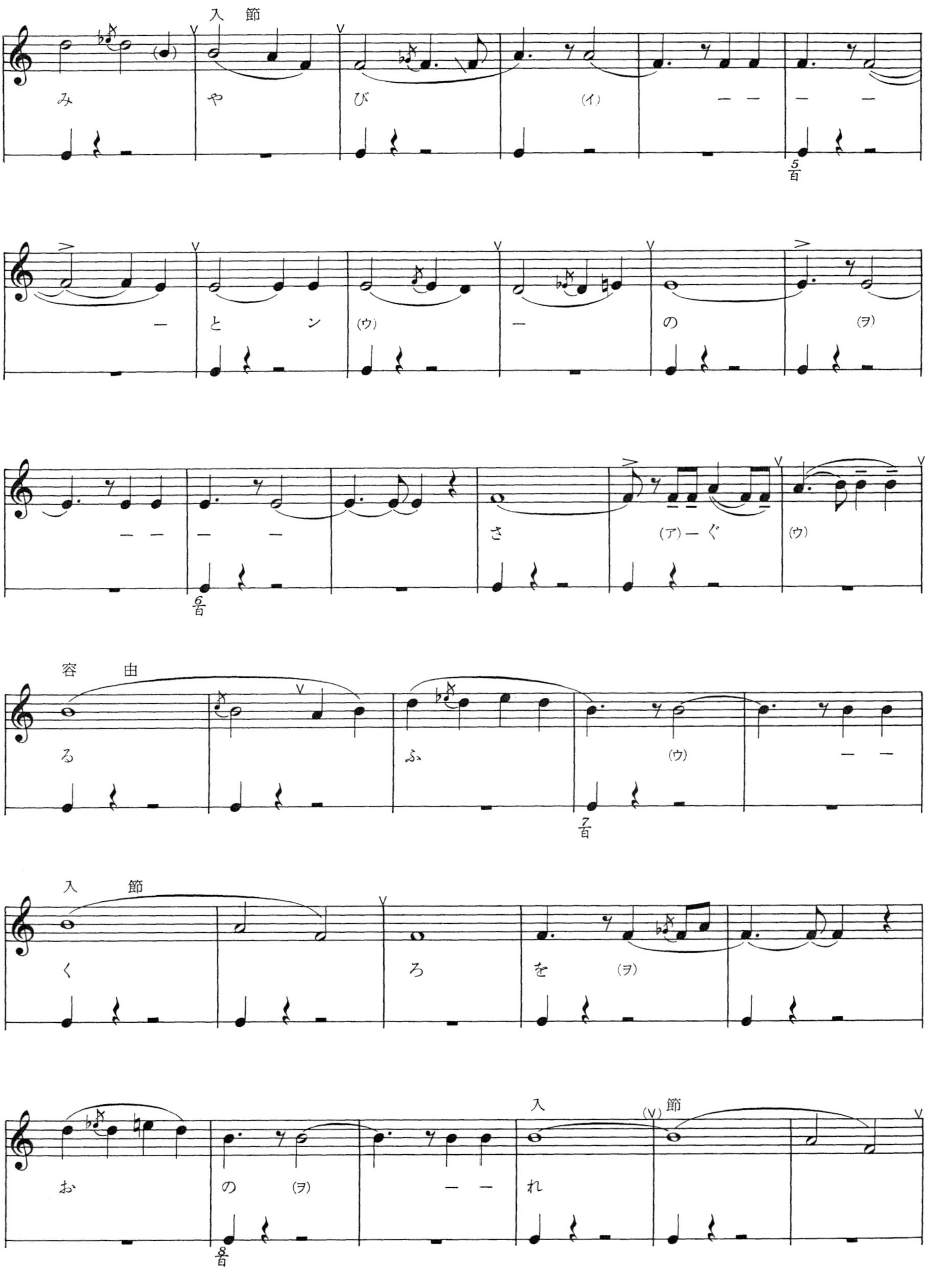
入　節
み　や　び　(イ)　ー　ー　ー　ー
5音
ー　と　ン　(ウ)　ー　の　(ヲ)
ー　ー　ー　ー　さ　(ア)ー　ぐ　(ウ)
6音
容　由
る　ふ　(ウ)　ー　ー
7音
入　節
く　ろ　を　(ヲ)
入　(V)　節
お　の　(ヲ)　ー　ー　れ
8音

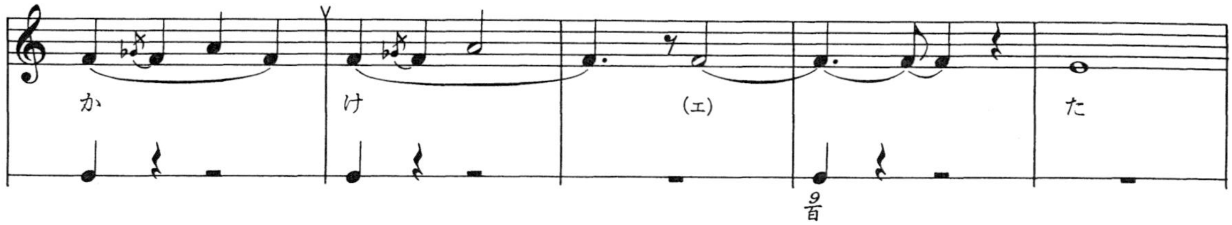

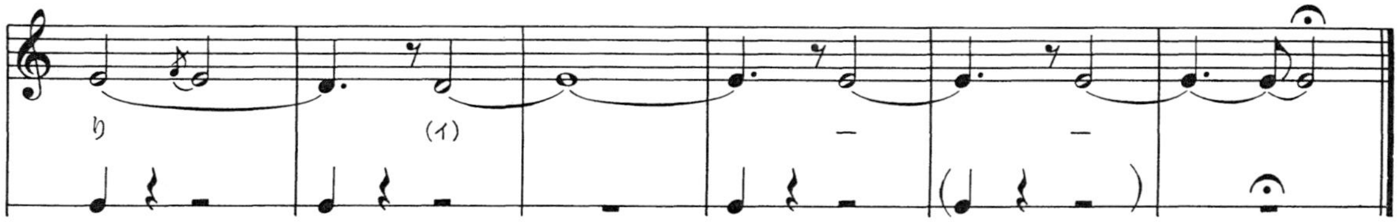

(1) 一小節にわたる容由のリズム

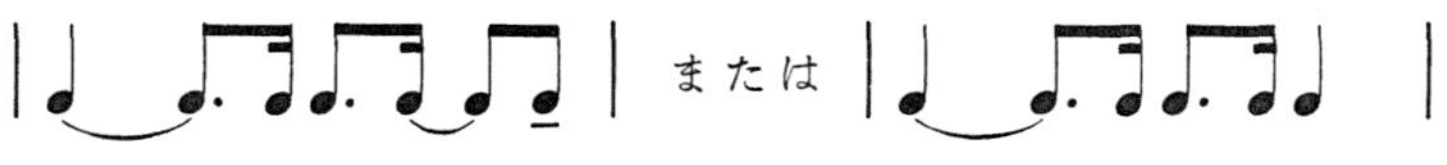

(2) 二拍間の容由のリズム

(テンポによる)

庭生

一段　拍子九

此歌春可用之

にはにおふる、
からなづなは、
よきなり、ハレ、
みやびとゝの、
さぐるふくろを、
をのれかけたり。

三五説　青柳　拍子六

二段

容 由
第一段 あ を や
第二段 う ぐ ひイ
1音
八 コ ク 下 十下十
ぎ を (ヲ) ー ー ー ー
す の (ヲ) ー ー ー ー
2音
コ ク 十下十 し 八 八 引
助音（𝅗𝅥=46位〔♩=92位〕）
八度上でも唱う
か た い と (ヲ) に
ぬ ふ と い (イ) ふ
ヒ七ヒ ヒ ヒ七 コ ク コ
容
(イ) ー よ り
(ウ) ー か さ
3音
ク 十下十 し 八 也 八 八 八上ヒ
て (エ) や (ア)
は ー (ア) ー
4音
ヒ七ヒ 引 ヒ ヒ 七 ヒ七ヒ 引

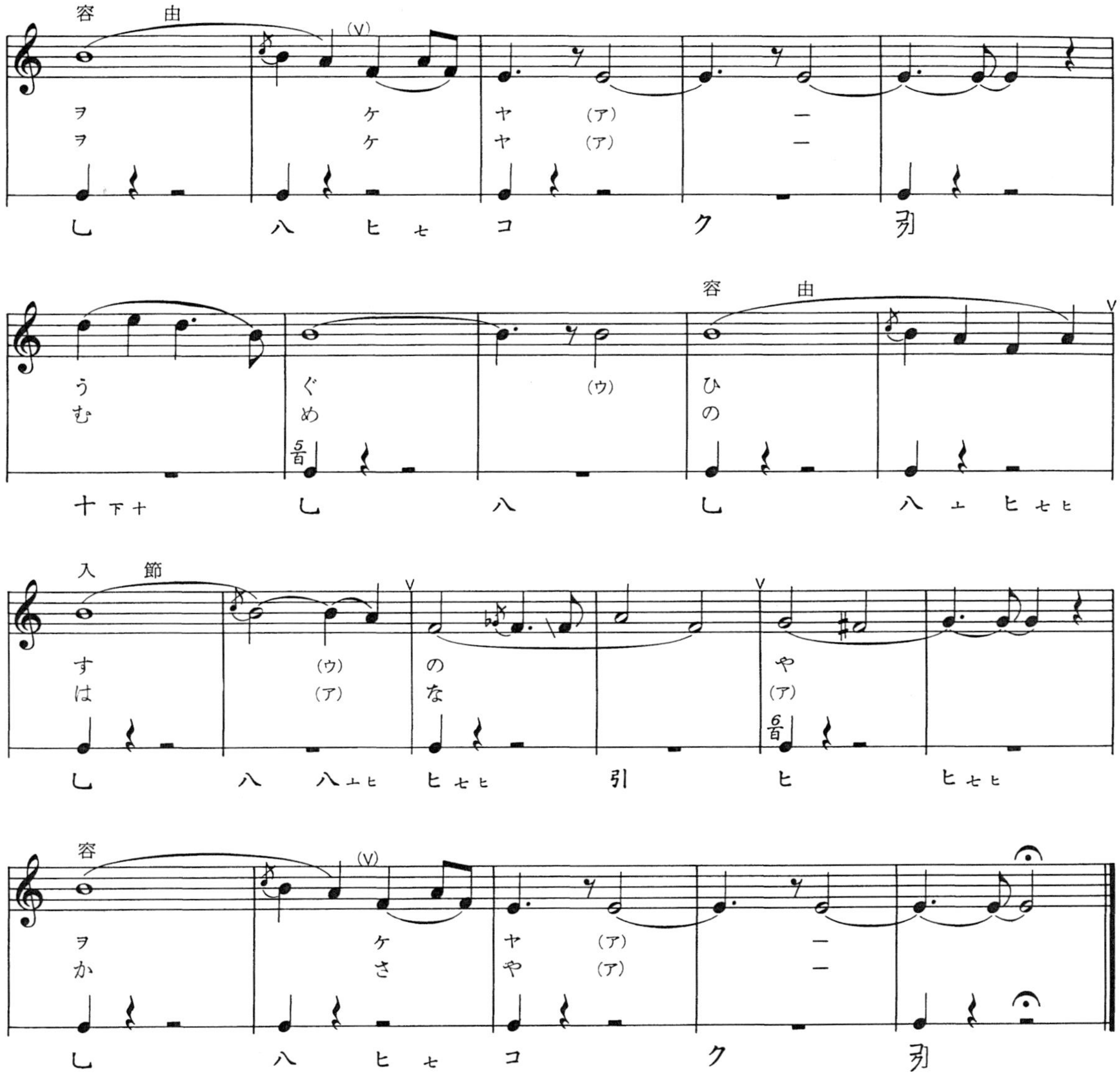

三五 説

青柳

二段　拍子各六

あをやぎを、かたいとに、よりて、
ヲケヤ、うぐひすの、ヲケヤ。
うぐひすの、ぬふといふ、かさは、
ヲケヤ、むめのはな、かさや。

三五説　**老《おい》　鼠《ねずみ》**　拍子十

（西《にし》　寺《でら》）

三五要録の二つ目の譜
（桂譜と注せる）による

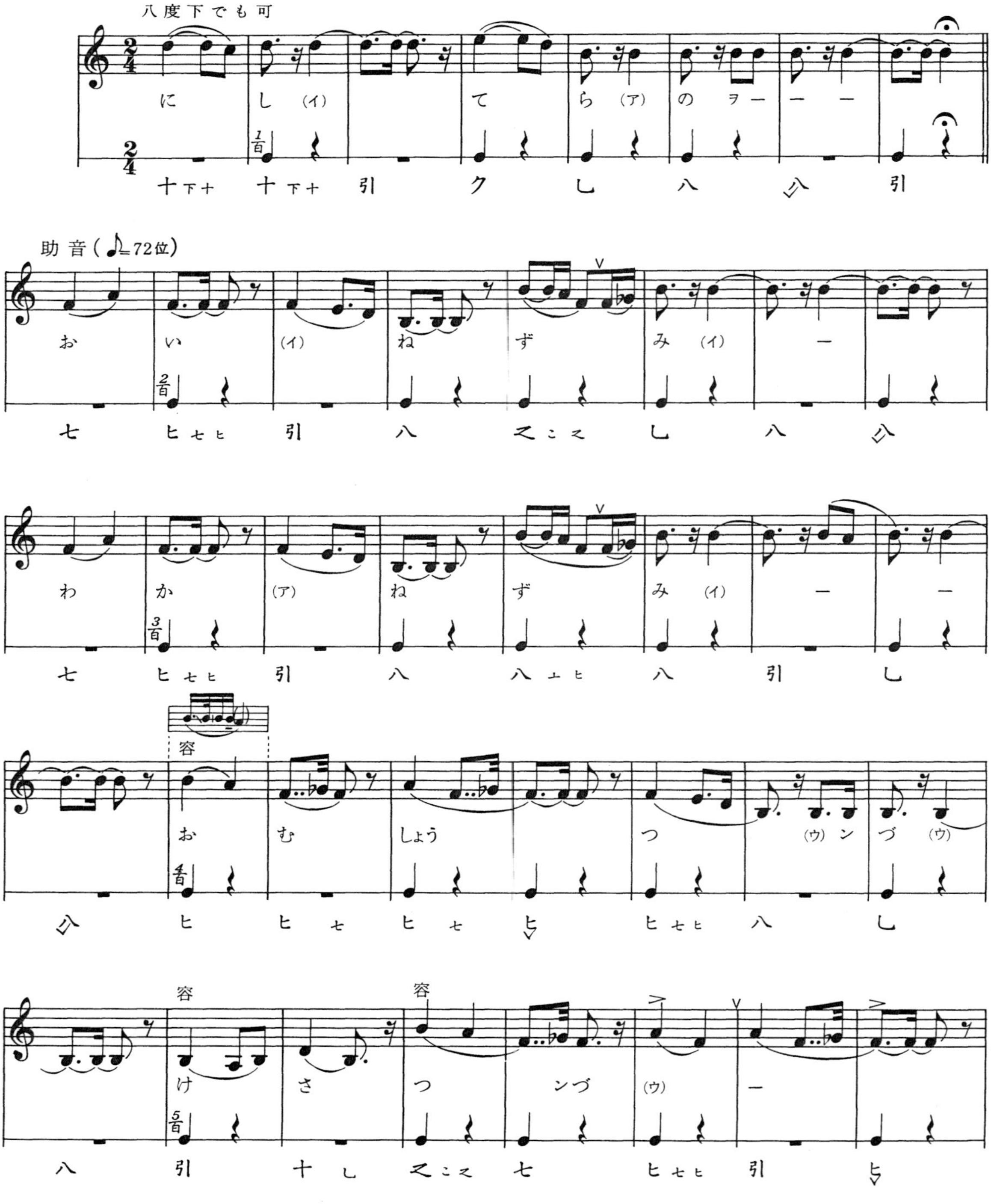

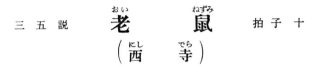

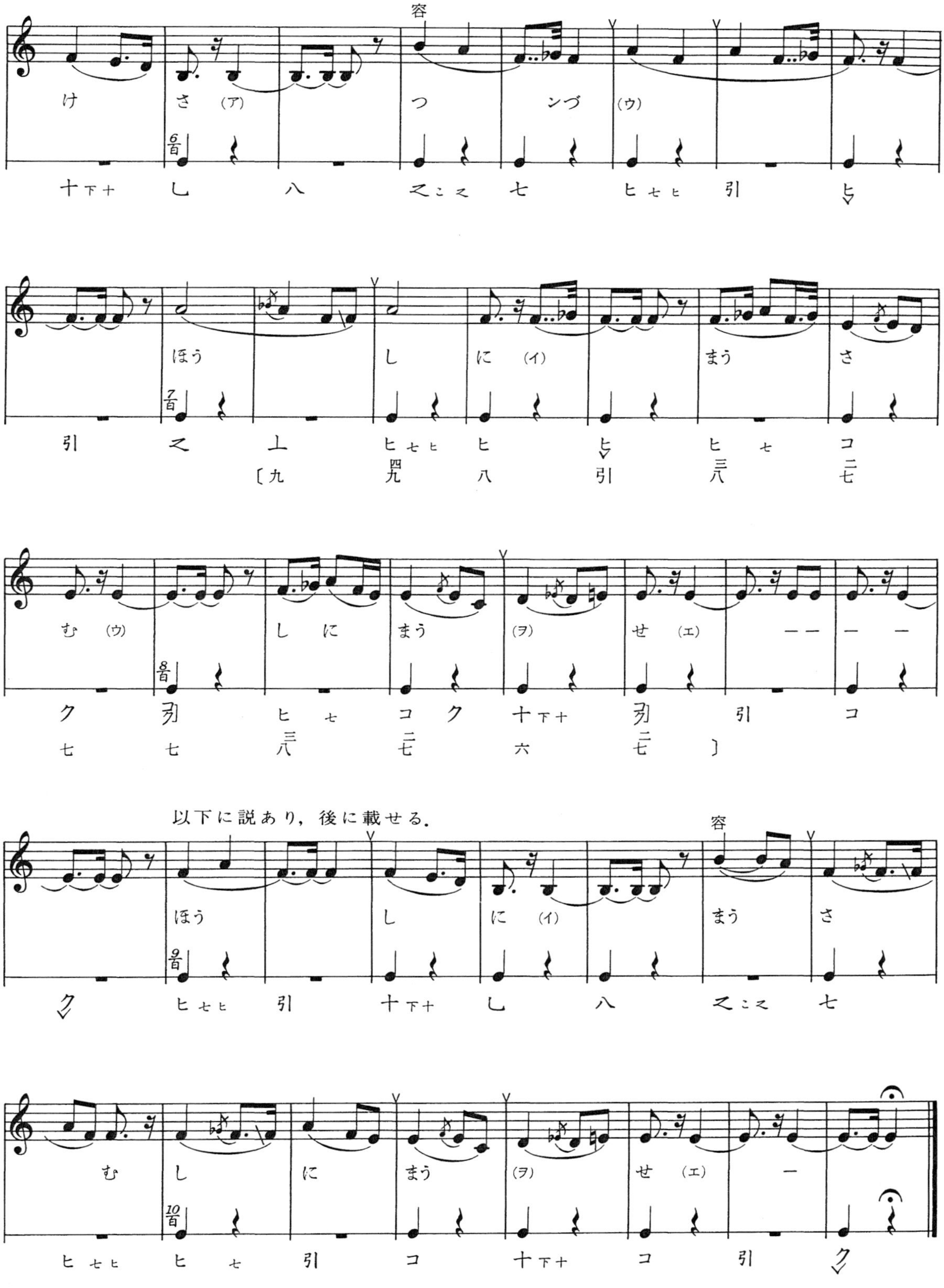
容
け さ（ア） つ ンづ（ウ）
6音
十下十 乚 八 之こ之 七 ヒ七ヒ 引
ほう し に（イ） まう さ
7音
引 之 丄 ヒ七ヒ ヒ ヒ七 コ
〔九 八 引 七
む（ウ） し に まう（ヲ） せ（エ） ーー ー ー
8音
ク ヒ七 コ ク 十下十 引 コ
七 七 六 〕
以下に説あり，後に載せる．
容
ほう し に（イ） まう さ
9音
ク ヒ七ヒ 引 十下十 乚 八 之こ之 七
む し に まう（ヲ） せ（エ） ー
10音
ヒ七ヒ ヒ七 引 コ 十下十 コ 引 ク

以下師説云終度用之とある部分

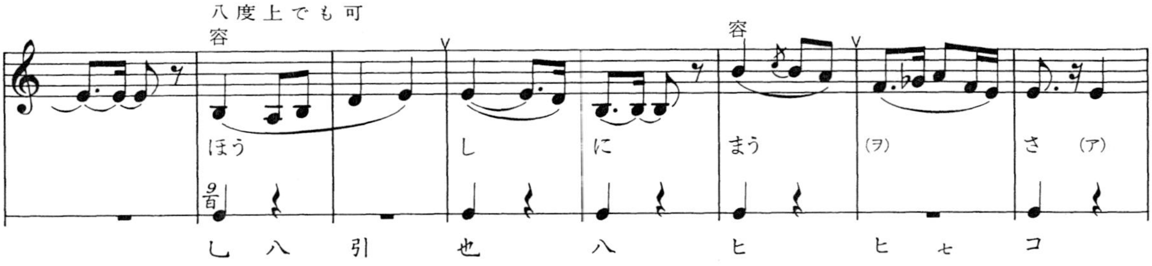

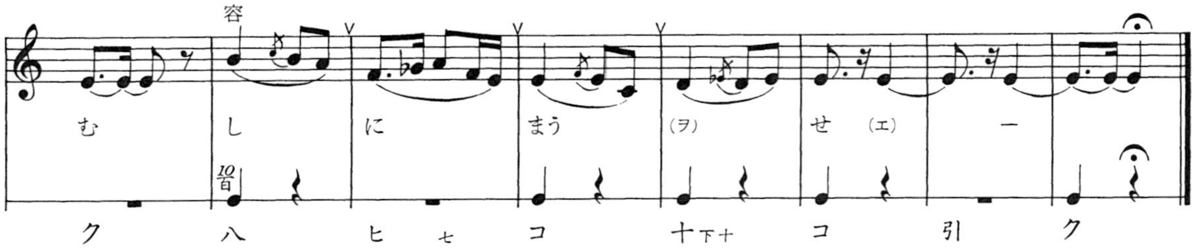

この原譜の第七の百の三小節目以下には疑わしい点があるが，さらに八小節ほど書き落されている．それ故百７と百８の二行ほどを，『仁智要録』によって訳譜した．従って，この部分の琵琶譜は，補足したものである．

三五
説

老鼠

一段　拍子十

にしてらの、おいねずみ、わかねずみ、
おむしよう、つむづ、
けさ、つむづ、けさ、つむづ、
ほうしに、まうさむ、しに、まうせ、
ほうしに、まうさむ、しに、まうせ。

藤家説　**高　　砂**　拍子各五

七　段

第一段

第一，第三，第五段の括孤内の片仮名の間は，付歌が一緒に唱い，「助音」のところから管絃が付けることになっていたと考えた方が妥当であろう，

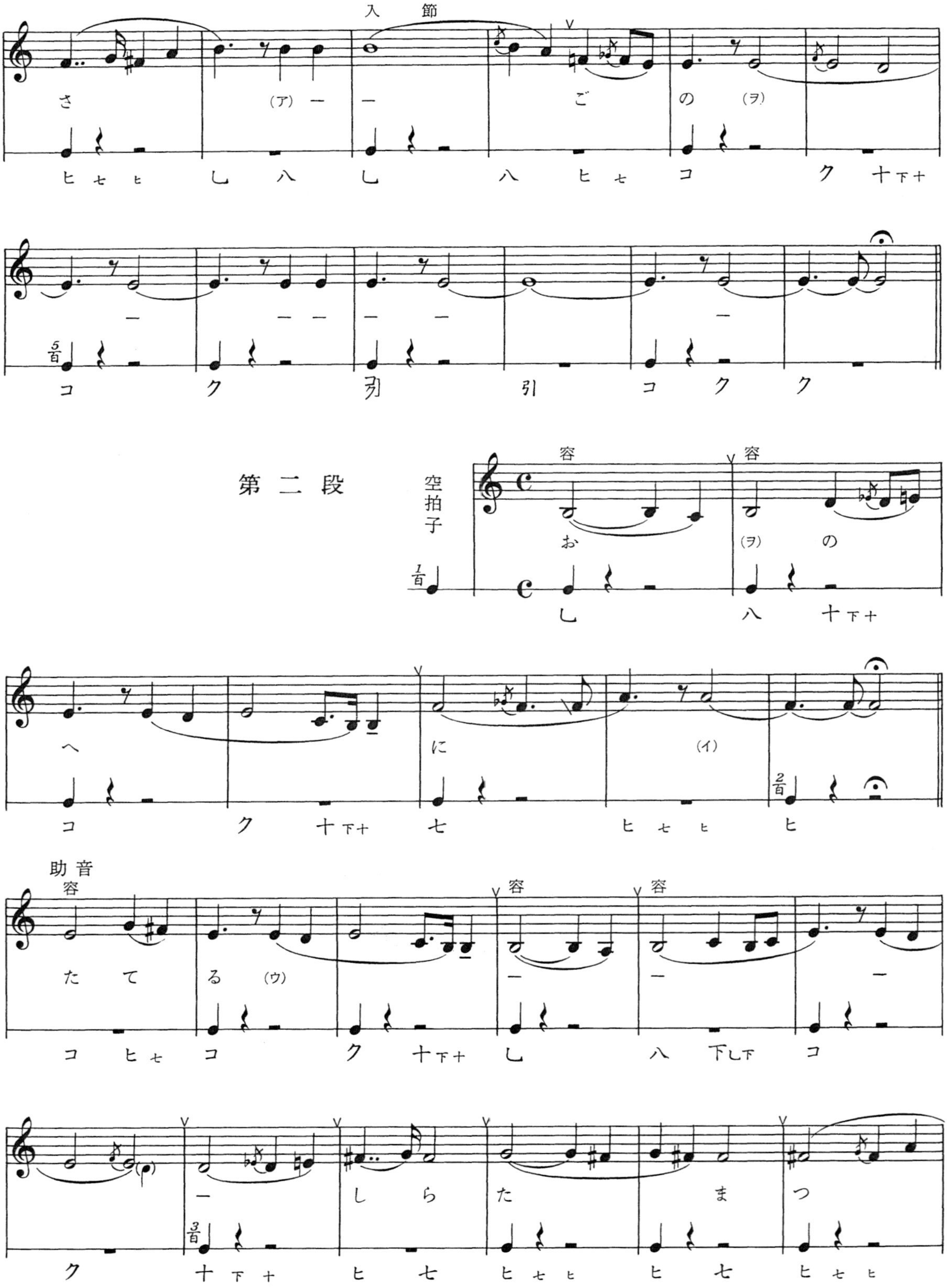
入節
さ (ア)ー ー ご の (ヲ)
ヒ七ヒ し 八 し 八 ヒ七 コ ク 十下十
ー ー ー ー ー ー
5音
コ ク ヲ 引 コ ク ク
第二段
空拍子
容 容
お (ヲ) の
1音
し 八 十下十
へ に (イ)
2音
コ ク 十下十 七 ヒ七ヒ ヒ
助音
容 容 容
た て る (ウ) ー ー ー
コ ヒ七 コ ク 十下十 し 八 下し下 コ
ー し ら た ま つ
3音
ク 十下十 ヒ 七 ヒ七ヒ ヒ 七 ヒ七ヒ

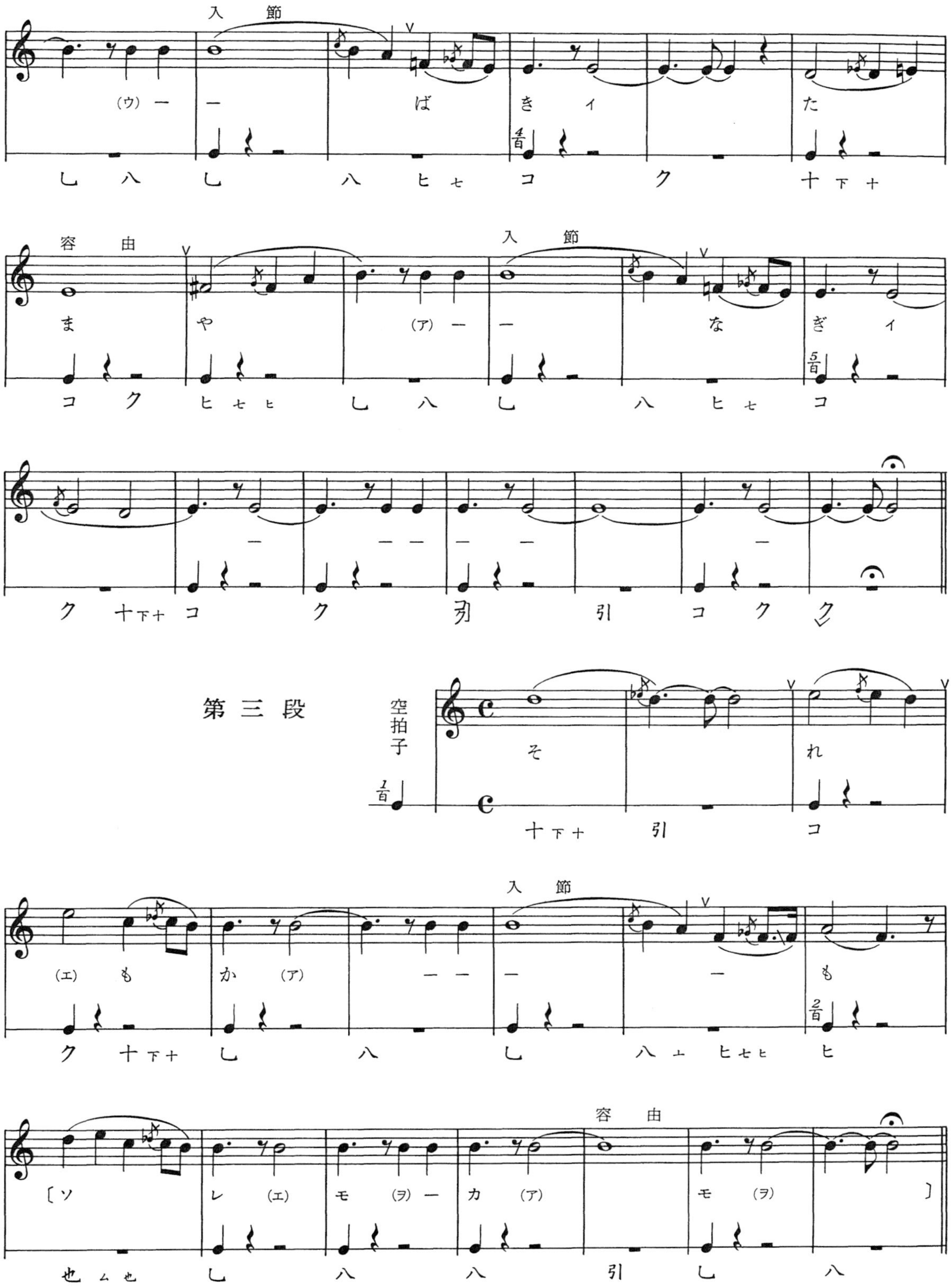
入 節
(ウ) ー ー ば き ィ た
し ハ し ハ ヒ セ コ ク 十 下 十
容 由
入 節
ま や (ア) ー ー な ぎ ィ
コ ク ヒ セ ヒ し ハ し ハ ヒ セ コ
ク 十 下 十 コ ク 引 コ ク ク
第 三 段
空拍子
そ れ
十 下 十 引 コ
入 節
(エ) も か (ア) ー ー ー ー も
ク 十 下 十 し ハ し ハ ュ ヒ セ ヒ ヒ
容 由
〔ソ レ (エ) モ (ヲ) ー カ (ア) モ (ヲ) 〕
世 ム 世 し ハ ハ 引 し ハ

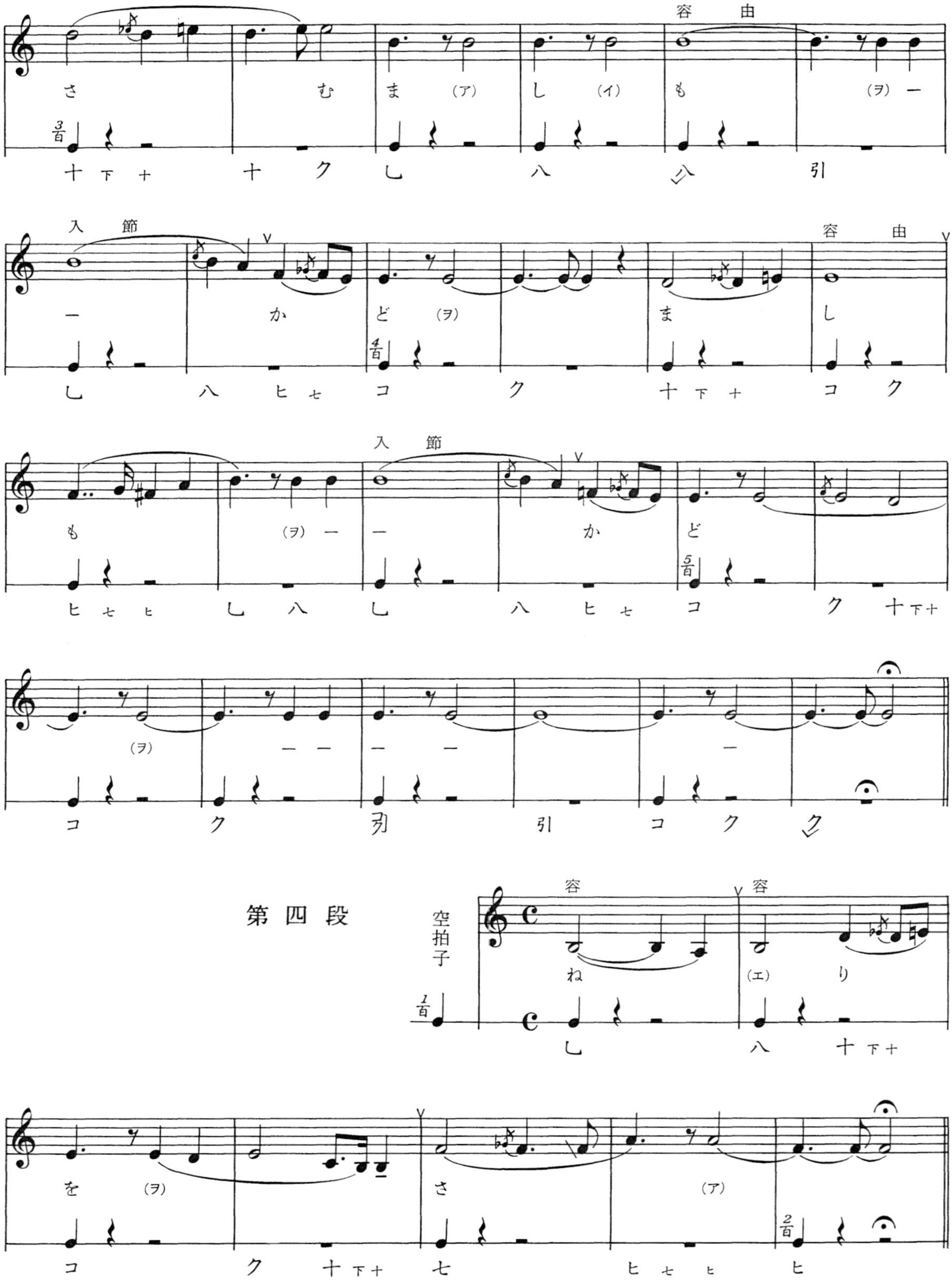
容 由
さ む ま (ア) し (イ) も (ヲ) 一
3百
十 下 十 十 ク し 八 八 引
入 節 容 由
一 か ど (ヲ) ま し
4百
し 八 ヒ セ コ ク 十 下 十 コ ク
入 節
も (ヲ) 一 一 か ど
5百
ヒ セ ヒ し 八 し 八 ヒ セ コ ク 十下十
(ヲ) 一 一 一 一 一
コ ク 引 引 コ ク ク
第四段
空拍子
容 容
ね (エ) り
1百
し 八 十 下 十
を (ヲ) さ (ア)
2百
コ ク 十 下 十 七 ヒ セ ヒ ヒ

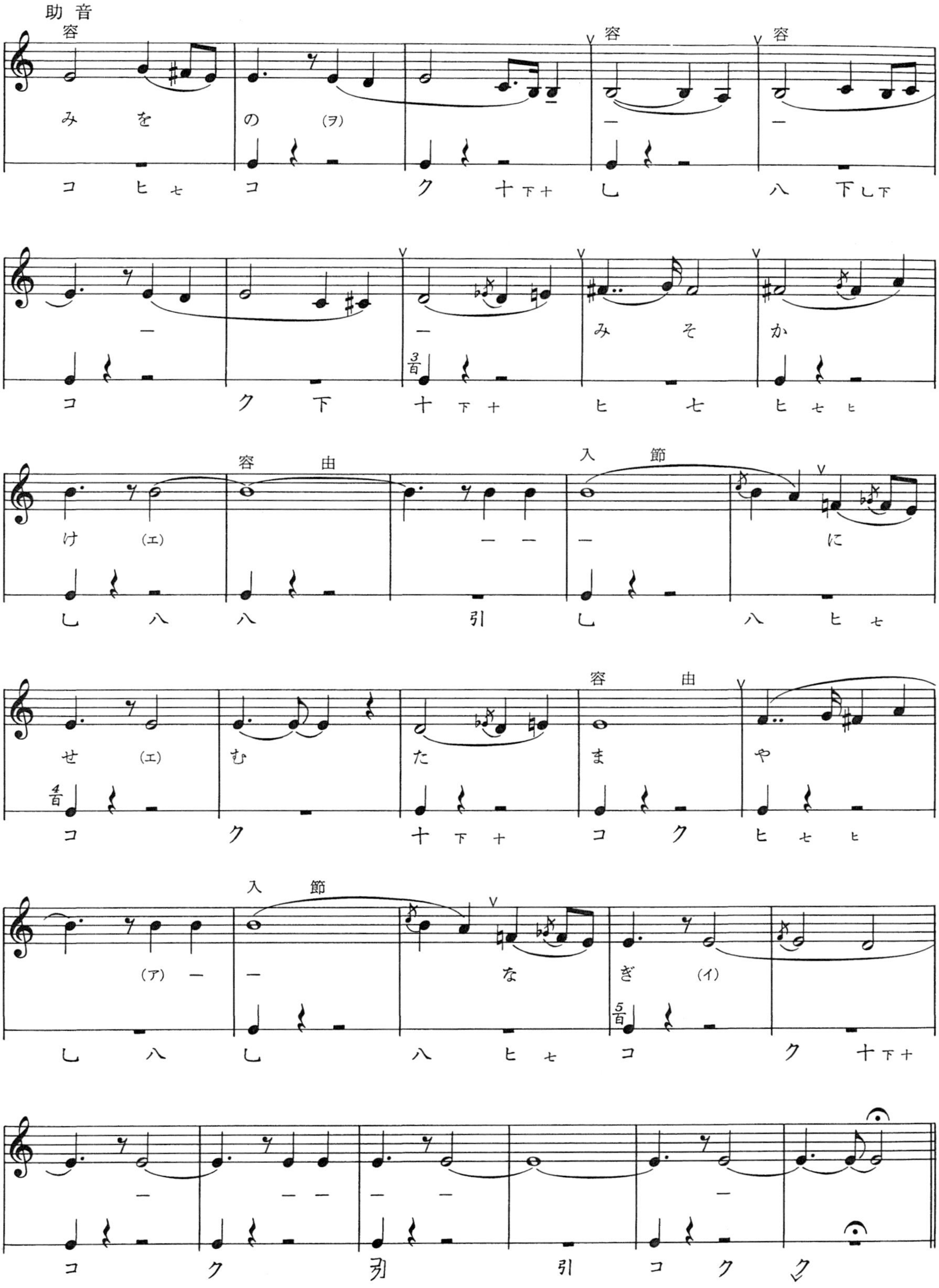
助音
容 容 容
みを の（ヲ） ー ー
コ ヒ セ コ ク 十下十 し 八 下し下
ー ー みそか
コ ク 下 十下十 ヒ 七 ヒセヒ
容由 入節
け（エ） ーー ー に
し 八 八 引 し 八 ヒ セ
容由
せ（エ） む た ま や
コ ク 十下十 コ ク ヒセヒ
入節
（ア）ー ー な ぎ（イ）
し 八 し 八 ヒ セ コ ク 十下十
ー ーー ーー ー
コ ク 引 引 コ ク ク

第五段

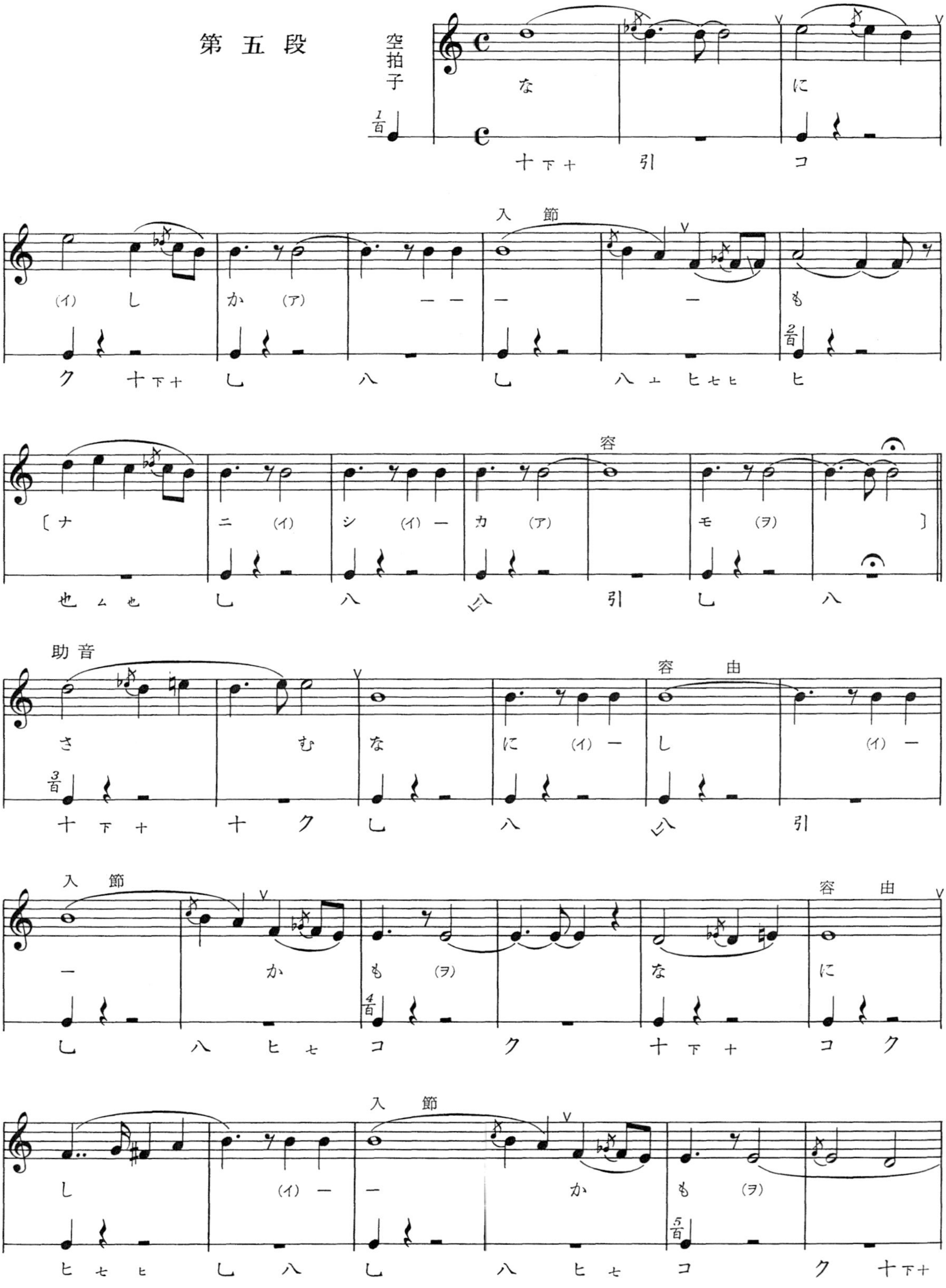
空拍子
な　に
1音
十下十　引　コ
入節
(イ)　し　か　(ア)　ー　ー　ー　ー　も
2音
ク　十下十　し　八　し　八　ユ　ヒ七ヒ　ヒ
容
〔ナ　ニ　(イ)　シ　(イ)　ー　カ　(ア)　モ　(ヲ)　〕
世ム世　し　八　八　引　し　八
助音
容　由
さ　む　な　に　(イ)　ー　し　(イ)　ー
3音
十下十　十　ク　し　八　八　引
入節
容　由
ー　か　も　(ヲ)　な　に
4音
し　八　ヒ七　コ　ク　十下十　コ　ク
入節
し　(イ)　ー　ー　か　も　(ヲ)
5音
ヒ七ヒ　し　八　し　八　ヒ七　コ　ク　十下十

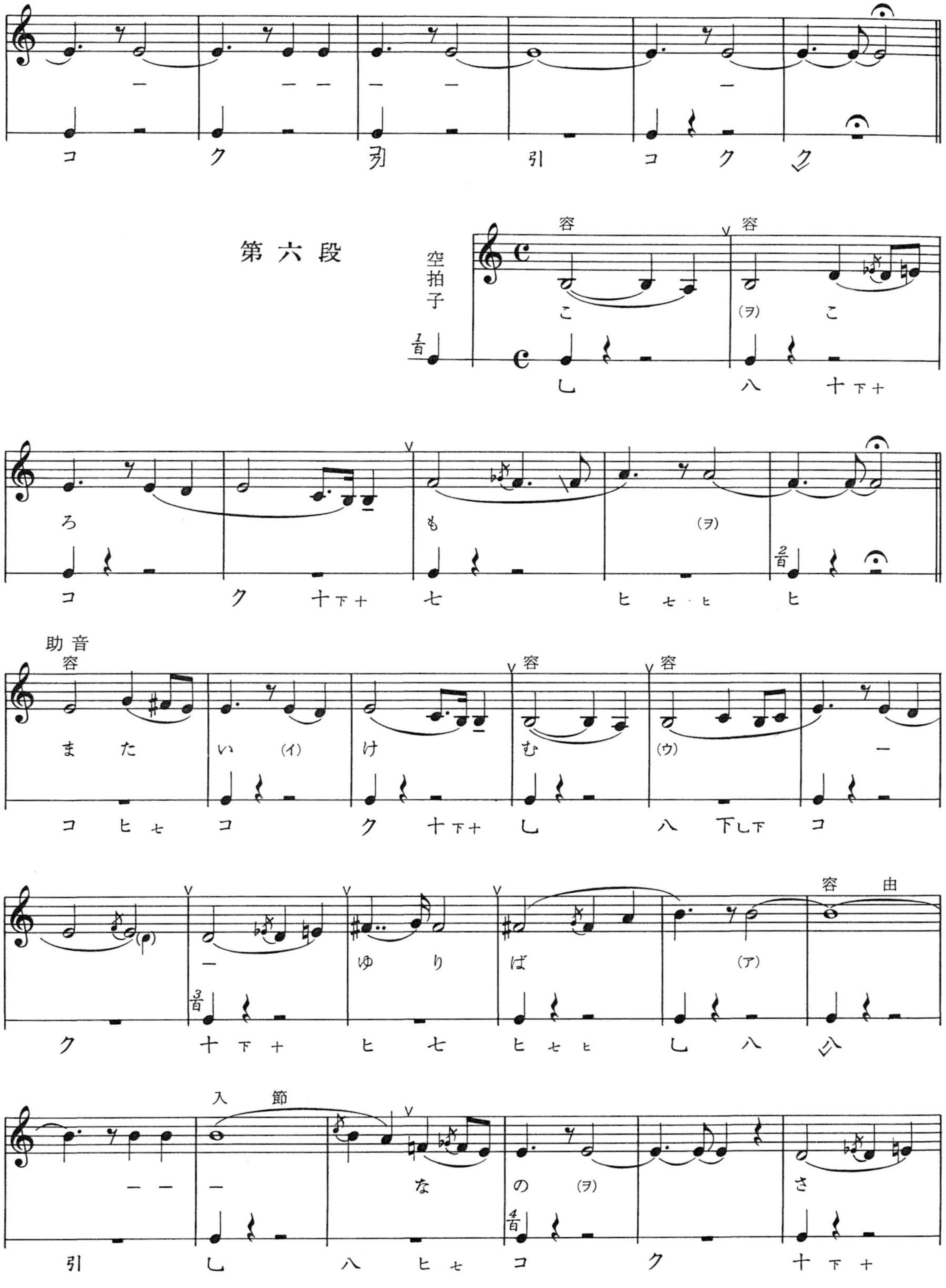
ー ー ー ー ー ー
コ ク ヲ 引 コ ク ク
第六段
空拍子
容 容
こ (ヲ) こ
1音
し 八 十下十
ろ も (ヲ)
2音
コ ク 十下十 七 ヒ 七・ヒ ヒ
助音
容 容 容
ま た い (イ) け む (ウ) ー
コ ヒ 七 コ ク 十下十 し 八 下し下 コ
容 由
ー ゆ り ば (ア)
3音
ク 十 下 十 ヒ 七 ヒ 七 ヒ し 八 八
入 節
ー ー ー な の (ヲ) さ
4音
引 し 八 ヒ 七 コ ク 十 下 十

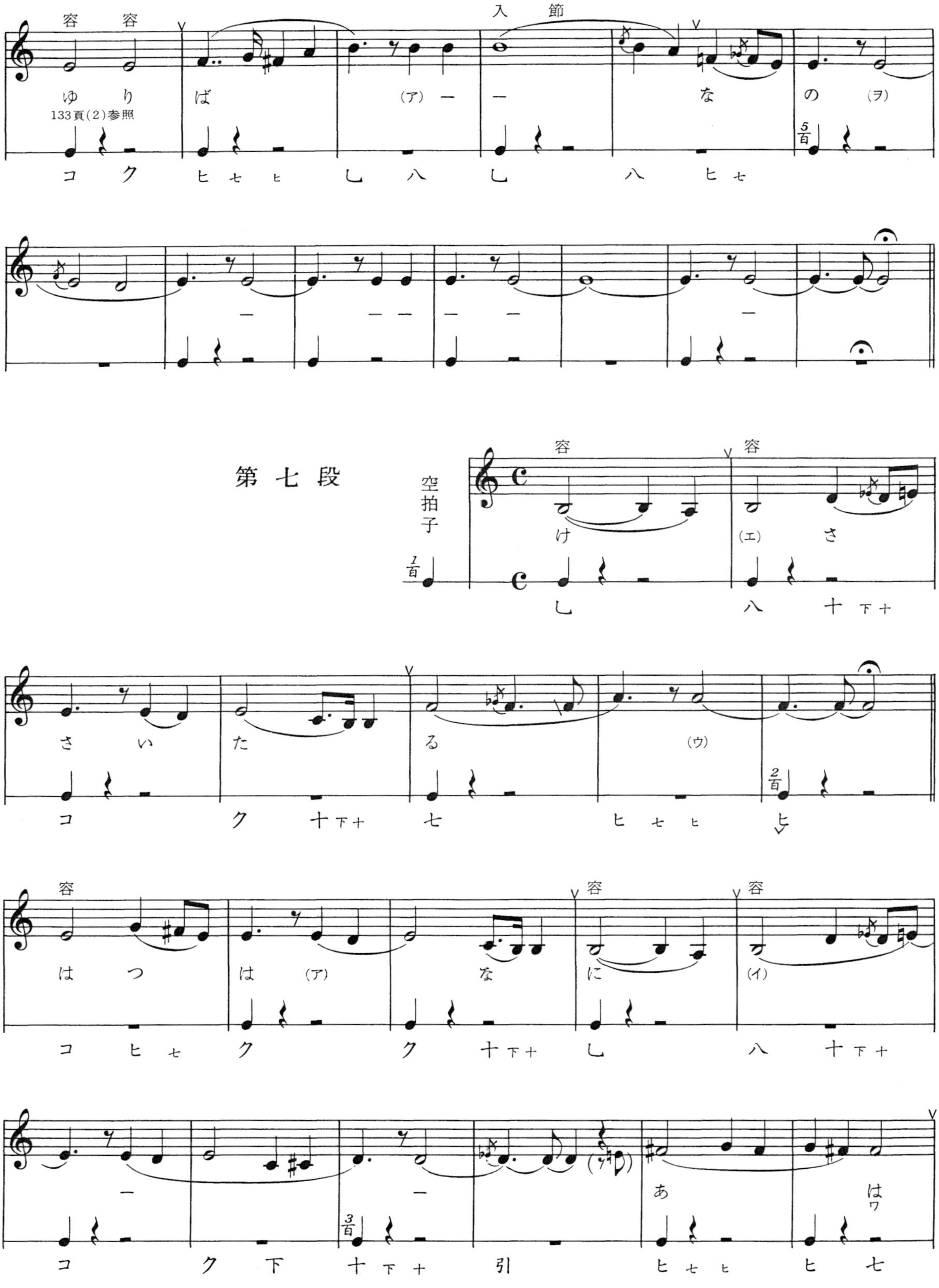
容 容
入 節
ゆ り
133頁(2)参照
ば
(ア) ー
ー
な
の (ヲ)
コ ク ヒ セ ヒ し 八 し 八 ヒ セ
第七段
空拍子
容 容
け (エ) さ
し 八 十 下 十
さ い
た
る
(ウ)
コ ク 十 下 十 七 ヒ セ ヒ ヒ
容 容 容
は つ
は (ア)
な
に (イ)
コ ヒ セ ク ク 十 下 十 し 八 十 下 十
あ
は ワ
コ ク 下 十 下 十 引 ヒ セ ヒ ヒ 七

藤家説

高砂

七段　拍子各五

第一段

たかさごの、
さいさごの、たかさごの。

第二段

おのへに、たてる、
しらたまつばき、たまやなぎ。

第三段

それもかど、
サム、ましもかど、ましもかど。

第四段

ねりをさ、みをの、
みそかけにせむ、たまやなぎ。

第五段

なにしかも、
サム、なにしかも、なにしかも。

第六段

こころも、まだいけむ、
ゆりばなの、さゆりばなの。

第七段

けさ、さいたる、はつはなに、
あはましものを、さゆりばなの。

藤家説　**夏　引**

二　段

第一段

拍子九

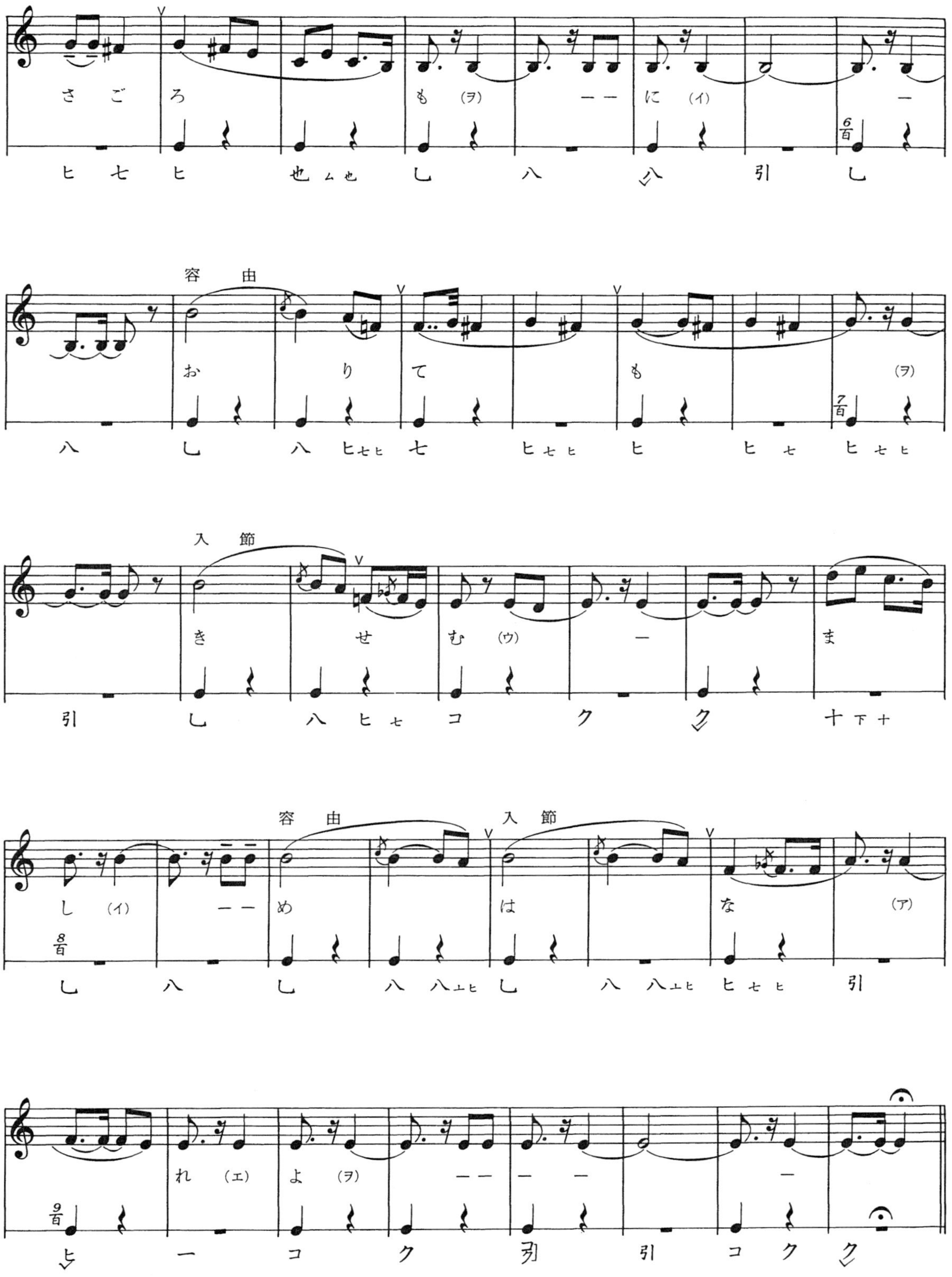
さ ご ろ も (ヲ) ー ー に (イ) ー
ヒ 七 ヒ 也ム也 し 八 八 引 し
容 由
入 節
お り て も (ヲ)
八 し 八 ヒ七ヒ 七 ヒ七ヒ ヒ ヒ七 ヒ七ヒ
き せ む (ウ) ー ま
引 し 八 ヒ七 コ ク ク 十下十
し (イ) ー ー め は な (ア)
し 八 し 八 八エヒ し 八 八エヒ ヒ七ヒ 引
れ (エ) よ (ヲ) ー ー ー ー ー
ヒ 一 コ ク 引 引 コ ク ク

第　二　段

拍子十四

空拍子
か　た　く
一　コ　コ

な　に　(イ)
ク　ヲ　引　コ　ク　ク　引
助音
も　の　い　(ウ)　ふ　(ウ)　を　み　(イ)
七　ヒ　コ　ク　ク　コ　し　八
容　由
な　か　な　(ア)
し　八　ヒ　引　七　ヒ　ヒ
ま　し　(イ)
一　コ　ク　ヲ　引　コ　ク　ク
あ　さ　ぎ　ぬ　も　(ヲ)
ヒ　七　ヒ　ヒ　し　八　八　引

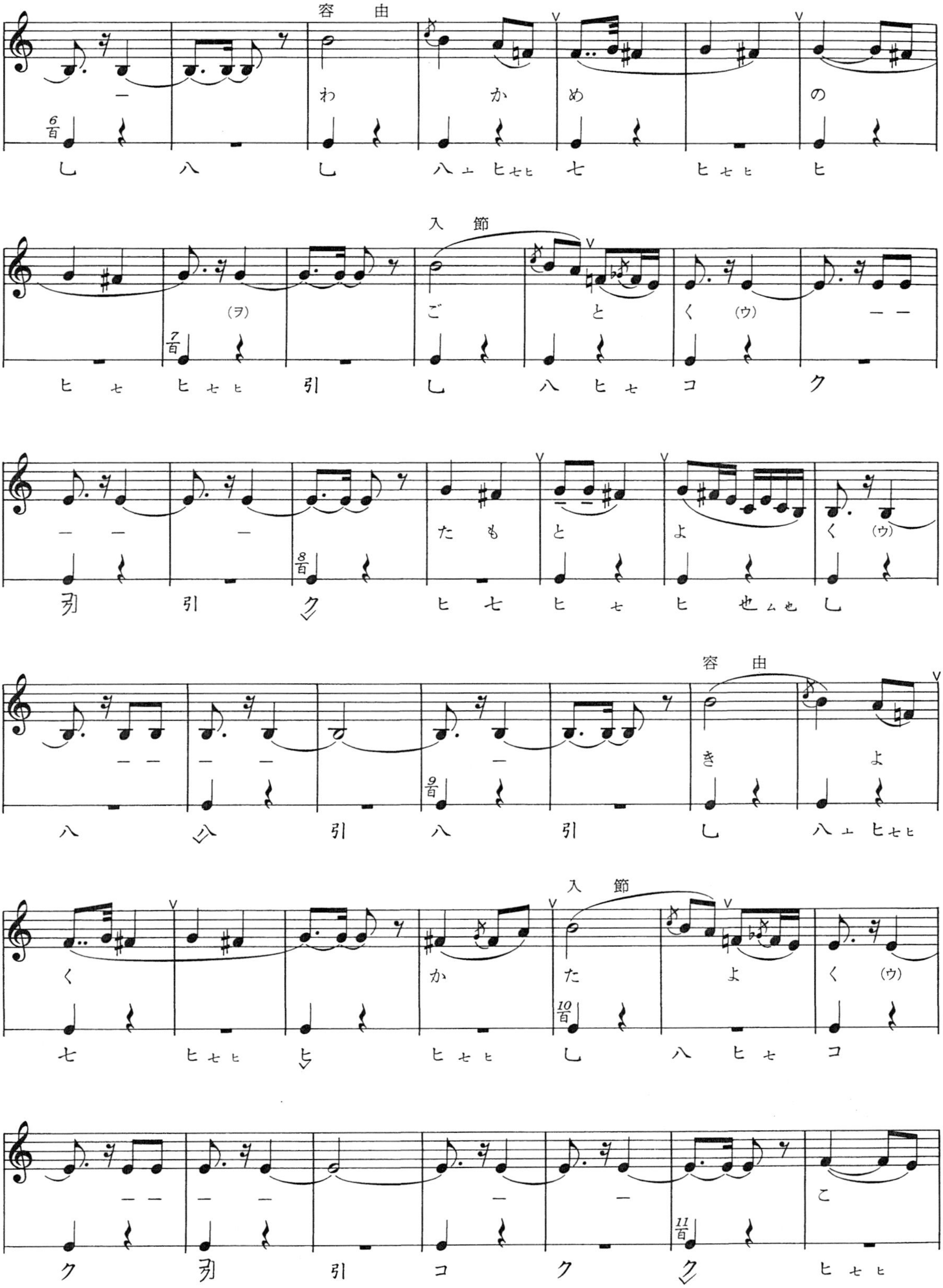
容 由
ー わ か め の
6百
し 八 し 八 ヒ 七 ヒ 七 ヒ
入 節
(ヲ) ご と く (ウ) ー ー
7百
ヒ ヒ 引 し 八 ヒ コ ク
ー ー ー た も と よ く (ウ)
8百
引 ヒ 七 ヒ ヒ し
容 由
ー ー ー ー ー き よ
9百
八 引 八 引 し 八 ヒ
入 節
く か た よ く (ウ)
10百
七 ヒ ヒ し 八 ヒ コ
ー ー ー ー ー ー こ
11百
ク 引 コ ク ク ヒ

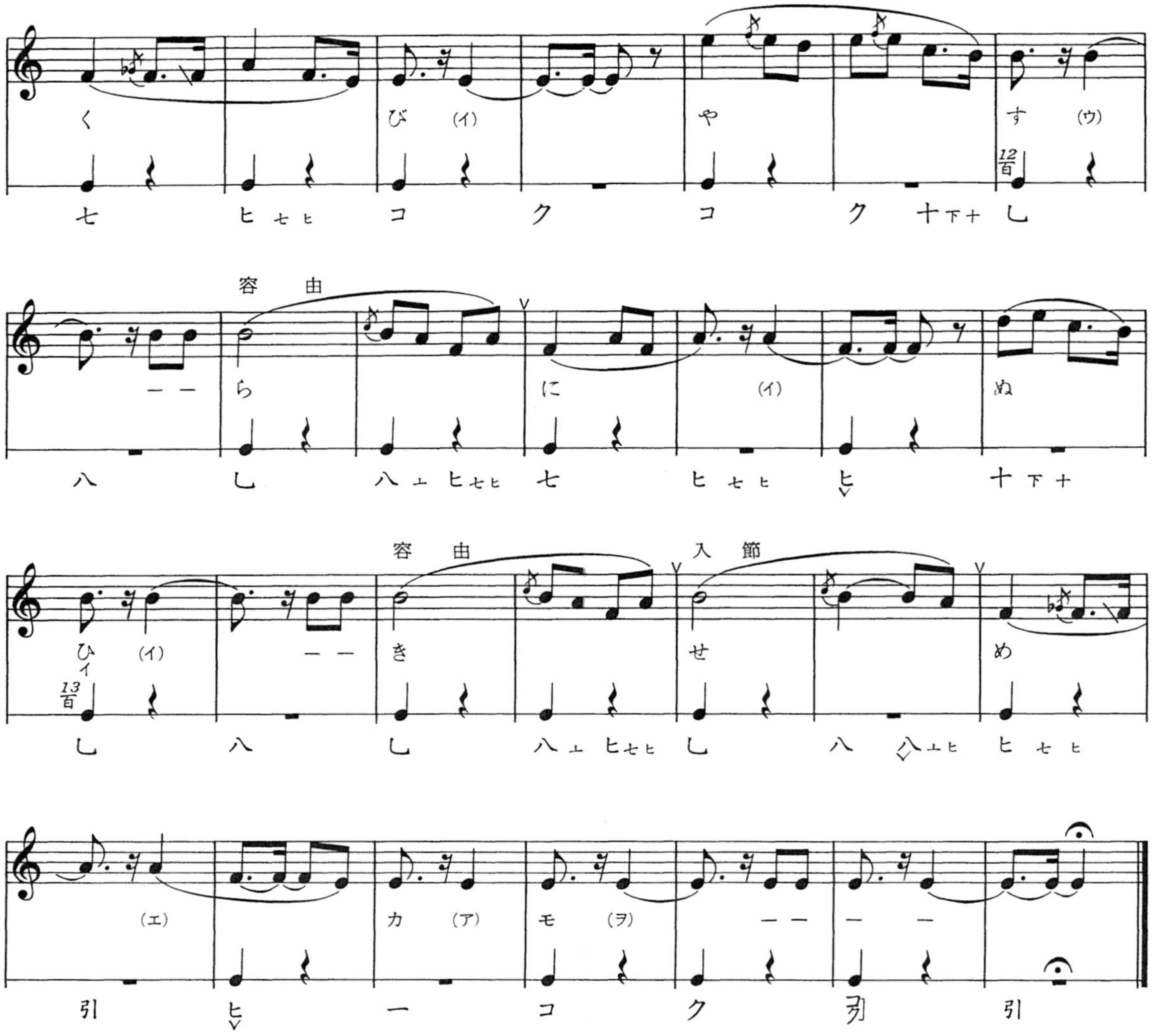

藤家説

夏引

二段　拍子　第一段　九　第二段　十四

第一段

なつびきの、
しらいと、
ななばかり、あり、
さごろもに、
おりても、きせむ、
ましめ、はなれよ。

第二段

かたくなに、ものいふ、
をみなかな、まし、
あさぎぬも、
わかめのごとく、
たもと、よく、
きよく、かたよく、
こくび、やすらかに、
ぬひきせめ、カモ。

三五説　**貫　河**

三　段

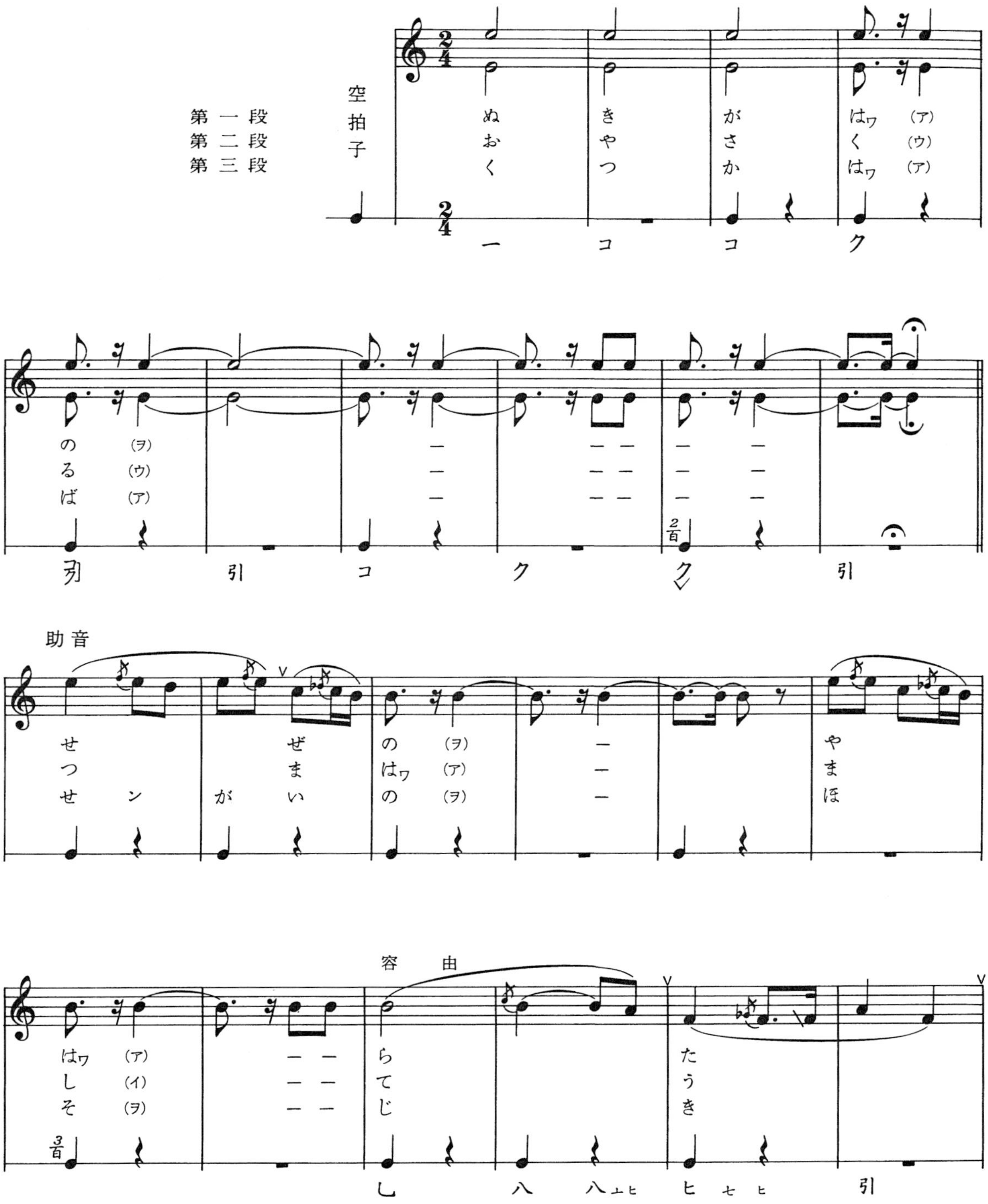
空拍子
第一段　ぬ　き　が　はヮ　(ア)
第二段　お　や　さ　く　(ウ)
第三段　く　つ　か　はヮ　(ア)
一　コ　コ　ク
の　(ヲ)　ー　ー ー　ー　ー
る　(ウ)　ー　ー ー　ー　ー
ば　(ア)　ー　ー ー　ー　ー
2百
ヲ　引　コ　ク　ク　引
助音
せ　ぜ　の　(ヲ)　ー　や
つ　ま　はヮ　(ア)　ー　ま
せ　ン　が　い　の　(ヲ)　ー　ほ
容　由
はヮ　(ア)　ー ー　ら　た
し　(イ)　ー ー　て　う
そ　(ヲ)　ー ー　じ　き
3百
し　八　八　ヒ　引

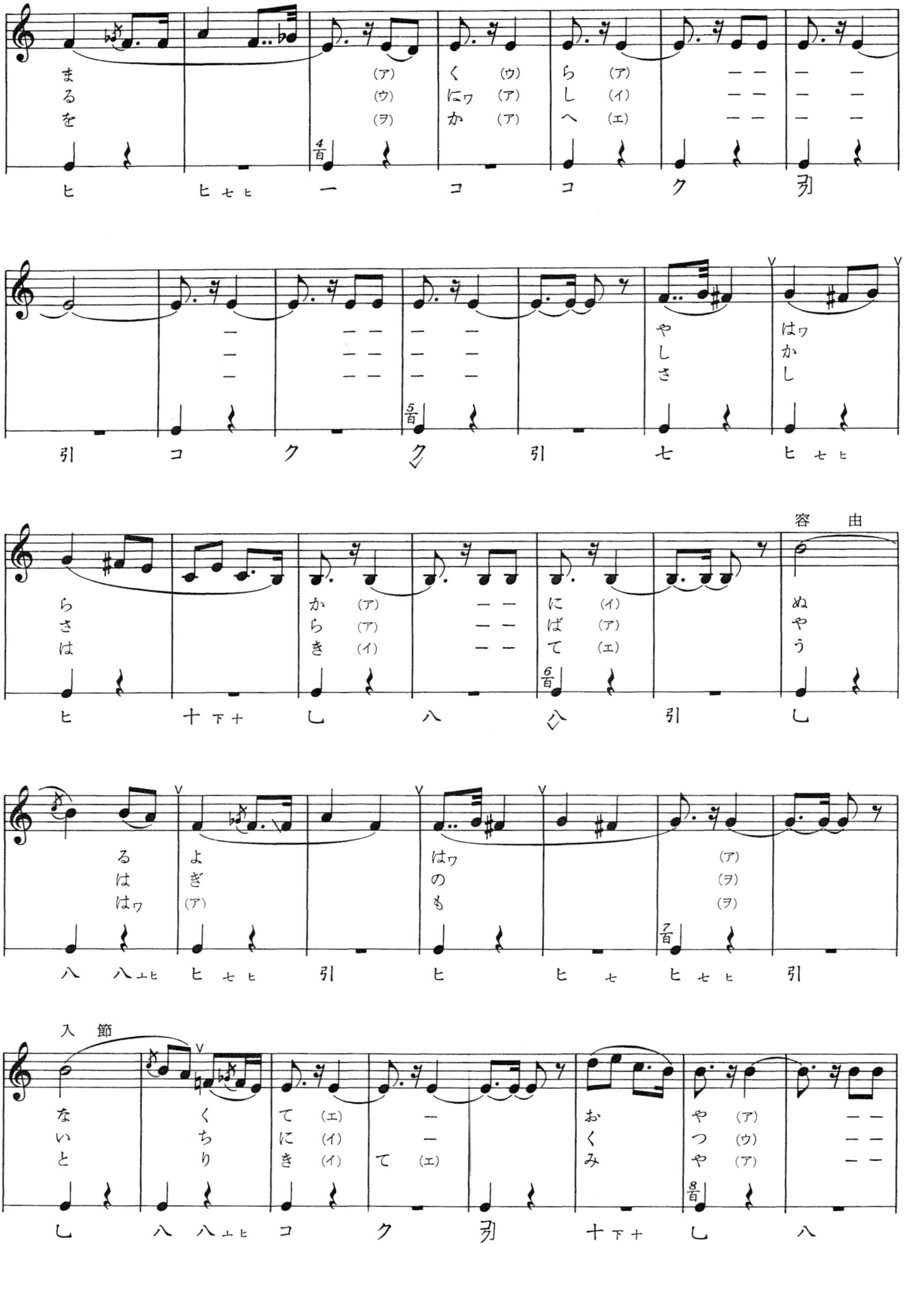
まるを
(ア) (ウ) (ヲ)
くにヮか (ウ) (ア) (ア)
らしへ (ア) (イ) (エ)
4音
ヒ ヒ七ヒ 一 コ コ ク 引
やしさ
はヮかし
5音
引 コ ク ク 引 七 ヒ七ヒ
容 由
らさは
からき (ア) (ア) (イ)
にばて (イ) (ア) (エ)
ぬやう
6音
ヒ 十下十 し 八 八 引 し
るははヮ
よぎ(ア)
はヮのも
(ア) (ヲ) (ヲ)
7音
八 八ㇳヒ ヒ七ヒ 引 ヒ ヒ七 ヒ七ヒ 引
入 節
ないと
くちり
てにき (エ) (イ) (イ)
て (エ)
おくみ
やつや (ア) (ウ) (ア)
8音
し 八 八ㇳヒ コ ク 引 十下十 し 八

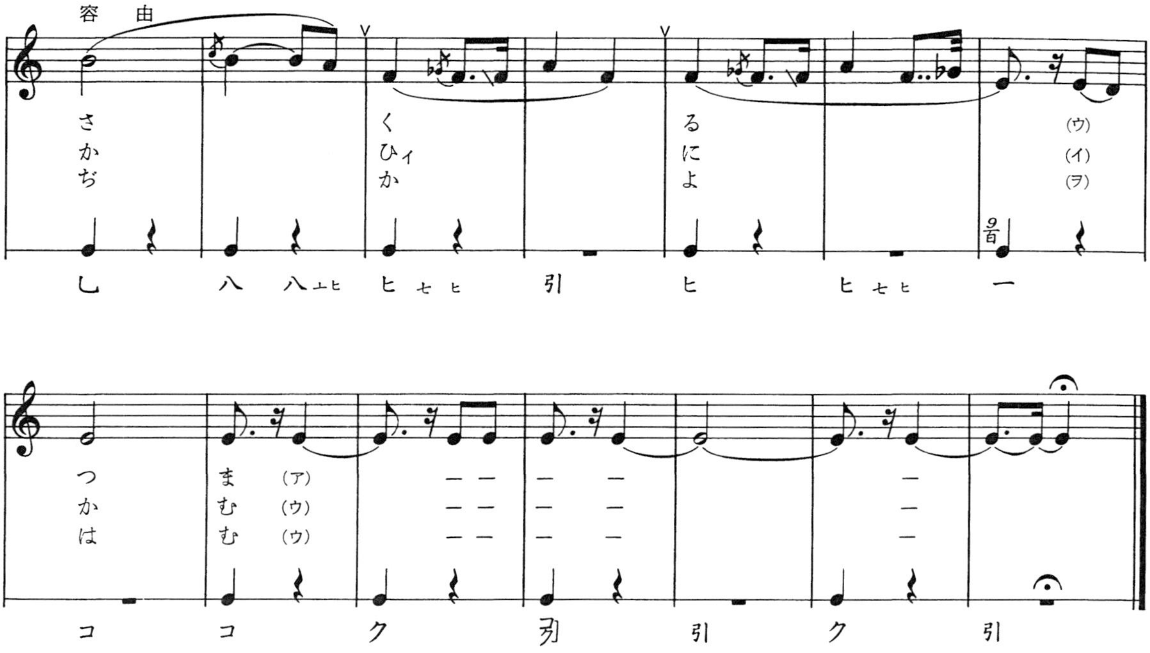

三五　説

貫河

三段　拍子　各九

第一段

ぬきがはの、せぜの、

やはら、たまくら、やはらかに、

ぬるよは、なくて、おやさくる、つま。

第二段

をやさくる、つまは、

まして、うるはし、しかさらば、

やはぎの、いちに、くつかひに、かむ。

第三段

くつかはば、せむがいの、

ほそじきを、かへ、さしはきて、

うはも、とりきて、みやぢ、かよはむ。

三 五 説　**東　屋**　拍 子 各 九

二　段

第　一　段

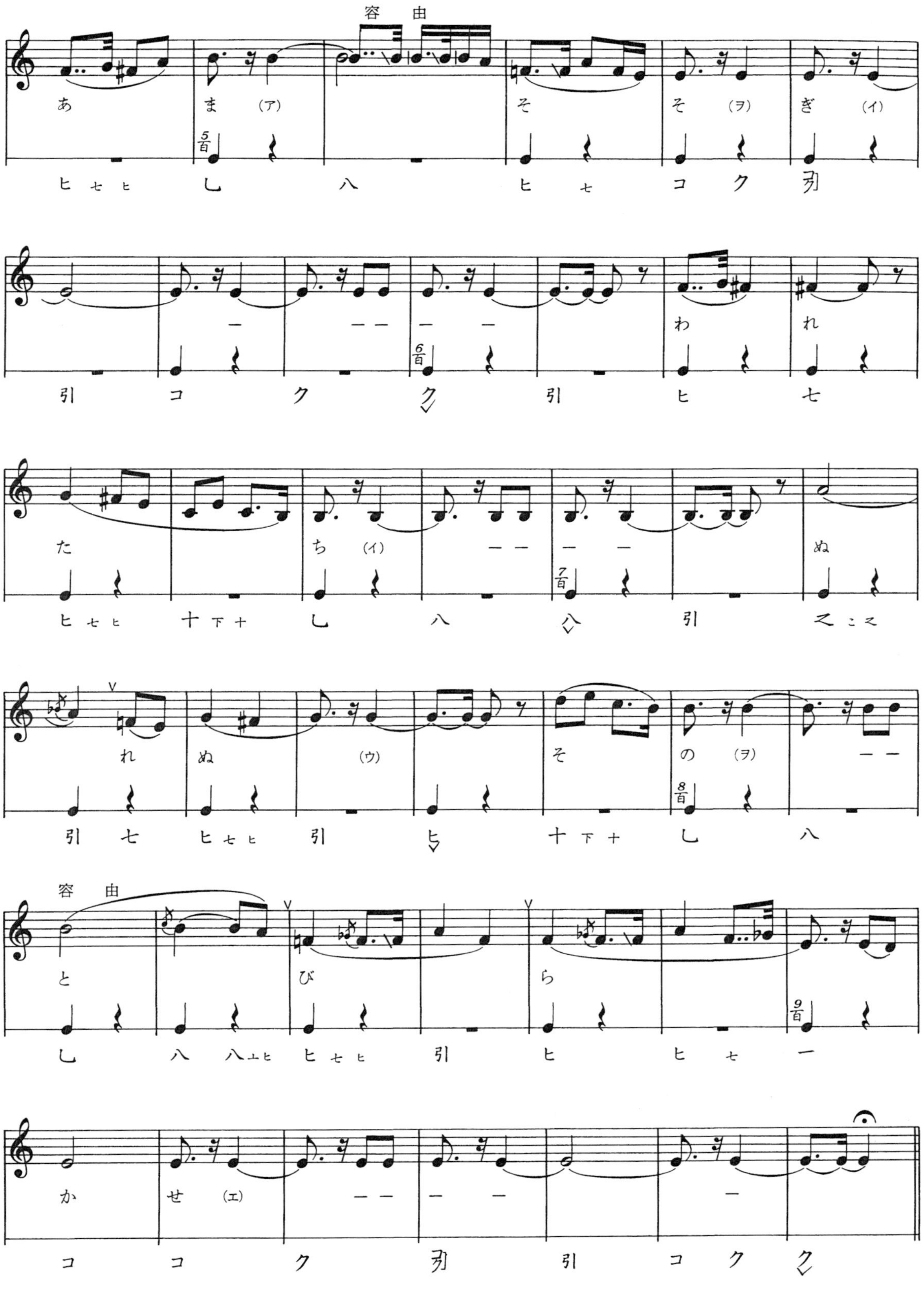
容 由
あ ま (ア) そ そ (ヲ) ぎ (イ)
5音
ヒ 七 ヒ し 八 ヒ 七 コ ク 引
わ れ
6音
引 コ ク ク 引 ヒ 七
た ち (イ) ぬ
7音
ヒ 七 ヒ 十 下 十 し 八 八 引 之 こ 之
れ ぬ (ウ) そ の (ヲ)
8音
引 七 ヒ 七 ヒ 引 ヒ 十 下 十 し 八
容 由
と び ら
9音
し 八 八 ヒ 七 ヒ 引 ヒ ヒ 七 一
か せ (エ)
コ コ ク 引 引 コ ク ク

第二段

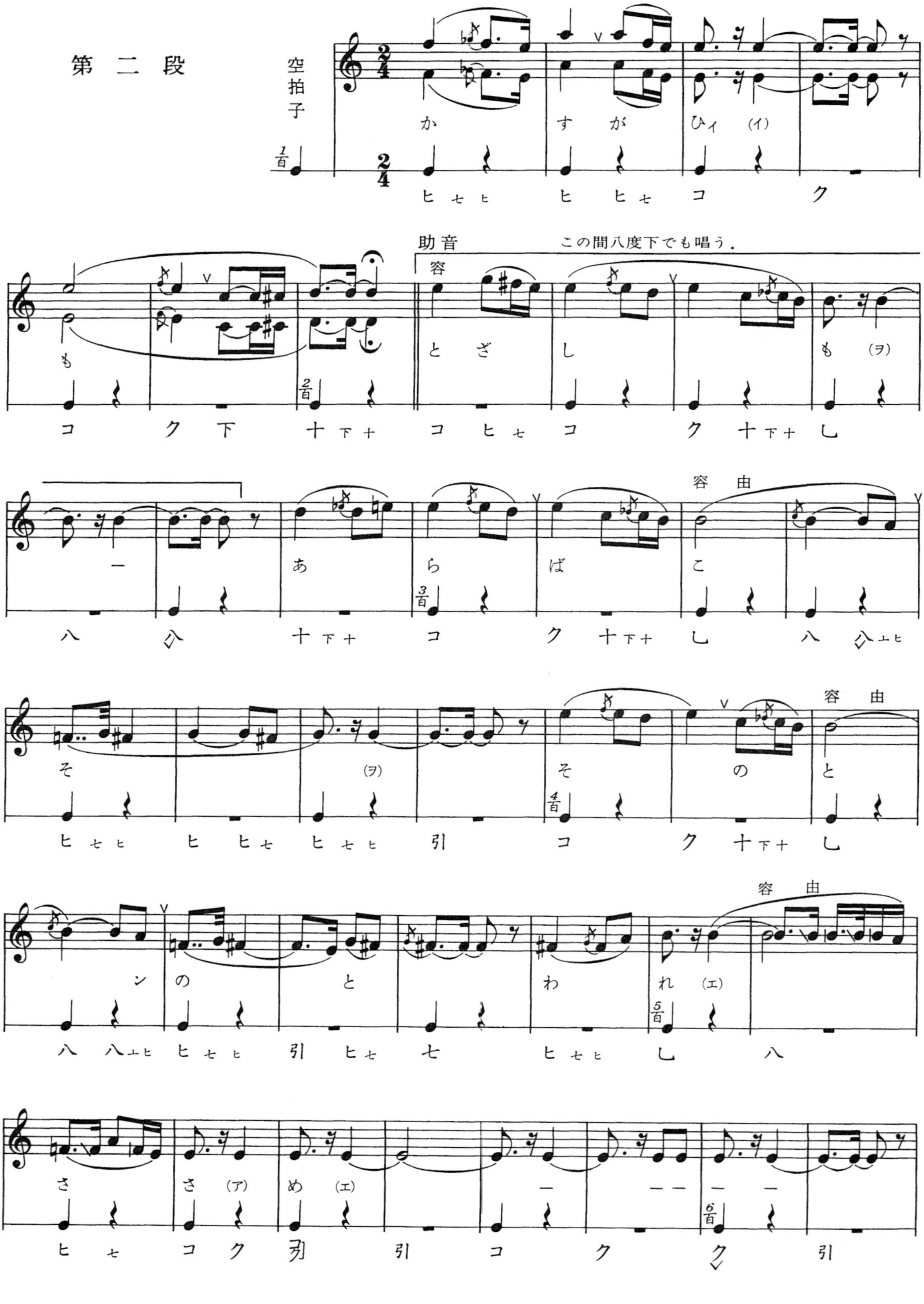
空拍子
か す が ひィ (イ) も
助音
この間八度下でも唱う．
容
と ざ し も (ヲ)
ー あ ら ば
容 由
こ
そ (ヲ) そ の
容 由
と
ン の と わ れ (エ)
容 由
さ さ (ア) め (エ) ー ーー ー ー

三五　説

東屋

二段　拍子　各九

第一段

あづまやの、
まやの、あまりンの、
その、あまそそぎ、
われ、たちぬれぬ、
そのと、ひらかせ。

第二段

かすがひも、
とざしも、あらばこそ、
そのとンのと、
われ、ささめ、
おしひらいて、きませ、
われや、ひとづま。

明治撰定　**伊勢海**　拍子十

入 節
ひィ に （イ） な の り
5百
（イ） ぞ （ヲ） や
入 節
つ （ウ）
6百
容 由
ま （ア） むゥ
（ウ） ー （ウ） か ひィ
7百
入 節
（イ） ー や ひ

調号(嬰記号二つ)および各百間の小節数に，注意されたい．

三五説　**走井と甘州**　拍子九

笛，篴の譜のない所は，歌の旋律とほとんど同音に付けていると見ればよい．

この間にも前掲の笛，篴の甘州の旋律を適用していたにちがいない．

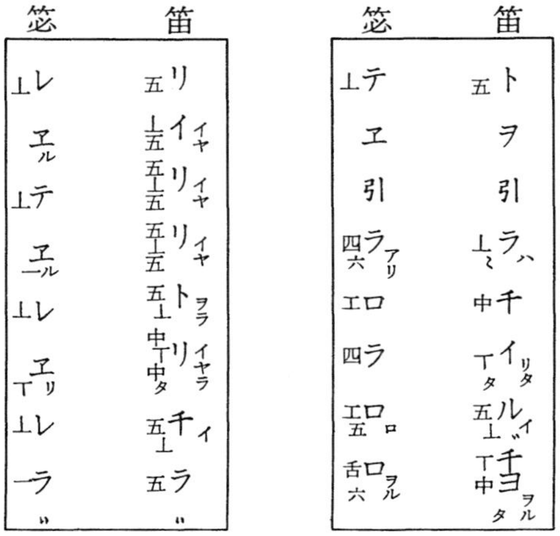

甘州

老鼠の母体

林歌の旋律

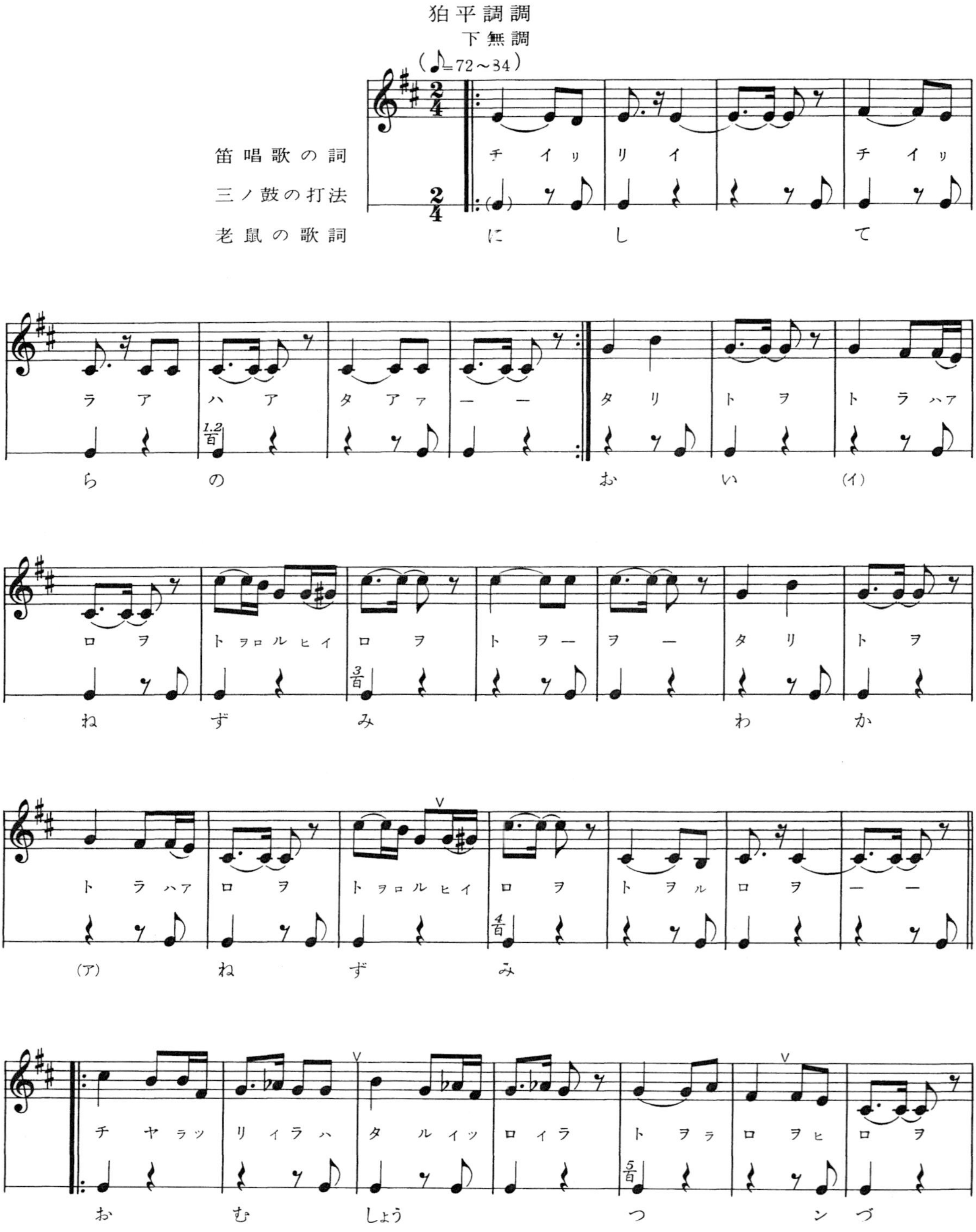
狛平調調
下無調
(♪=72～34)
笛唱歌の詞
三ノ鼓の打法
老鼠の歌詞
チ イ ッ リ イ チ イ ッ
に し て
ラ ア ハ ア タ ア ァ ー ー タ リ ト ヲ ト ラ ハア
1.2 百
ら の お い (イ)
ロ ヲ ト ヲロ ル ヒ イ ロ ヲ ト ヲー ヲ ー タ リ ト ヲ
3 百
ね ず み わ か
ト ラ ハア ロ ヲ ト ヲロ ル ヒ イ ロ ヲ ト ヲ ル ロ ヲ ー ー
4 百
(ア) ね ず み
チ ヤ ラッ リ ィ ラ ハ タ ル イッ ロ ィ ラ ト ヲ ラ ロ ヲ ヒ ロ ヲ
5 百
お む しょう つ ン づ

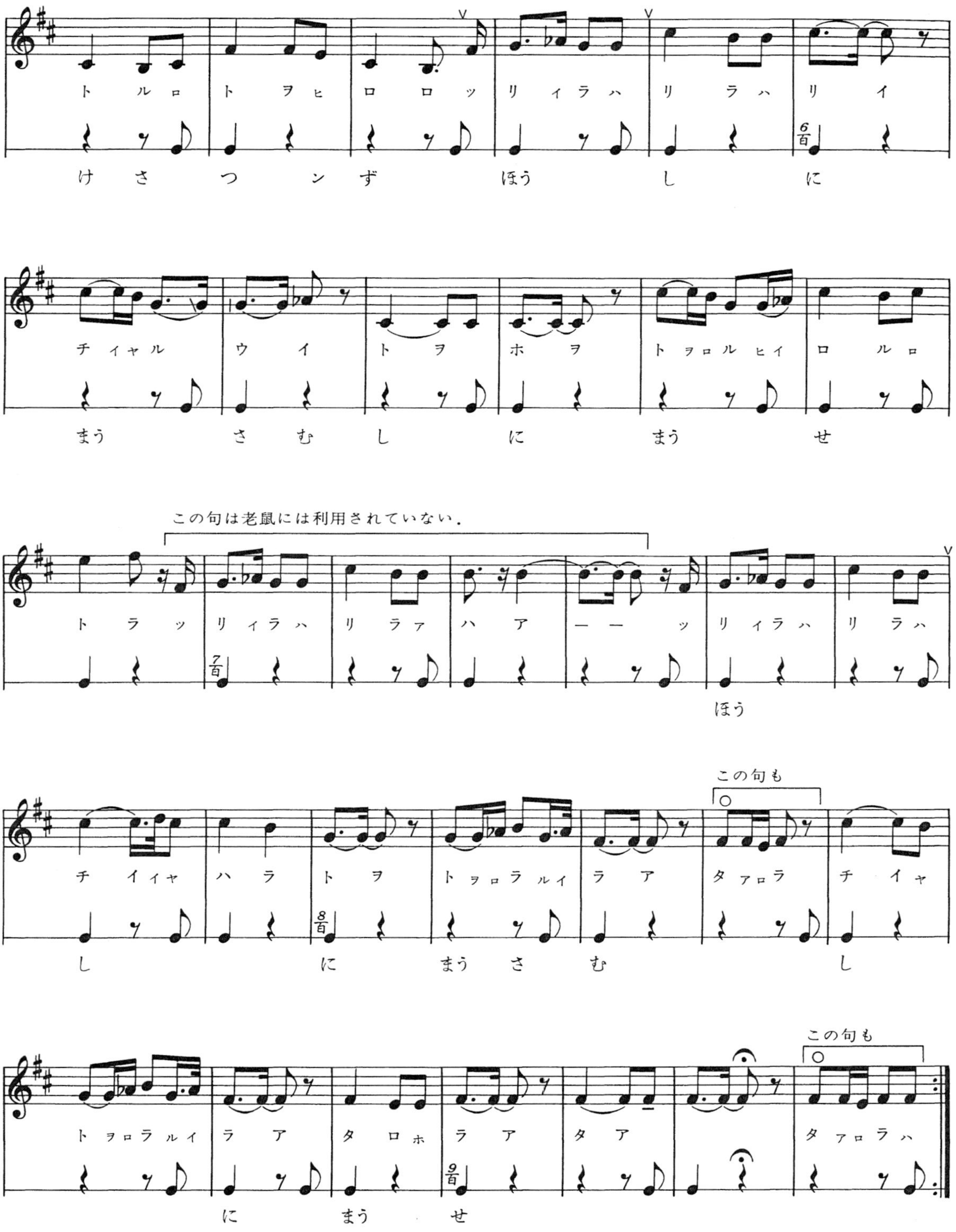

繰返し後は𝄐のところがこの曲の終止となっている．この句は繰返しのためのものである．

タァロラとタァロラハの使いわけは絶妙を極めている．

最初の

老　　鼠

前掲の林歌の旋律をほとんどそのまま二律下げ，それに老鼠の歌詞をつけ，併せて狛四拍子の三ノ鼓の打法と催馬楽拍子との関係を示したもの．

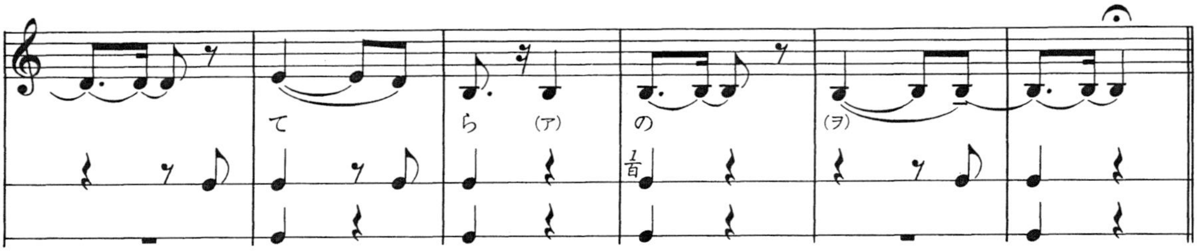

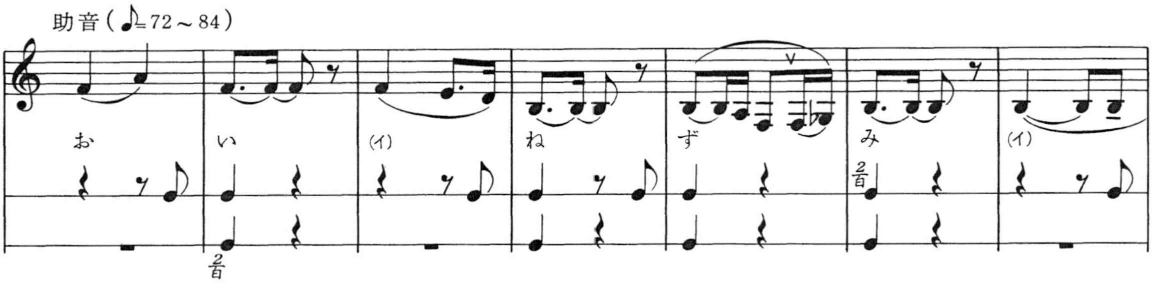

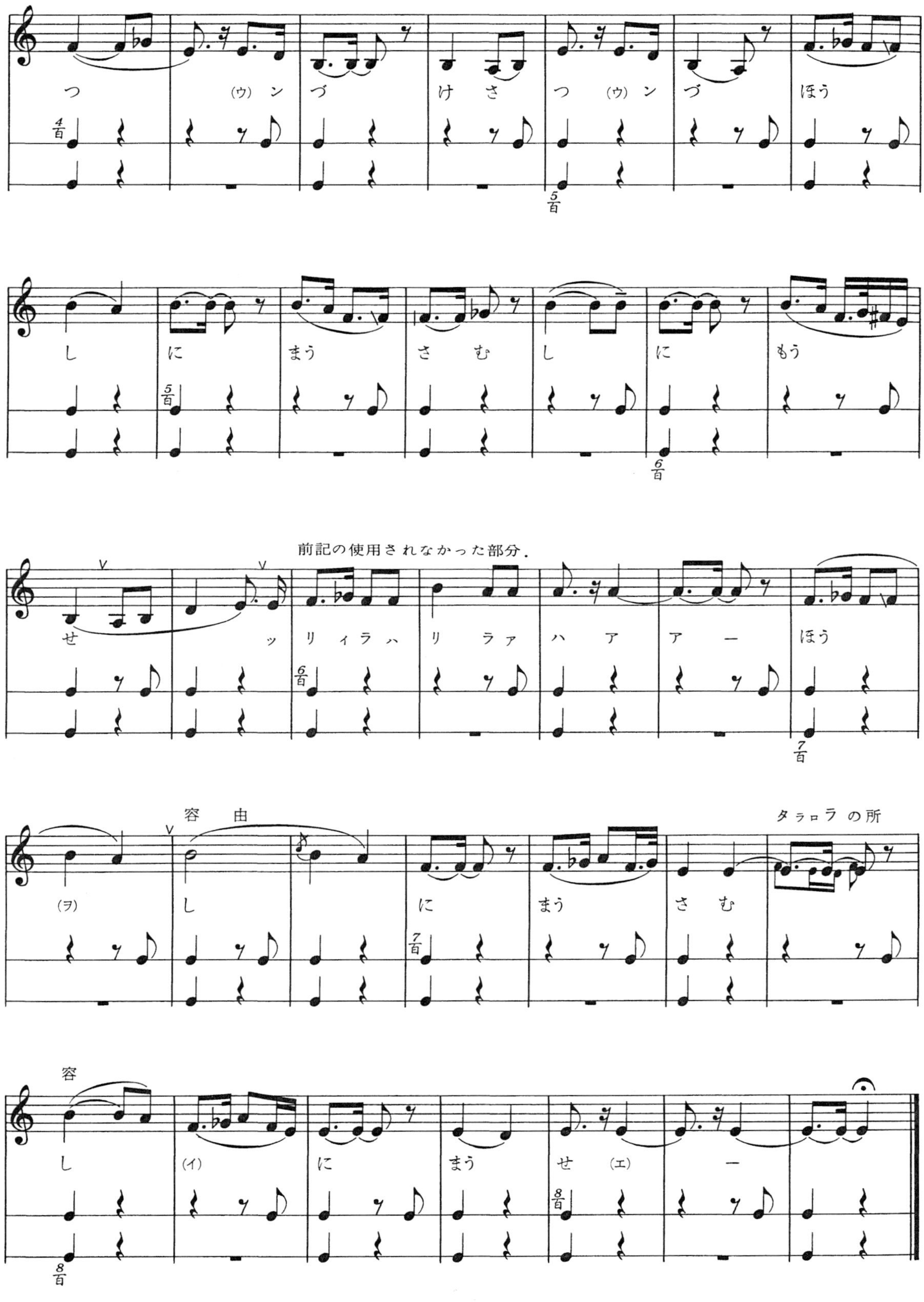
つ (ウ) ン づ け さ つ (ウ) ン づ ほう
し に まう さ む し に もう
前記の使用されなかった部分．
せ ッ リ ィ ラ ハ リ ラ ァ ハ ア ア ー ほう
容 由
タラロラ の所
(ヲ) し に まう さ む
容
し (イ) に まう せ (エ) ー

老　鼠　拍子十

宗忠説
(1061−1142)

『三五要録』に中御門大臣説
と注記した老鼠の譜による．

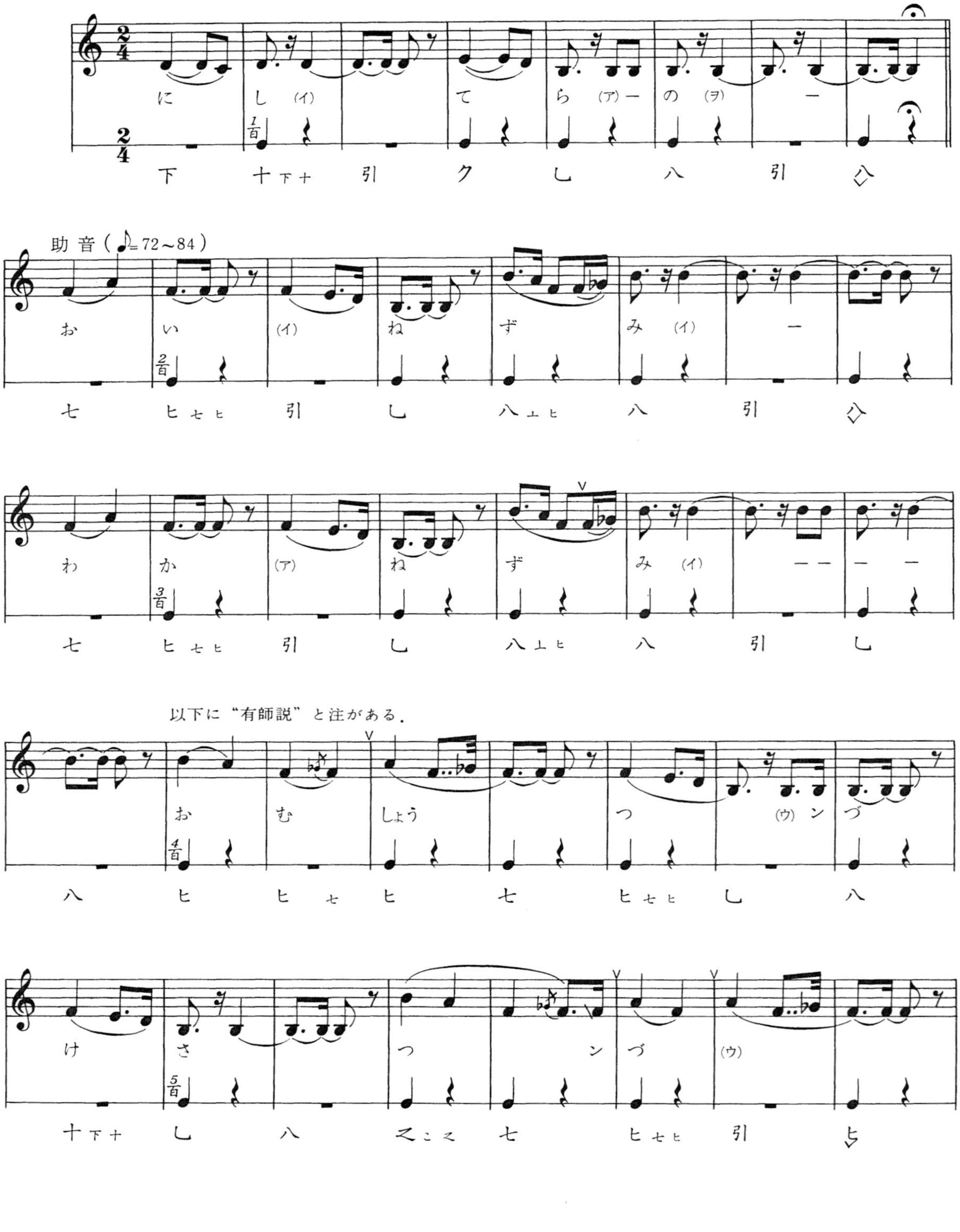

以下は，前に“有師説”と注記してある部分
（内大臣藤原宗能の口伝云々とある.）

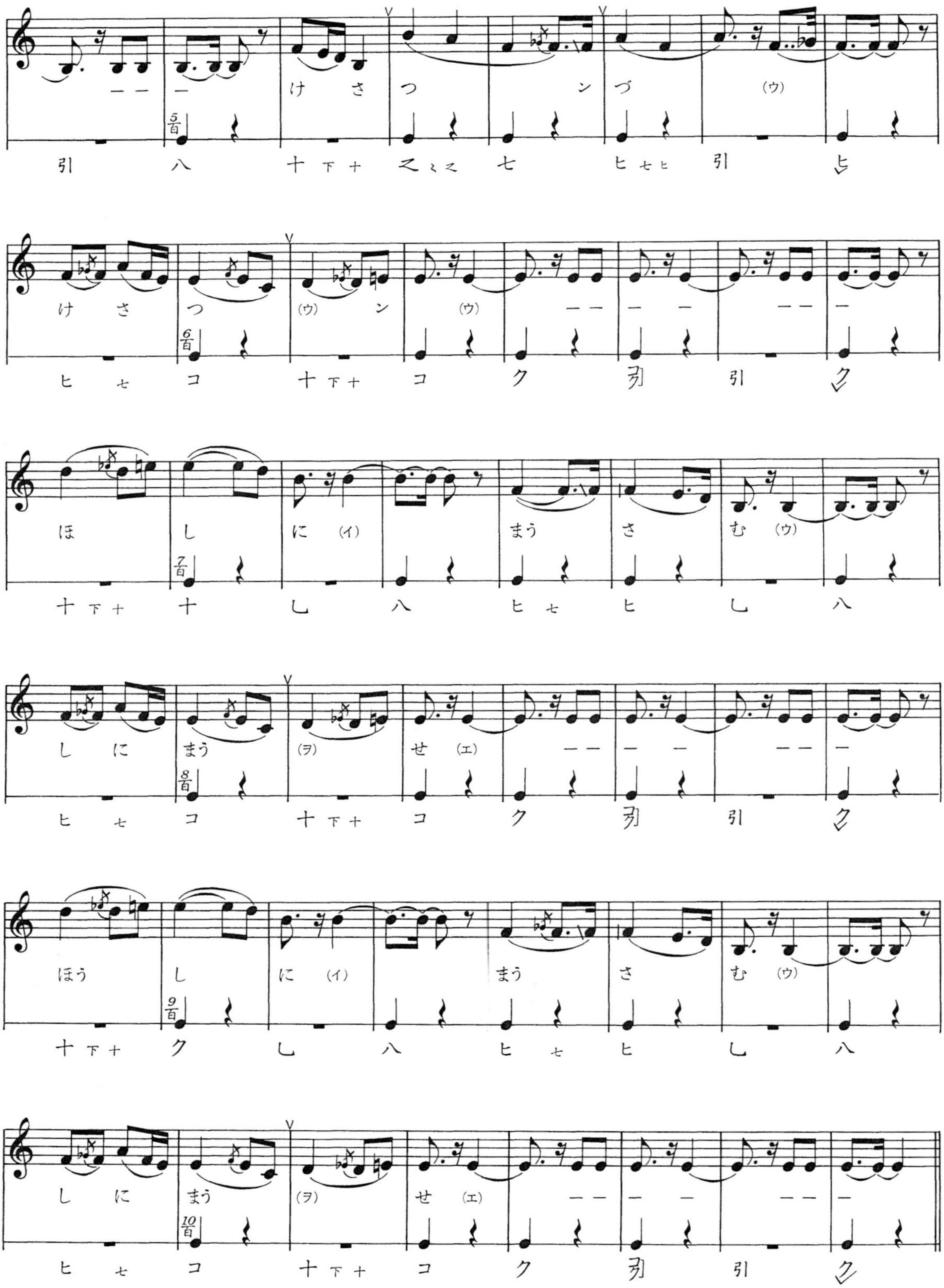
ーー ー け さ つ ン づ (ウ)
5百
引 八 十下十 七 ヒセヒ 引
け さ つ (ウ) ン (ウ) ーー ー ー ーー ー
6百
ヒ セ コ 十下十 コ ク 引 ク
ほ し に (イ) まう さ む (ウ)
7百
十下十 十 し 八 ヒ セ ヒ し 八
し に まう (ヲ) せ (エ) ーー ー ー ーー ー
8百
ヒ セ コ 十下十 コ ク 引 ク
ほう し に (イ) まう さ む (ウ)
9百
十下十 ク し 八 ヒ セ ヒ し 八
し に まう (ヲ) せ (エ) ーー ー ー ーー ー
10百
ヒ セ コ 十下十 コ ク 引 ク

平　調　歌

三度拍子の部

何《いかに》為《せん》　拍子 十三

何為

一段　拍子　十三

更衣同音
此歌冬可用之

いかにせん、せんや、
をしのかもどり、
いでてゆけば、
をやは、ありくと、
さいなめど、
よづまは、さだめつや、
シャキンダチヤ。

挿櫛　拍子 十六

八度上でも可
空拍子
さ し ぐ し はヮ
助音（♩=84～100）
容
入 節
た う ま り な な つ (ウ)
① ②
容 容
あ り し か (ア)
③
ど (ヲ) ー ー ー ー た け
く の じょ う (ウ) の (ヲ)

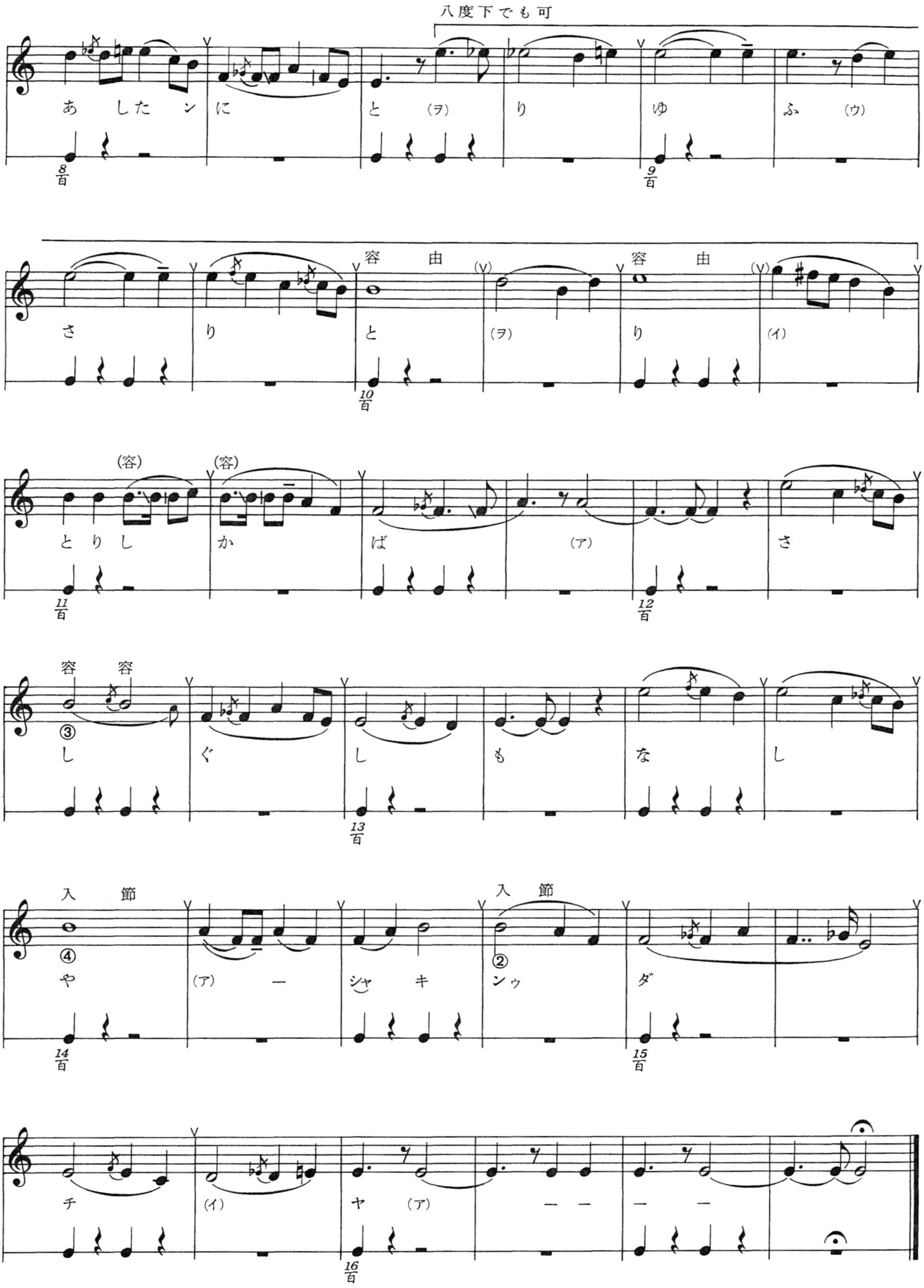
八度下でも可
あ したン に と (ヲ) り ゆ ふ (ウ)
8 百
9 百
容 由 容 由
さ り と (ヲ) り (イ)
10 百
(容) (容)
と り し か ば (ア) さ
11 百
12 百
容 容
③
し ぐ し も な し
13 百
入 節 入 節
④ ②
や (ア) ー シャ キ ンゥ ダ
14 百
15 百
チ (イ) ヤ (ア) ー ー ー ー
16 百

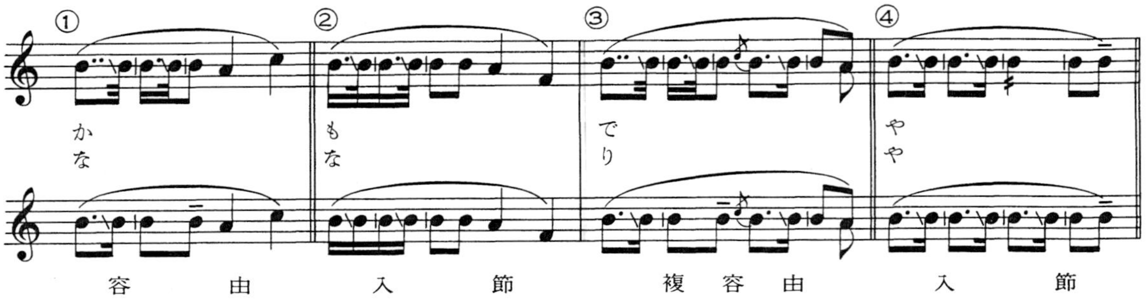

前掲の「何為」と「挿櫛」の容由と入節の唱法を示す.
下段の方は，テンポが早くなった時の変化を示す.

挿櫛

一段　拍子　十六

さしくしは、
たうまり、ななつ、
ありしかど、
たけくのじょうの、
あしたにとり、
ゆふさりとり、
とりしかば、
さしくしも、なしや
シャキンダチヤ。

大芹

一段　拍子　三十四

おほせりは、
くゝにのさゝだもの、
こせりこそ、
ゆでても、むまし、
これやこゝの、
せんばん、さんだのきの、
ゆしゝのきのばん、
むしかめのどう、
さいかくのさい、
びやうさい、どさい、
りやうめん、
かすめうけたる、
きりとほし、
かなばめばんぎ、
ごろくがえしの、
いちろくのさいや、
しさんのさいや。

大《おほ》　芹《せり》　拍子 三十四

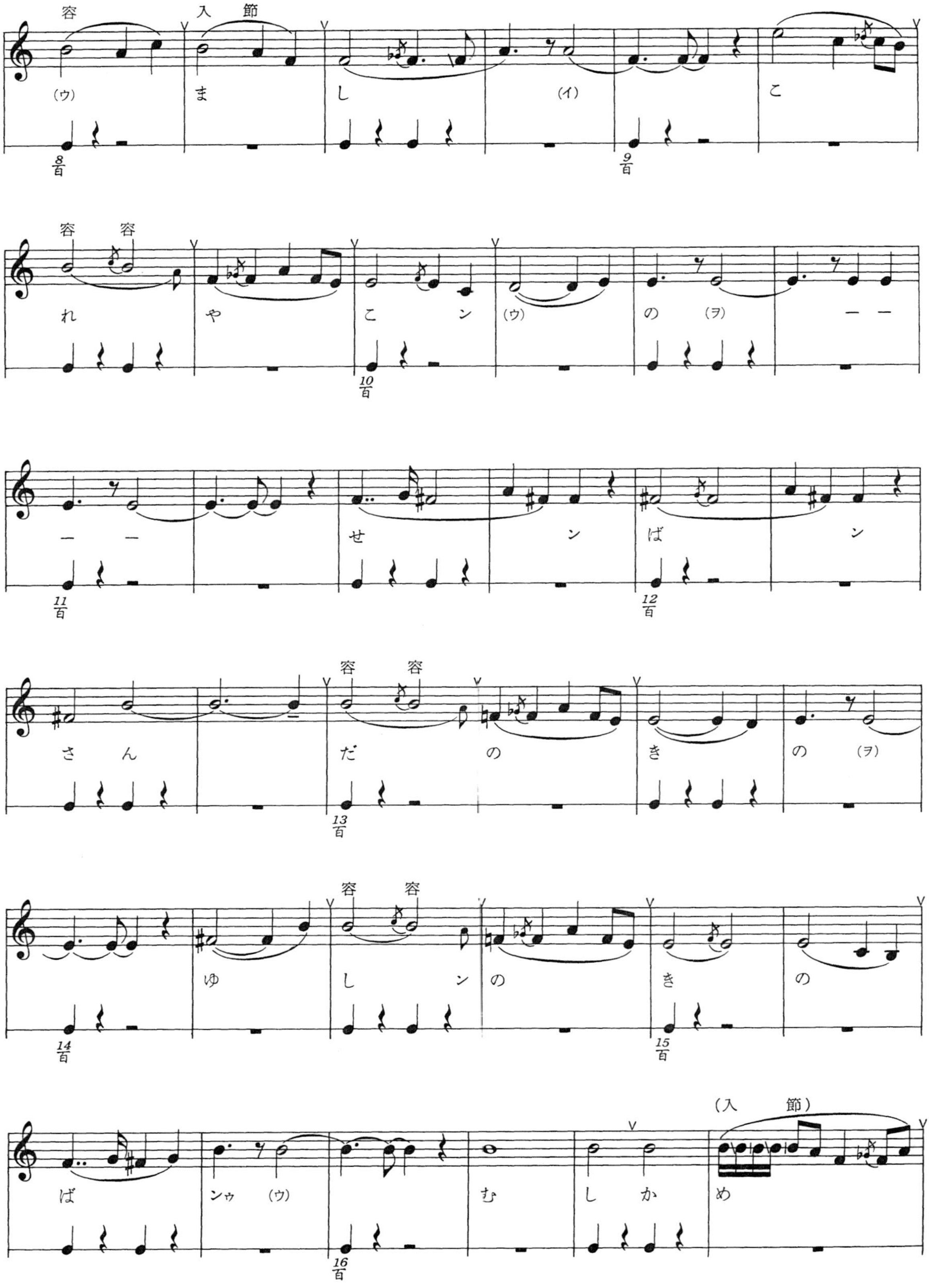
容 入 節
（ウ） ま し （イ） こ
8 百 9 百
容 容
れ や こ ン （ウ） の （ヲ） ー ー
10 百
ー ー せ ン ば ン
11 百 12 百
容 容
さ ん だ の き の （ヲ）
13 百
容 容
ゆ し ン の き の
14 百 15 百
（入 節）
ば ンゥ （ウ） む し か め
16 百

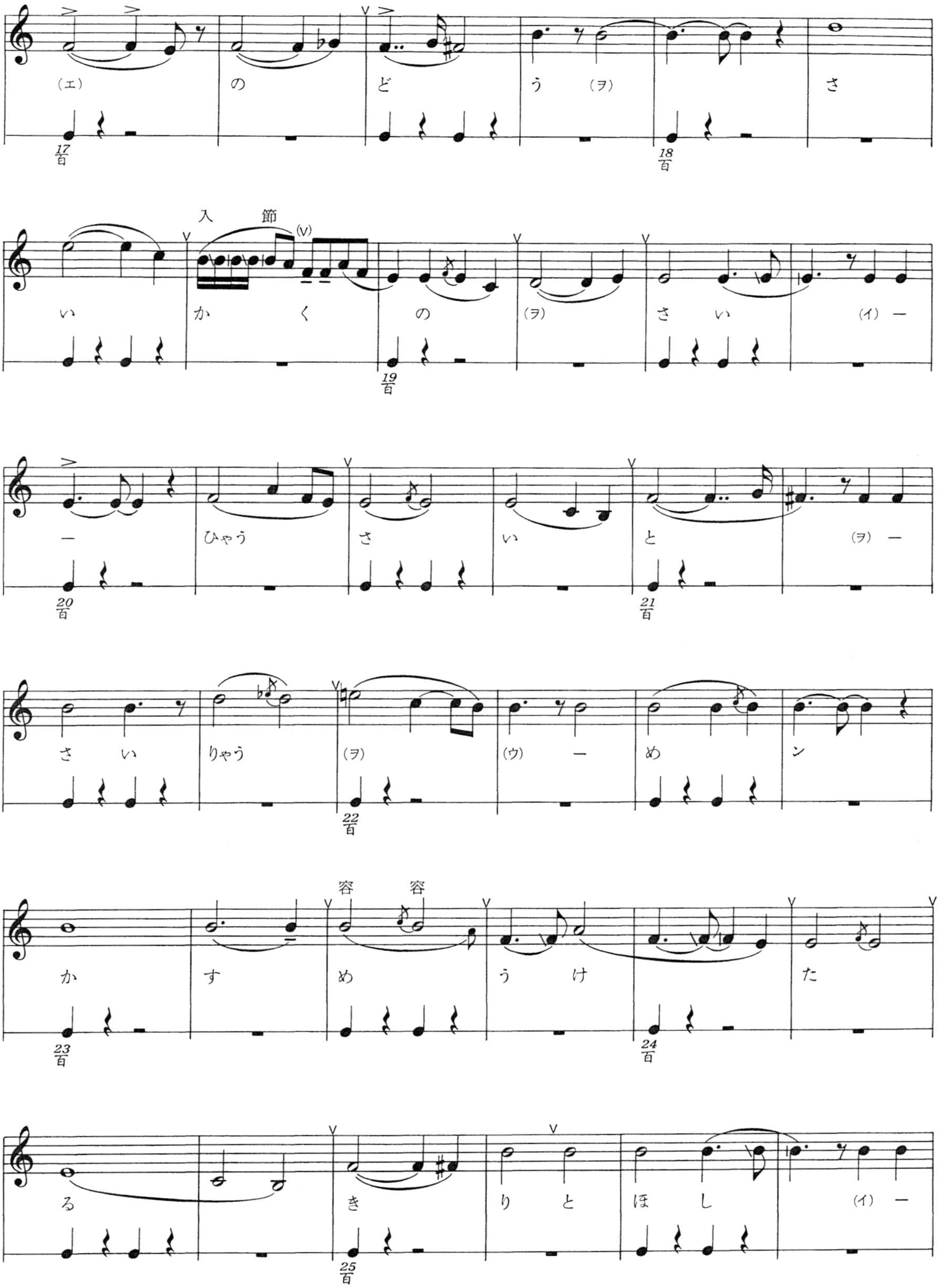
（エ） の ど う （ヲ） さ
17百
18百
入 節
(v)
い か く の （ヲ） さ い （イ）ー
19百
ー ひゃう さ い と （ヲ）ー
20百
21百
さ い りゃう （ヲ） （ウ） ー め ン
22百
容 容
か す め う け た
23百
24百
る き り と ほ し （イ）ー
25百

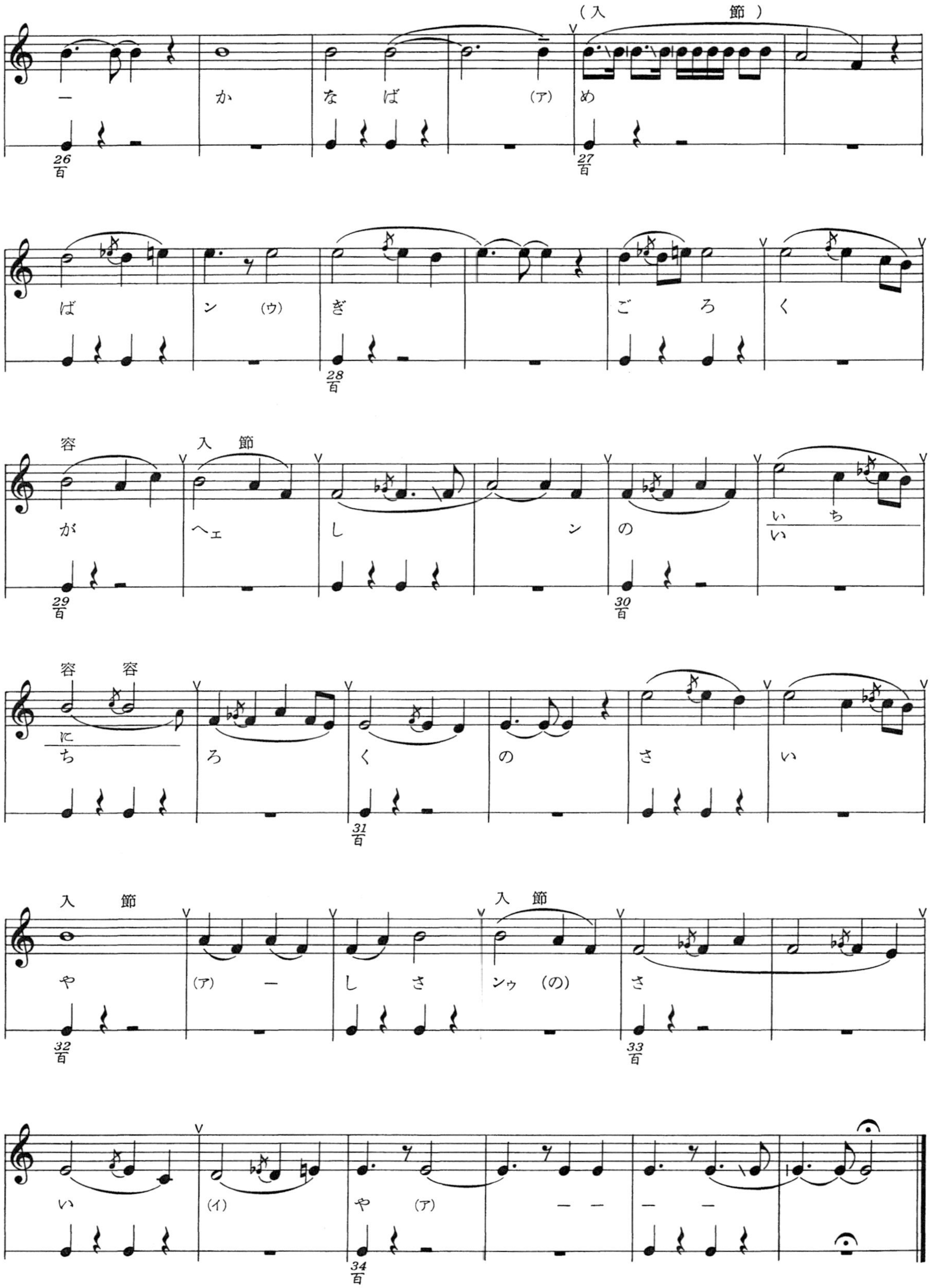
（入 節）
ー か な ば (ア) め
26 百
27 百
ば ン (ウ) ぎ ご ろ く
28 百
容 入 節
が へェ し ン の いち い
29 百
30 百
容 容
に ち ろ く の さ い
31 百
入 節 入 節
や (ア) ー し さ ンゥ (の) さ
32 百
33 百
い (イ) や (ア) ー ー ー ー
34 百

藤家用五拍子　我《わが》門《かど》尓《に》

三段

な
づ (ウ)
み (イ) ー ー ー
ゆ
9 百
10 百
容 容
ふ ン
な
づ (ウ)
ン
み
11 百
(イ)
あ
さ ン
な
12 百
つ
(ウ)
み (イ)
ー ー
ー ー
13 百
14 百

第 二 段

拍子 十二

空拍子
容
あ
さ

な
づ (ウ)
み
や
1 百
2 百

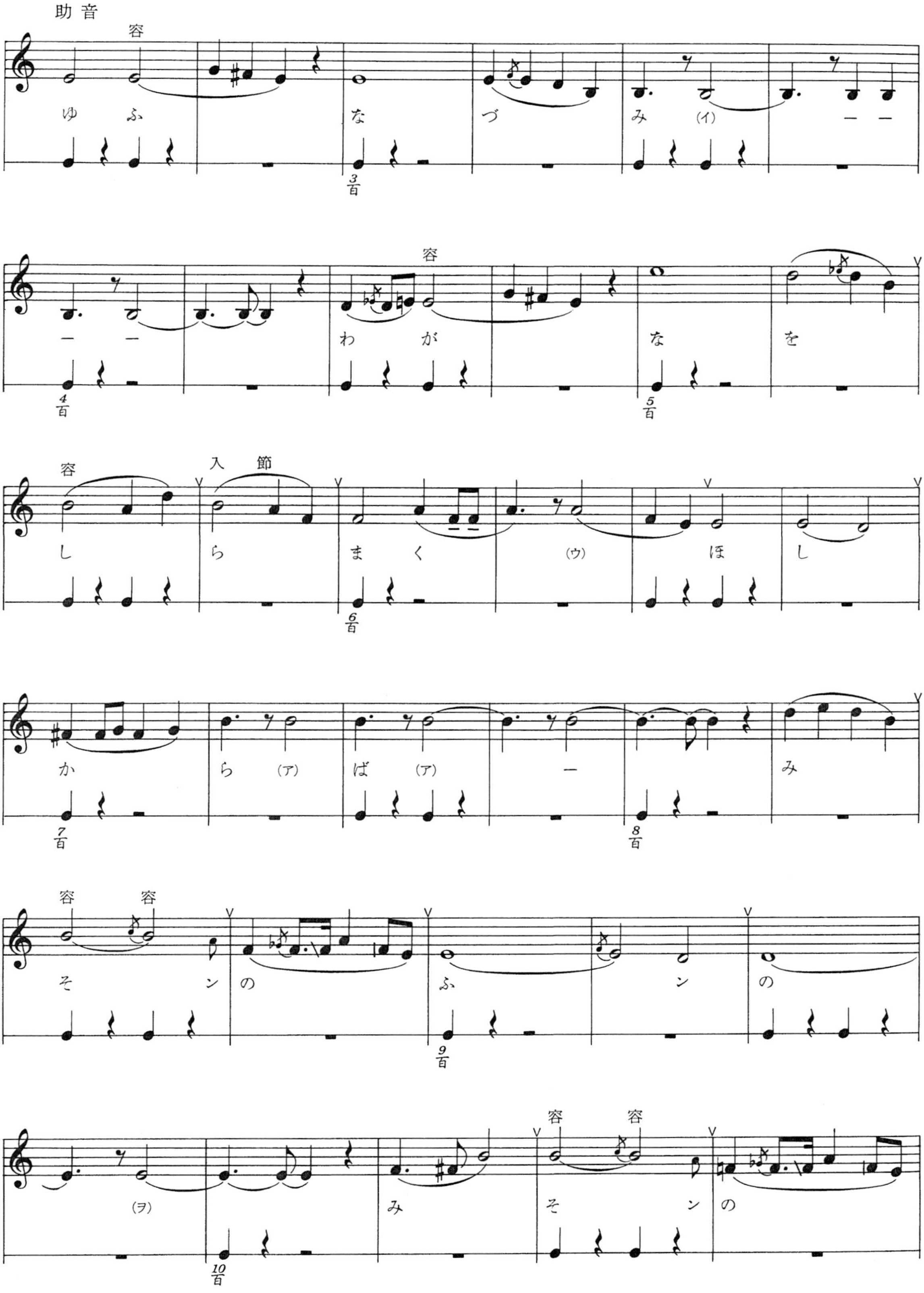
助音
容
ゆ ふ な づ み (イ) ー ー
3百
容
ー ー わ が な を
4百 5百
容 入 節
し ら ま く (ウ) ほ し
6百
か ら (ア) ば (ア) ー み
7百 8百
容 容
そ ン の ふ ン の
9百
容 容
(ヲ) み そ ン の
10百

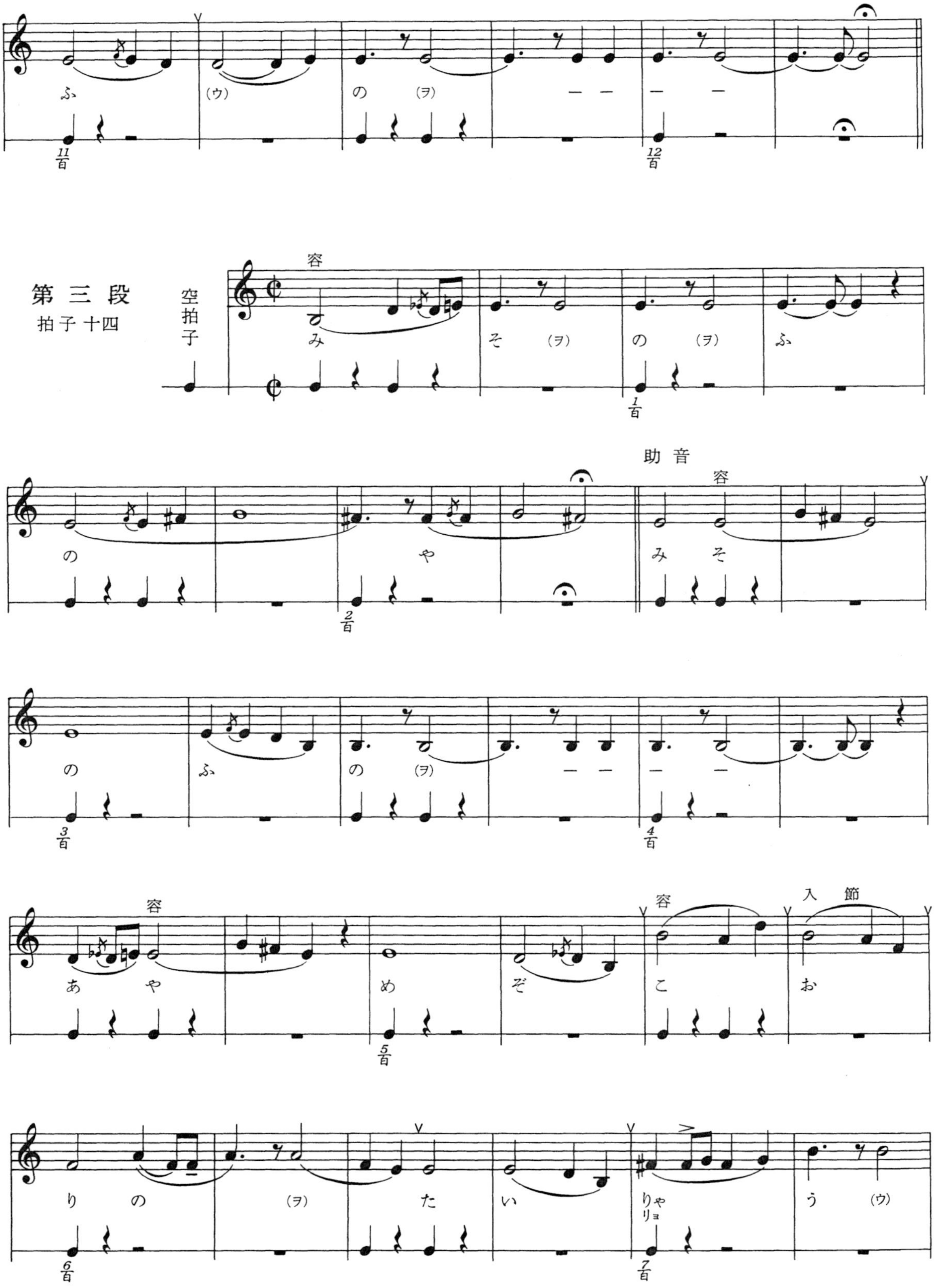
ふ (ウ) の (ヲ) ー ー ー ー
11百 12百
第三段
拍子十四
空拍子
容
み そ (ヲ) の (ヲ) ふ
1百
助音
容
の や み そ
2百
の ふ の (ヲ) ー ー ー ー
3百 4百
容
あ や め ぞ
容
こ
入節
お
5百
り の (ヲ) た い りゃ リョ う (ウ)
6百 7百

普通，下方の如く

是千魚朝臣説，常用之本説也，云云．

なお，或説 いはめの所を トコソイエ 此説不可用．（とある．）

我《わが》門《かど》乎《を》　拍子　各十四

二段

我門尓

三段　第一段　拍子　十四
　　　第二段　　　　十二
　　　第三段　　　　十四

藤家用五拍子

第一段

わがかどにや、わがかどに、
うわものすそぬれ、したものすそぬれ、
あきなづみ、ゆふなづみ、あさなづみ。

第二段

あさなづみや、ゆふなづみ、
わがなを、しらまく、ほしからば、
みそのふの、みそのふの。

第三段

みそのふのや、みそのふの、
あやめのこおりの、たいりやうの、
まなむすめといえ、
をとむすゝめとこそ、いはめ。

我門乎

二段　拍子　各十四

大路同音
藤家五拍子

第一段

わがかどを、
とさん、かうさん、
ねるをのこ、
よしこざるらしや、
よしこざるらしや。

第二段

此説常不用
(よしなしに、)
よしさらば、
とさん、かうさん、
ねるをのこ、
よしこざるらしや、
よしこざるらしや。

大　　路　拍子各十四

二　　段

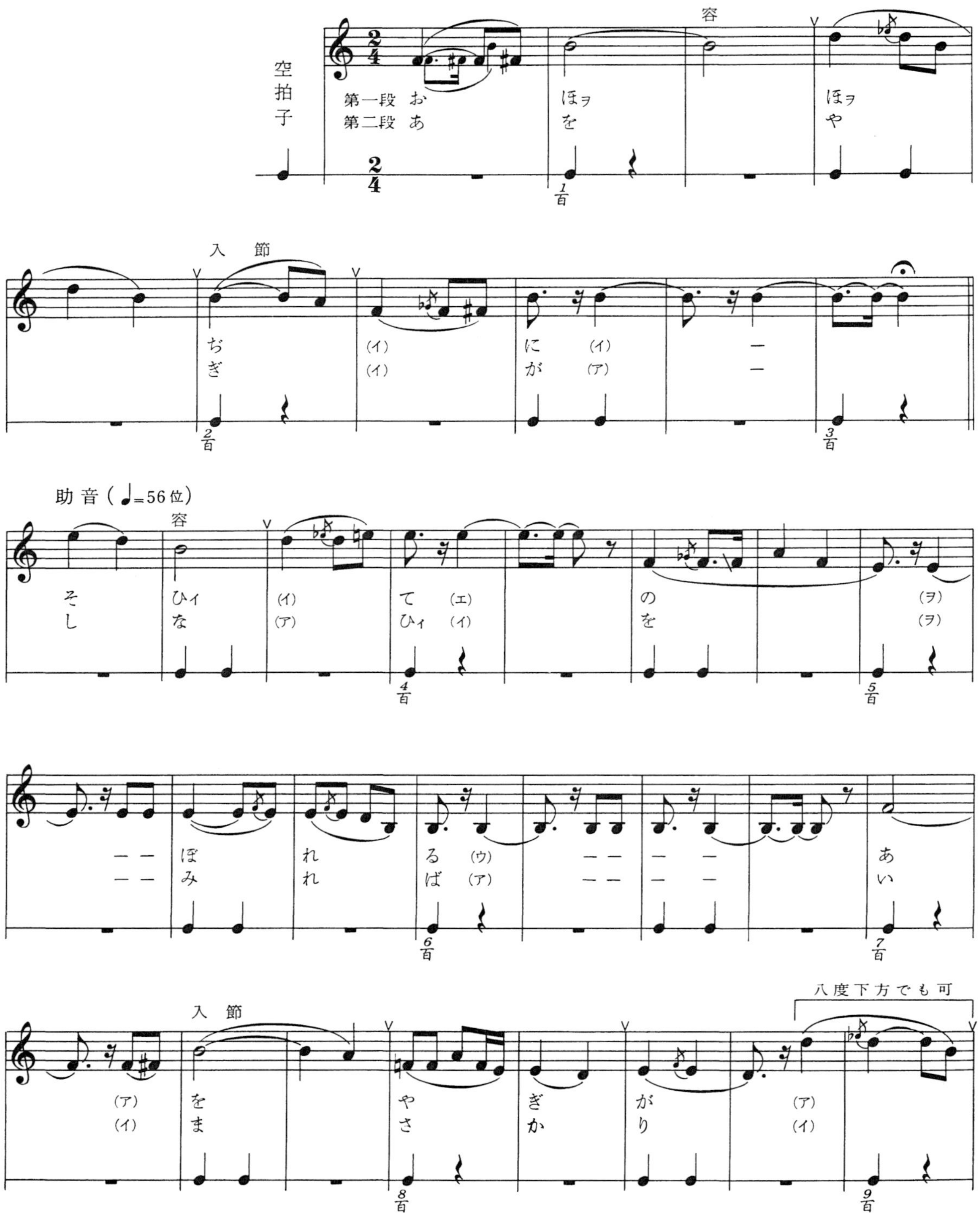
空拍子
容
第一段 お ほヲ ほヲ
第二段 あ を や
1百
入節
ぢ (イ) に (イ) ー
ぎ (イ) が (ア) ー
2百
3百
助音（♩=56位）
容
そ ひイ (イ) て (エ) の (ヲ)
し な (ア) ひイ (イ) を (ヲ)
4百
5百
ーー ぼ れ る (ウ) ーー ー ー あ
ーー み れ ば (ア) ーー ー ー い
6百
7百
入節
八度下方でも可
(ア) を や ぎ が (ア)
(イ) ま さ か り (イ)
8百
9百

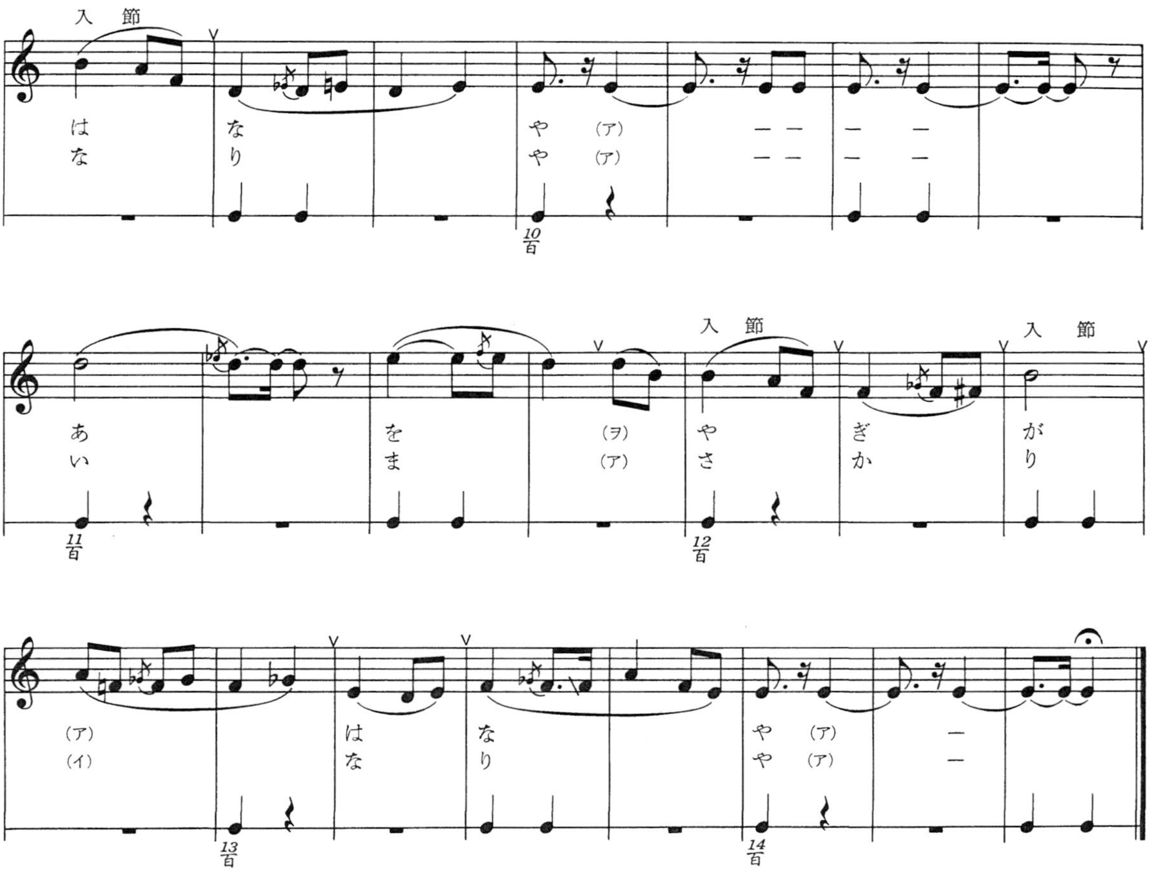

大路

二段　拍子　各十四

我門乎同音
此歌春用之

第一段

おほほぢに、
そひて、のぼれる、
あをやぎがはなや、
あをやぎがはなや。

第二段

あをやぎが、
しなひを、みれば、
いまさかりなりや、
いまさかりなりや。

三五説　更　衣　拍子十三

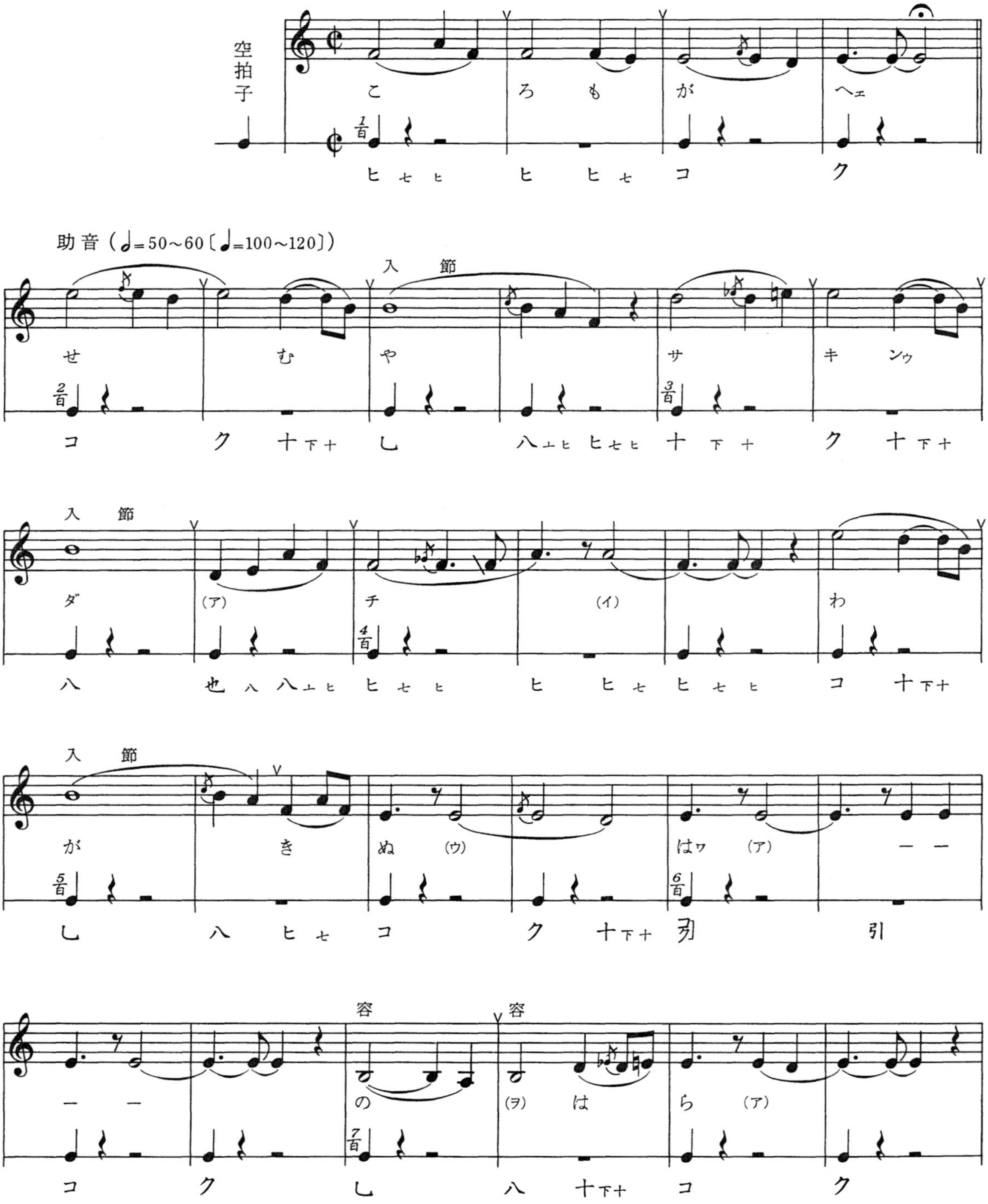

空拍子
こ　ろ　も　が　へェ
ヒ セ ヒ　ヒ　ヒ セ　コ　ク
助音（𝅗𝅥＝50～60〔♩＝100～120〕）
入　節
せ　む　や　サ　キ　ンゥ
コ　ク　十下十　し　八ェヒ　ヒセヒ　十　下　十　ク　十下十
入　節
ダ　（ア）　チ　（イ）　わ
八　也　八　八ェヒ　ヒ　セ　ヒ　ヒ　ヒ　セ　ヒ　セ　ヒ　コ　十下十
入　節
が　き　ぬ　（ウ）　はヮ　（ア）　ー　ー
し　八　ヒ　セ　コ　ク　十下十　引　引
容　容
ー　ー　の　（ヲ）　は　ら　（ア）
コ　ク　し　八　十下十　コ　ク

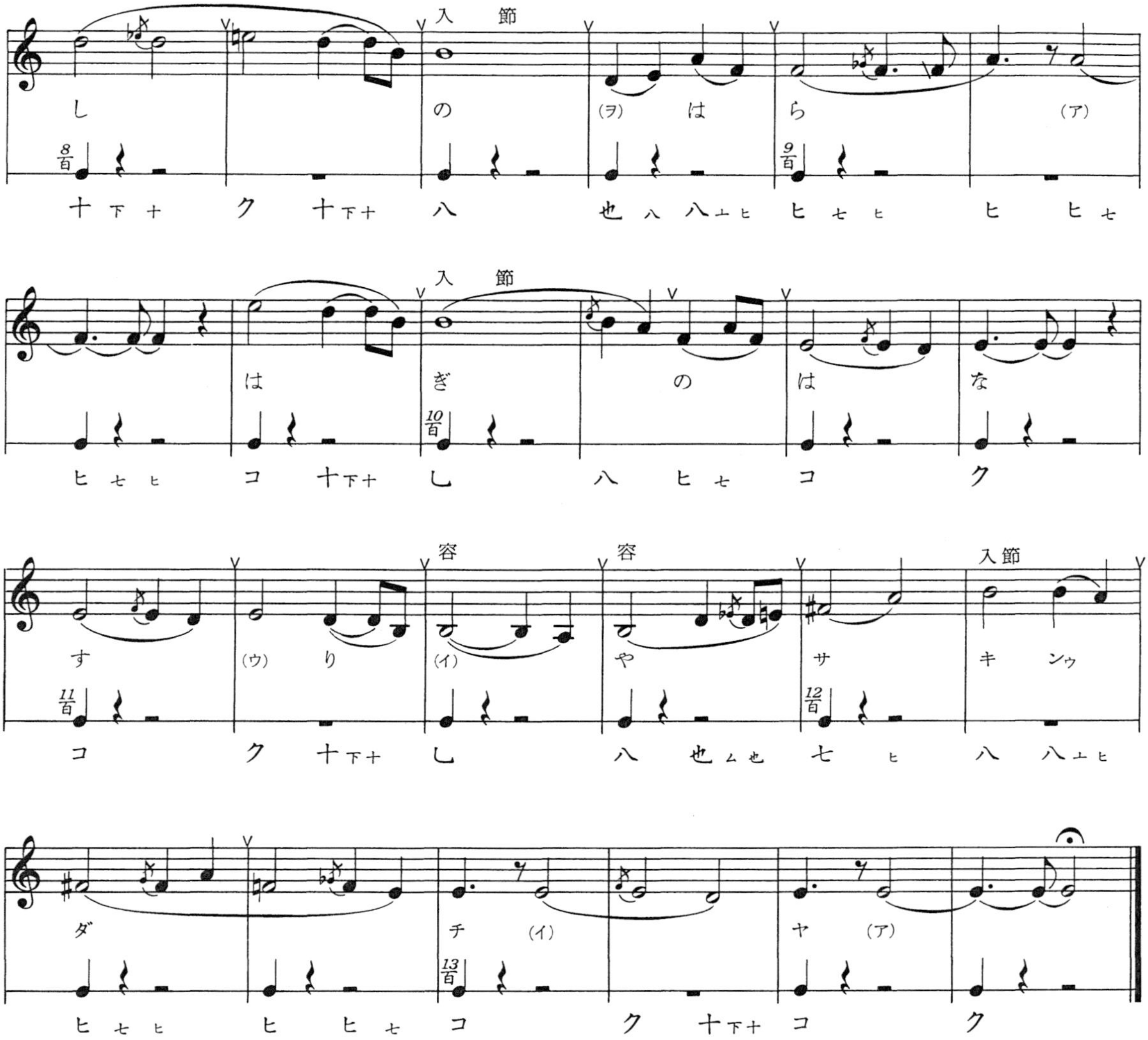

三五 説

更衣

一段 拍子 十三

何為同音

ころもがへ、せむや、
サキムダチ、わがきぬは、
はぎ《萩》のはな《花》ずりや、〔秋・冬は〕
はぎ《萩》のは《葉》（あ）ずりや、〔春・夏は〕（「宗忠」中御門大臣説）
サキムダチ。

我《わが》　駒《こま》　拍子　各六

二　段

我　駒

二段　拍子　各六

第一段

いで、わがこま、
はやく、ゆきこせ、まつちやま、
アハレ、まつちやま、ハレ。

第二段

まつちやま、
まつらんひとを、ゆきて、はや、
アハレ、ゆきて、はやみん。

浅水 拍子 二十一

八度下でも可
空拍子
あ さ ンゥ づ の
1百
助音（♩=88～100位）
入節
は し の ト ン
2百
(容) (入節) 入節
ト ロ ト ド ロ ト (ヲ)
3百
容 容
ふ り しあ め
4百
5百
(エ) の (ヲ) ー ー ー ー
6百

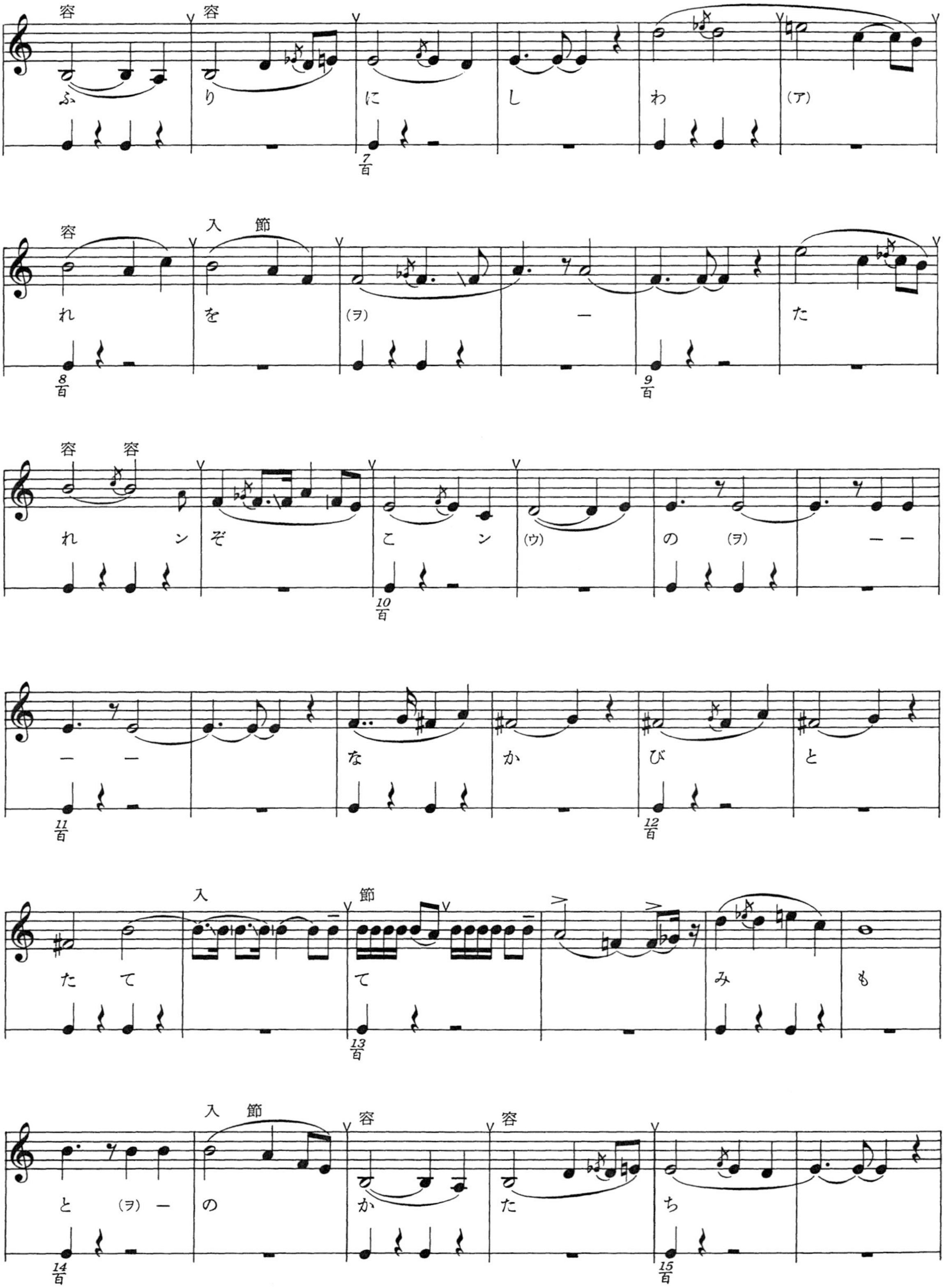
容 容
ふ り に し わ (ア)
7百
容 入 節
れ を (ヲ) ー た
8百 9百
容 容
れ ン ぞ こ ン (ウ) の (ヲ) ー ー
10百
ー ー な か び と
11百 12百
入 節
た て て み も
13百
入 節 容 容
と (ヲ) ー の か た ち
14百 15百

浅水

一段　拍子二十一

あさンづの、はしの、
トトロトドロト、
ふりしあめの、
　ふりにしわれを、
たれぞ、このなかびと、たてて、
　みもとのかたち、せうそこし、
　とぶらいに、くるや、
シャキンダチヤ。

逢　　路　　拍子 十三

近　江　路

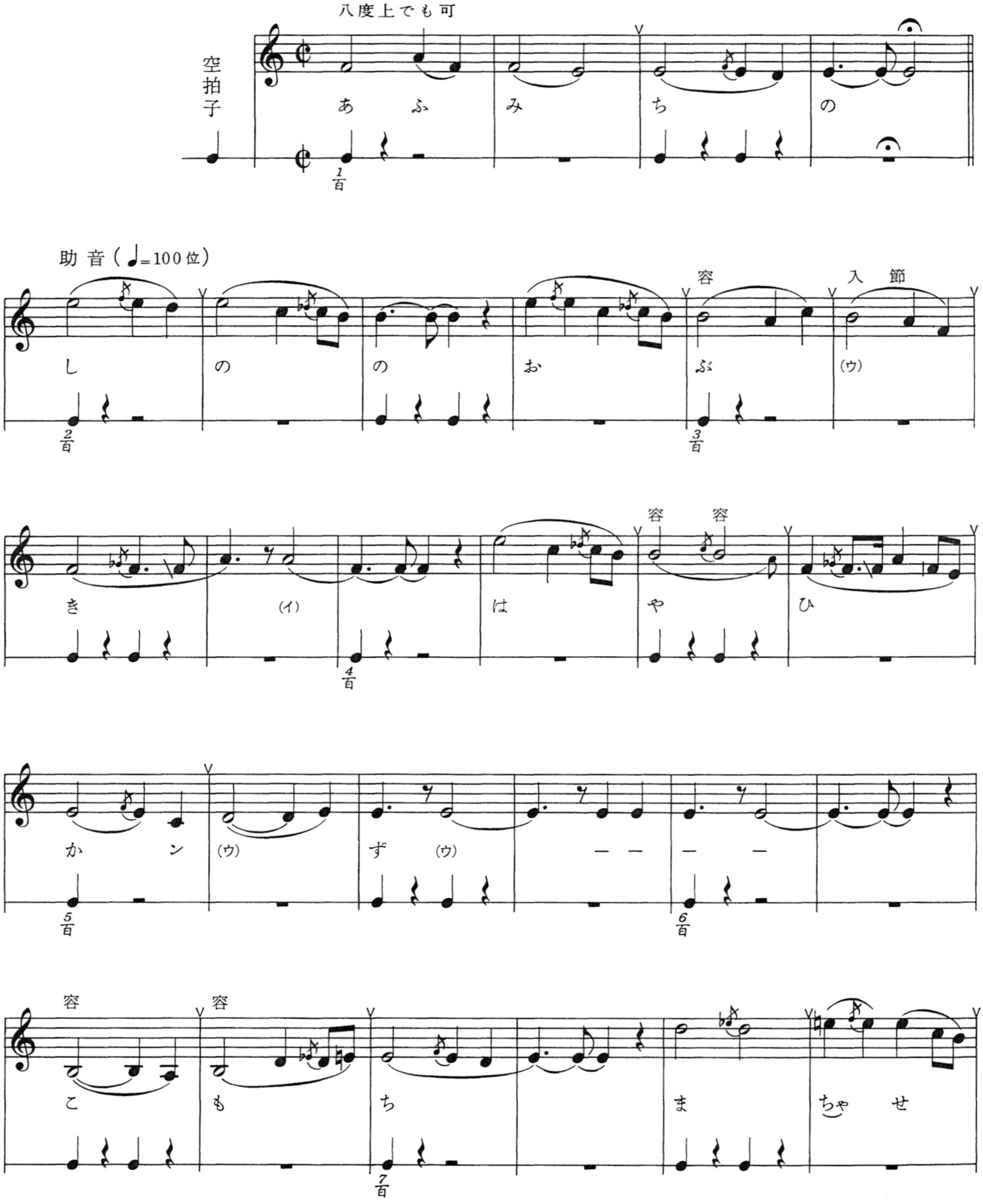
八度上でも可
空拍子
あ ふ み ち の
助音（♩=100位）
し の の お 容 ぶ 入節 (ウ)
き (イ) は 容 容 や ひ
か ン (ウ) ず (ウ) ー ー ー ー
容 こ 容 も ち ま ちゃ せ

逢路

一段 拍子 十三

あふみちの、しののをぶき、
はや、ひかンず、
こもち、まちゃせぬらん、
しののをぶき、
シャキンダチヤ。

道　口　拍子 十三

八度上でも可
空拍子
み ち の く ち
助音（♩=100位）
容
入 節
た け ふ の こ ふ
容 容
に (イ) わ れ はヮ あ
り (イ) と (ヲ) ー ー ー ー
容 容
を や に は まう (ヲ)

道口

一段　拍子　十三

逢路同音

みちのくち、
たけふの、こふに、
われはありと、
をやには、まうしたべ、
こころあいの、かぜや、
シャキンダチヤ。

鷹《たかの》子《こ》　拍子 十五

八度上でも可
空拍子
た か の こ は
助音（♩＝100位）
ま ろ に た う ば ら
容 入節
ンゥ （ウ） て に す
容 容
え （エ） て （エ） ー ー ー ー
あ わ （ア） づ の （ヲ） は ら の
入節
（ヲ） み く る す の

鷹子

一段　拍子　十五

たかのこは、まろに、たうばらん、
てにすえて、
あわづのはらの、めぐりの、
うづらとらせんや、
シャキンダチヤ。

隠　　名　三度拍子　拍子十

♩=50～60～72
はやくても
く　ぽ　(ヲ)の　な　を　ば　な　に　と　か　いュ　ふゥ
1百　2百
助音
く　ぽ　(ヲ)　の　な　を　ば　な　に　と　か　い　ふ
3百　4百
容由
つ　び　た　(ア)　り
容
ひ　の　な　か　の
5百　6百
た　も　(ヲ)　ろ　(ヲ)
容
ひ　の　な　か　の
7百　8百
ひ　つ　き　め　な　け　ふ　く　なノ　うヲ　た　も　ろ
9百　10百

隠名

くぼのなをば、なにとかいふ。
くぼのなをば、なにとかいふ。
つびたり、けふくなう、たもろ
ひのなかの、ひつきめな、
けふくなう、たもろ。

鶏鳴

とりはなきぬてふ、
けさくらまぎれ、
したひものをに、
おしすがりゐてこそ、
とどこほれ、
なくこなすまで。

鶏鳴　拍子 十一

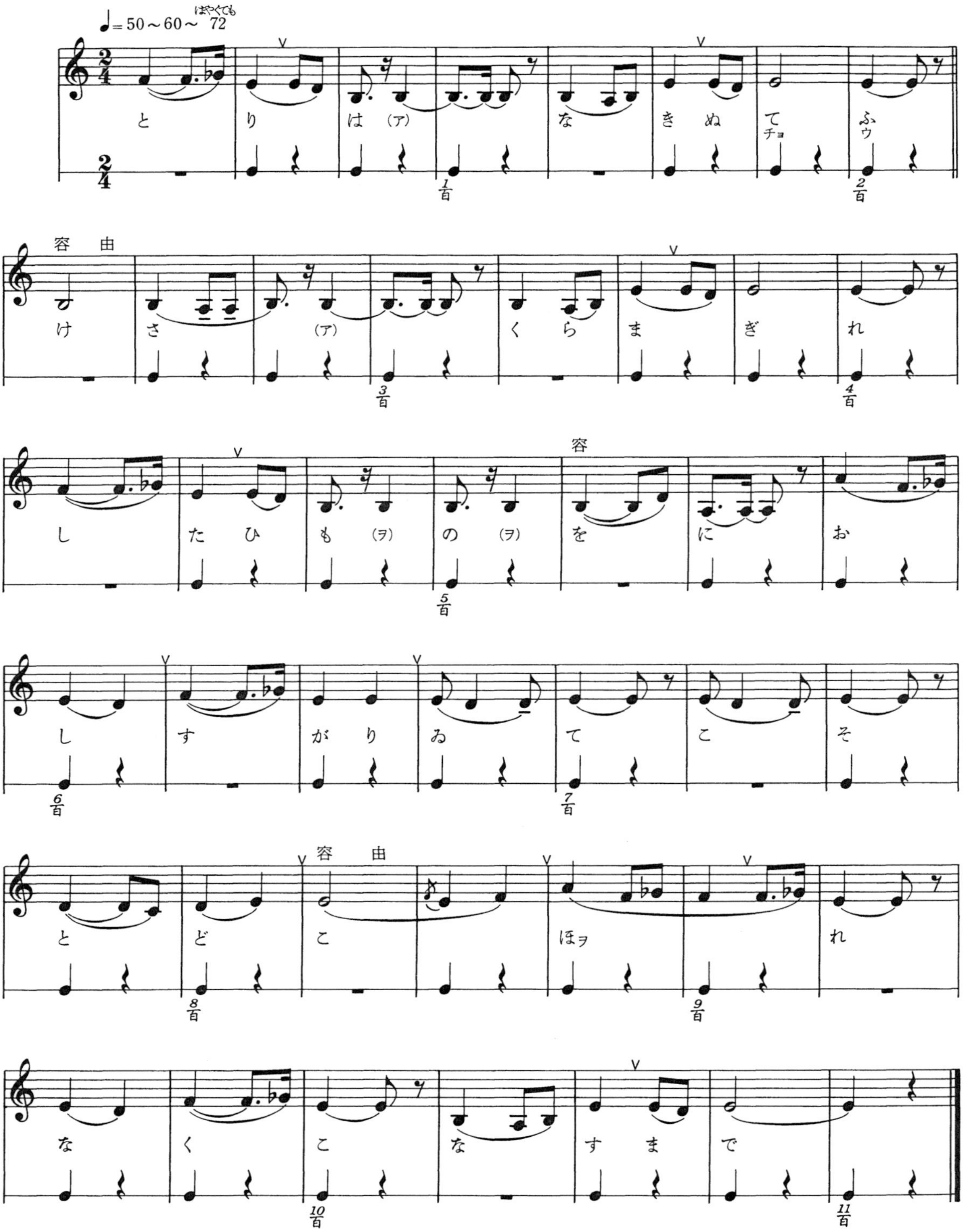

♩＝50～60～72
はやくても
と り は （ア） な き ぬ て ふ
チョ ウ
1音 2音
容 由
け さ （ア） く ら ま ぎ れ
3音 4音
容
し た ひ も （ヲ） の （ヲ） を に お
5音
し す が り ゐ て こ そ
6音 7音
容 由
と ど こ ほヲ れ
8音 9音
な く こ な す ま で
10音 11音

加利夜須の音取

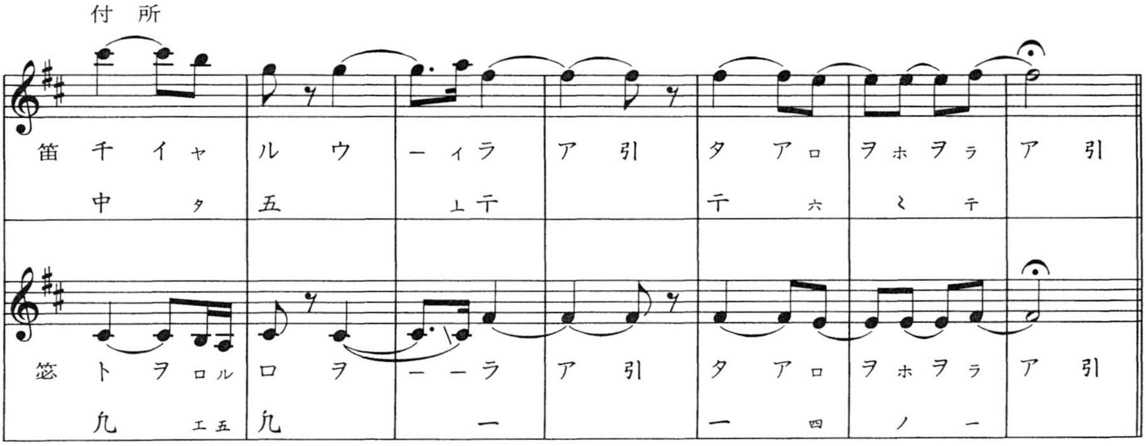

加利夜須 拍子九

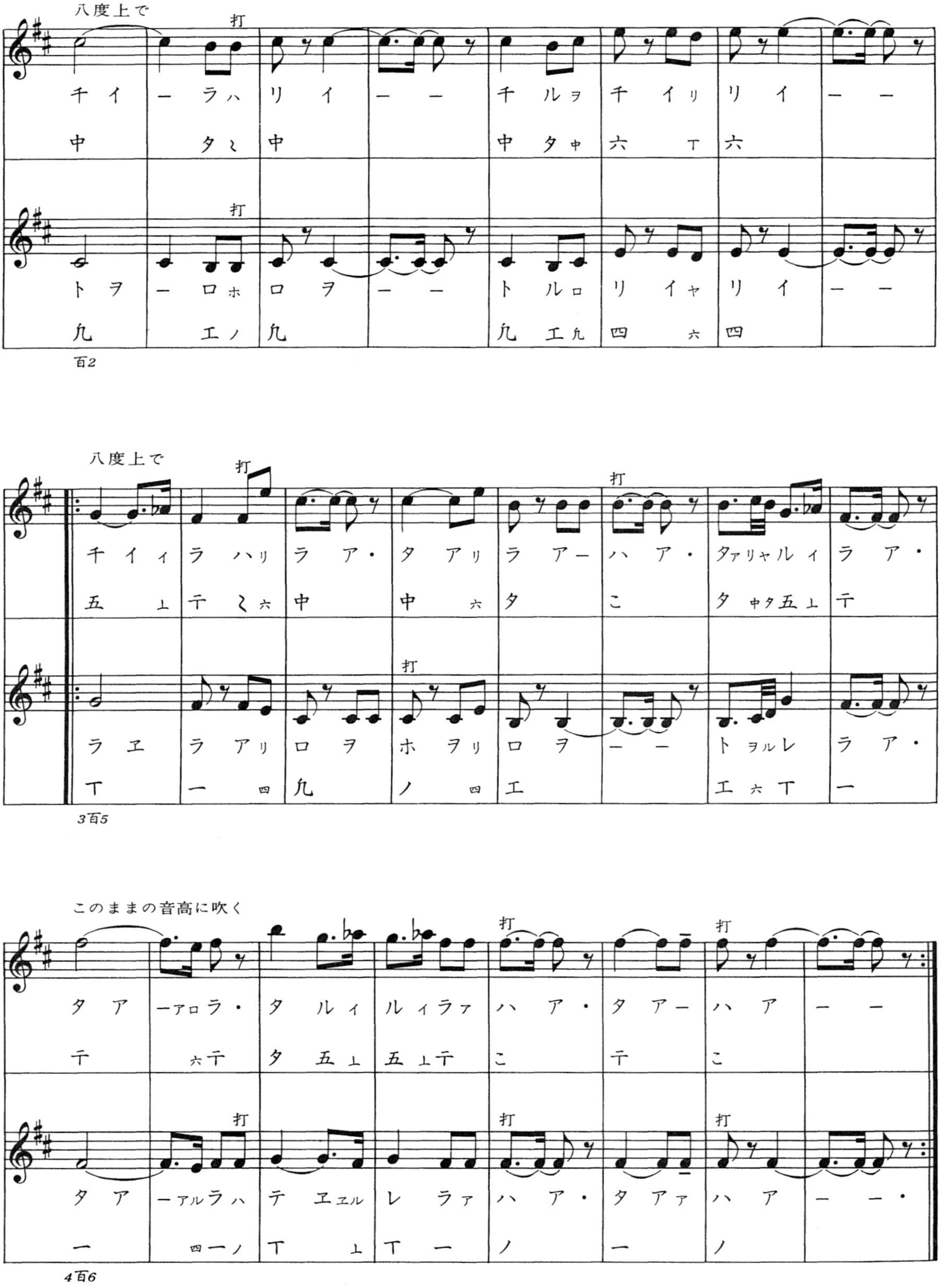
八度上で
打
チイ ーラハ リイ ーー チルヲ チイリ リイ ーー
中 タ〻 中 中タ中 六 丅 六
打
トヲ ーロホ ロヲ ーー トルロ リイヤ リイ ーー
九 工ノ 九 九工九 四 六 四
百2
八度上で
打
打
チイィ ラハリ ラア・ タアリ ラアー ハア・ タアリャルィ ラア・
五 上 丅〻六 中 中 六 タ こ タ 中タ五上 丅
打
ラヱ ラアリ ロヲ ホヲリ ロヲ ーー トヲルレ ラア・
丅 一 四 九 ノ 四 工 工六丅 一
3百5
このままの音高に吹く
打
打
タア ーアロラ・ タルィ ルィラァ ハア・ タアー ハア ーー
丅 六丅 タ五上 五上丅 こ 丅 こ
打
打
打
タア ーアルラハ テヱヱル レラァ ハア・ タアァ ハア ーー・
一 四一ノ 丅 上 丅 一 ノ 一 ノ
4百6

打 打 打 打 打
チイィ ラハ〃 タロヲホ ラア〃 タロヲホ ラア〃 トヲリ ロホ〃
五 ⊥ 亍 ㇂ 亍六 ㇂ 亍 亍六 ㇂ 亍 六 丅 六 ㇂
打 打 打
テ ヱ ラ ア〃 タロヲホ ラ ア〃 タロヲホ ラ ア〃 リ イャ リ ヒ〃
丅 一 一四 ノ 一 一四 ノ 一 四 六 四 ノ

百7

打 打
タ ア ー ラハ タ ルィ ルゥィラァ ハ ア〃 タ ロホ チ イィ ラ ア〃
亍 五㇂ 夕 五⊥ 五 ⊥亍 こ 亍 六㇂ 五 ⊥ 亍
打 打 打
タ ア ーアルラハ ラ ヱェル レ ラァ ハ ア〃 タ ロ ラ ラ ハ ア〃
一 四一ノ 丅 ⊥ 丅 一 ノ 一 四 丅 一 ノ

百8

八度上で
打 3 打
ト ヲ リ ヒ リィリ ラ ア〃 チ ラハ リ イ〃 チ ルラ リ イル リ イ〃
六 セ ㇂ 丅 中 中 夕㇂ 中 中 夕中 六 丅 六
打
チ イ ラ アリ ロ ヲ ー ロホ ロ ヲ〃 ト ルロ リ イャ リ イ〃
四 一 四 凢 工ノ 凢 凢 工凢 四 六 四

百9

平　調　歌

(注)　この「平調歌」を読む場合には，226頁の「狛平調調」と「狛壱越調」の二調の図，および230頁の「平調調(一)(二)(三)(四)」の図を参照されたい．それぞれの曲の訳譜と対照したら，催馬楽の律歌なるものは，律旋法を基調とした歌曲ではなく，笛の種々の自然音階が基調となっている唱物であることがわかると思う．

五拍子の部

(1)　**伊勢海**《いせのうみ》　名品の一つ．といっても，それは，明治撰定や，『唱物譜』や，三五説にあるこの歌をいうのではなく，『催馬楽略譜』に載せてある源流の伊勢海をいうのである．

(2)　**走　井**《はしりい》　この歌は，ただ声だけで唱うのを聴いても，興味をひくまい．三管両絃の伴奏，とくに平調歌に特有な，横笛の華麗な器楽的な伴奏があって初めて聴きうるものになる．その笛の伴奏がどのようなものかは，163頁の三五説の走井の旋律に，唐楽の甘州《かんしゆう》の笛の旋律句を(筂のものも)附加した訳譜を検討したら，その大体の見当がつくと思う．

(3)　**飛鳥井**《あすかい》　走井の旋律に似たところが多い．この歌も，走井の場合のように，声だけで唱うのを聴けば，失望するに違いない．

(4)　**庭　生**《にわにおうる》　この旋律には捨てがたいものがあるが，ひねくりまわした跡がかなり見られる．その上，高音域の音，第五線の上方の「ト」ぐらいは楽に唱える人でなければ，無理と思う所があるので，それを八度下方へ移したため，訳譜に少からず手がかかった．

(5)　**老　鼠**《おいねずみ》　西寺《にしでら》ともいう．旋律は頗るおもしろい．狛四拍子の三ノ鼓の打法を利用すれば，一段とおもしろくなるであろう．その旋律の大部分は，狛楽の林歌から取ったもので，もとは，高麗のどこかの地方の民謡であったのを狛楽化したものらしい．その名が示すように，その曲の旋律は大いに歌謡的で，リンガとよまないで，林《はやし》の歌とよむ方が，その旋律にふさわしいと思う．

催馬楽のいわゆる律歌の起原を知るには，この老鼠の検討が大いに必要である．166–170頁を検討されたい．

この(5)の老鼠は，『三五要録』第三巻に載せてある三通りの中の“桂譜”と附記してあるものによったもので，狛楽の林歌の笛の旋律を知っていたので，この琵琶譜を元に容易に訳譜することができた．

『新訂梁塵秘抄』(岩波文庫)の133頁に，“資賢卿のいふ，催馬楽老鼠などは当流に唱ことなし云々”とあるが，敦実親王の目録の中には，この歌の名が含まれているのだから，もとは，源流も唱われていたにちがいない．

(6)　**青　柳**《あおやぎ》　仁明天皇の御作といわれている黄鐘調の長生楽の序の旋律を利用していることは，その序の琵琶譜とこの青柳の琵琶譜とを比較してみれば明らかになる．

源流の青柳は，すでに，『風俗訳譜』(1961年，岩波書店刊)の中に，風俗と催馬楽の比較のために載せてあるので，本書には，三五説の青柳を取りあげた．この青柳の旋律は，二段ともまったくの同音である．両流の旋律を比較してみるのも一興と思う．拍子数は同じであるが，旋律にはかなり異ったところがあるから注意．

（7） **高砂《たかさご》** 上記の長生楽ノ破の旋律を利用した歌，七段もある．各段の長さは，どれも拍子五．これほど段数の多い催馬楽は，他に見られない．

その七段の各後半部の旋律は，ほとんど同じである．前半部の旋律はかなり異ったものもあるが，まったく同じのもある．旋律の面だけからいえば，第一・第二・第三および第七の四段を訳譜し，残りの三段は割愛してもよいくらいである．この歌の段数と拍子数とが多いのは，双調歌の葦垣(五段，拍子各七)に対抗させようとした結果らしい．

各段を，或いは二段ずつを，交代に唱うとか，唱い方をいろいろ研究してみるとよい．

なお，第一・第三および第五段の譜の中で，その歌詞を片仮名にし，括弧してある部分は，伴奏楽器なしで付歌が一斉に唱う所を示し，「助音」の所から，三管両絃，もしくは二,三の伴奏楽器を付けて，賑やかに唱うことにしていたように思う．たとえば，第一段の“たかさごの”を，別の旋律で付歌が唱い(片仮名で示した所)，「助音」から，楽器を加えて唱奏するわけである．この点は，葦垣の場合と同様，他の歌には見られない特徴と見てよい．

（8） **夏引《なつびき》** これも，仁明天皇の御作といわれている夏引楽《かいんらく》の序(黄鐘調，拍子二十三)の旋律を利用した歌である(第一段は拍子九，第二段は拍子十四で，合計拍子二十三にも及ぶ点に注意)．

しかも夏引ではなく，長引《ながびき》と称したくなるほど長い(八小節にもなんなんとする)「引」が，とくに第二段に，再三適用されている．

歌詞はおもしろい．唱う速度を研究する必要があるが，ただしノロテン・デレテンでは唱わぬように注意しなければならない．

（9） **貫河《ぬきがわ》** 夏引の第一段の旋律を利用した歌といわれているが，上掲の夏引は藤流のであるし，藤流の貫河は『三五要録』には載せてない．ここには，三五流の貫河を訳譜したものを掲げた．従って，この貫河の旋律には，上の夏引の第一段のそれと多少異ったところがあるのは，当然である．

三段ともまったくの同音で，歌詞はおもしろい．大宮人も，時には，このような歌を唱って楽しんでいたのであろう．

(10) **東屋《あずまや》** 第二段の句頭の旋律は，第一段のそれとはかなり変っているが，その他の部分の旋律は大体似ている．夏引・貫河の旋律に似た所もあるが，捨てがたい．

既掲の走井・飛鳥井・庭生・夏引・貫河・東屋の六首のどれにも，長い「引」(平調ホの)が含まれているのは，唐楽の延物から思い付いたもので，催馬楽にも，このような長い引を含んだ曲があるということを誇示したい気持が多分にあったのではなかろうか．この点から，私はこの六首の歌を「長引物」と称することにしている．

最後に，この後に附加した160頁の伊勢海について触れておきたい．これは，江戸時代の五拍子の平調歌の再興なるものがどんなものか，それが今日まで，ほとんどそのままの姿で放置されていることを，具体的に示す好個の実例として掲げたのである．この意味から，この訳譜は，当分は必要だと思っている．

『風俗訳譜』の中で，明治撰定の伊勢海は，似勢海《にせのうみ》とでも改称すべきものだと書いた理由も，122頁と160頁の伊勢海とを比較したら，単なる罵言でないことが明らかになると思う．

三度拍子の部

（1）　**何為**《いかにせん》　源流の催馬楽の「シャキンダチ物」の代表歌として真先に置いたこの歌が唱えれば，平調歌の三度拍子物の過半は，容易に唱える．

シャキンダチ物というのは，その句頭の旋律も，その歌の終末の囃子詞，シャキンダチヤの旋律も，ほとんど同じである点から，私がつけた名称で，次の七首，何為・插櫛・更衣・浅水・逢路・道口・鷹子の総称である．

ただし，本書に載せた更衣は三五説のもので，この中には入れられない．なぜなら，この流の催馬楽では，歌詞がシャキンダチではなく，サキンダチとなっているからである．源家説の更衣なら無論この中に入るわけだが，これは，『風俗訳譜』に載せてあるので青柳と同様に，載せないことにした．

（2）　**插櫛**《さしぐし》　この旋律の中間部には，頗る変った所があるが，その前後は何為と類似点が多い．

（3）　**大芹**《おおせり》　拍子三十四もある三度拍子物の中の最長の歌で，歌詞も旋律も頗るおもしろい．シャキンダチ物の旋律が大いに利用されているが，中間部の旋律は，まったく変った，独特のものである．適当なテンポで唱奏されたら，最後まで退屈しないで聴かれるだろう．佳作の一つ．

（4）　**我門尓**《わがかどに》　双調歌の席田に似た旋律句がしばしば現われるが，それが，他の平調歌と著しく異った感じを与える．三段からなる歌で，第一段と第二段の旋律はほとんど変らない．第三段の後半の旋律は，すこし違っている（この歌と次の二首，我門乎と大路とは，『三五要録』『仁智要録』では，五拍子に取扱っている）．

（5）　**我門乎**《わがかどを》　とくに歌詞はおもしろい．前の（4）我門尓とは，尓と乎との相異にすぎないが，その旋律は大変に違う．シャキンダチの句の全くない平調歌の一つ．

（6）　**大路**《おおほじ》《おおじ》　我門乎と同音の歌と附記されてあるが，かなり異った所がある．気持のよい歌．

（7）　**更衣**《ころもがえ》　既述のように，これは源流の更衣ではなく，三五流のものである．これによって，サキンダチ物の旋律との相違が大体わかると思うし，『催馬楽略譜』の更衣と比較してみるのも，一興であろう．

（8）　**我駒**《わがこま》　かねてから唐楽の胡飲酒ノ破や狛楽の林歌などの旋律が催馬楽に利用されているのに，より歌謡的な越天楽の旋律を利用したと思われる催馬楽が見当らないので，不思議に思っていた．或る日，我駒に利用されていたのではなかろうかと考え，早速，我駒の歌詞をつけてみたところ，考えていた通りの結果をみた．

そこで，我駒は越天楽の旋律を利用した歌であることがほぼ明らかになると同時に，『催馬楽略譜』にも，『三五要録』にも，『仁智要録』にも，申合せたように，我駒の譜を載せていない理由も理解できたのである．

「梁塵秘抄口伝集」における敦実親王の書かれた律歌の目録中にも，我駒の名は見出せないので，寛平の頃には既に，この歌は唱わないようになってしまったのか，或いは，その譜を載せないことにしたと見てよいであろう．しかし，それ以前には，相当唱われていたにちがいなかろう．

本書に載せた我駒の訳譜は，源流の三度拍子の打法を採用し，容由・突を適用して，催馬楽化してみたものであるが，寛平以前に唱われていた我駒も，これに近いものであったろうと推定される．

(9)　**浅水**《あさんず》　“トントロトトロ”の三行目の第二小節の「ト」の所は，『略譜』には「由」のように見える字が記入してあるが，私はこれを入節の変型と見る方が妥当と考えて，敢て入節とし，念のために括弧しておいた(その次小節の「ロ」の所の入節は，もちろん二拍間の普通の入節である).

この部分と“仲人立てて”の所の旋律には，他とはちょっと違ったおもしろいものがある．とくに，この「てて」の所の入節は，思い切った変化を与えていると思う．

その他は何為の旋律とほとんど変りない．平調歌の三度拍子物の中には，概しておもしろい曲はないように思う．

(10)　**逢路**《あうみち》　近江路とも書く．これも何為の旋律とほとんど変りない．

(11)　**道口**《みちのくち》　これも何為の旋律と，ほとんど同じである．旋律の面からいえば，逢路の場合と同様のことがいえる．

(12)　**鷹子**《たかのこ》　“粟津原”の部分の旋律が異っているくらいで，その他の部分は，何為の旋律と変りがない．しかも，道口の場合と同様に，あまりに歌詞を無視して，“ベンケ，イガナ，ギナタ”式になるように，シャキンダチ物の旋律を乱用しているので，多少修正しておいた．

(13)　**隠名**《くぼのな》
(14)　**鶏鳴**《とりはなく》
(15)　**加利夜須**《かりやす》**(酒)**

隠名と鶏鳴の二首の旋律は，『催馬楽略譜』にも『三五要録』にも『仁智要録』にも載せてない．ただ『古事類苑』楽舞部一 209-10 頁には，前者は拍子十，後者は拍子十一としてあり，どちらにも“近来これを用ゐず”と注がしてある．わざわざこのように注がしてあるからには，昔は唱っていたにちがいない．なんとかしてこの旋律を探りあてたいといろいろ研究してみたが，わからなかった．

ところが，昭和四十年に入ってから，狛平調調の名曲「加利夜須」の旋律が，まだどの平調歌にも利用されていないことに気がついた．そこで，その旋律をこの二首の歌詞に適用してみたところ，見事に成功した．二首とも歌詞は穏かではないが，旋律は林歌以上に平調歌に貢献していると考えられる.

狛平調調には，林歌と加利夜須の二曲しかない．どちらも頗る歌謡的で，思わず唱ってみたくなる旋律である．古昔の人達に好かれた曲にちがいないが，今の人々にも好かれるものを持っていると思う.

加利夜須は長保時代から俄かに有名になった曲と推察される．長保といえば一条天皇の時代で，藤原道長が大いに勢力を張っていた頃のことだが，その頃，「保曾久勢利《ほそくせり》」(狛壱越調の曲)を破とし，この加利夜須を急として，「長保楽」と称し，舞を作らせたと伝えられている．この破の旋律はおもしろくないし，不可解な所さえある．また長保楽全体の舞も平凡だが，加利夜須の旋律だけは光っている．長保楽を有名にしたのは，この楽章のおかげであるといってよい．加利夜須は，おそらく長保時代より以前，この曲が我国に伝来した当初から，すでに多くの人々に愛好されていたと思われる.

加利夜須の三ノ鼓の打法は，保曾久勢利の場合と同様，狛四拍子の打法が適用されているが，もとは無力蝦と同様に，唐拍子の打法を用いたと思われる．この方が遙かに曲を引立たせることから，十分考えられることだと思う.

なお，狛楽に「唐拍子」という名称が用いられている点は，注目すべきだと思う．唐楽にはこの打法を用いる曲は一つもないことから考えると，一層重要に思われてくる．盤渉調に編入されている剣気褌脱には，この打法が用いられたことがあると聞いたことはあるが，それさえ実際に適用された例を私は知らない.

雅楽の専門家は，しばしば，オゼ(於世)という言葉を口にする．オゼとは何かと問われると，満足な答が聞かれないことが多い．大曲中の或る楽章を挙げていろいろ説明する人もあるし，また蘭陵王破・春楊柳・合歓宴などをオゼの曲だとかオゼ吹の曲だという人もいるが，どこが普通の早物，たとえば越天楽などと異るのか，納得できる答が聞けることは少ない．オゼについては，274頁で触れるが，最近私には，上記の唐拍子という名称やその三ノ鼓の打法が，このオゼなるものに深い関係があるように思われてきた．これについては，他日詳しく書いてみたい.

なお，最後に次のことを断っておきたい．隠名と鶏鳴が出現したのは無力蝦と同じ頃と推察されるので，本来なら平調歌の三度拍子の部の劈頭におくのが妥当なわけだが，既述の通り，その旋律のわかったのがずっと後になってからのことなので，最後尾に置いた．また，加利夜須は平調歌全体に大きな影響を与えていると考えられるので，その笛・箆の音取および当曲の訳譜を，参考に附加した.

解　　説

第一章　催馬楽の三流

『胡琴教録 上』*に，

師説云，(中略)近来催馬楽三流也．一には大納言宗家の説．一には資賢卿．一は少納言師広等説也．皆これ格別也．付，絃時能々用意あるべし．

とある．第一の「大納言宗家の説」とは，『三五要録』**に「藤家説」と附記してある「藤流の催馬楽」であり，第二の「資賢卿」の説とは，『催馬楽略譜』***に載せてある「源流の催馬楽」である．第三の「少納言師広等説」とは，『三五要録』に源家説とも藤家説とも附記してない催馬楽と考えられるが，「師広等云々」については調べてみても明確でないので，本書では「三五説」または「三五流」としておく．ただ，この三五流が藤流の分派であることは，その曲に藤流の五拍子および三度拍子の打法****が使われていることによって明らかである．

しかし，「梁塵秘抄口伝集巻第十二」(岩波文庫『新訂梁塵秘抄』149 頁)に

いまゝた妙音院相国(藤原師長)の催馬楽御譜に，後世のためと定給ゆへ，源藤の差別いでき，私流々も申立るなり．親王(敦実)定給一流となん侍れども，代かさなりぬれば，その品めづらしく，人の心も私まんにつのり，流々なんなり侍るやと，無念の事どもなり．世しづまりぬる上はと申されき．資賢卿なん語り侍り．

とある．これによって，催馬楽は，もとは敦実親王に始まる源流しかなかったのであり，それが

源　　氏

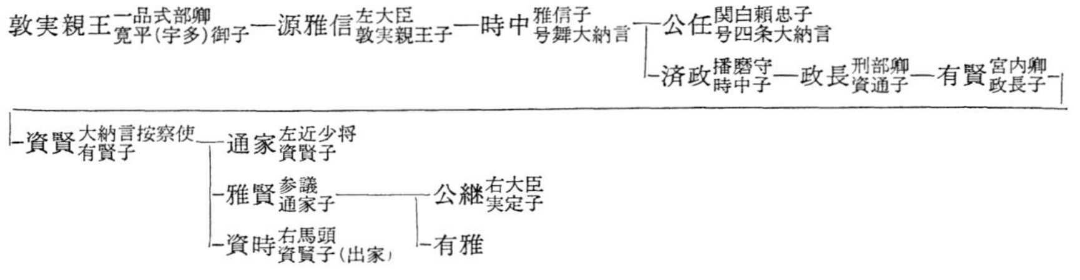

藤　　氏

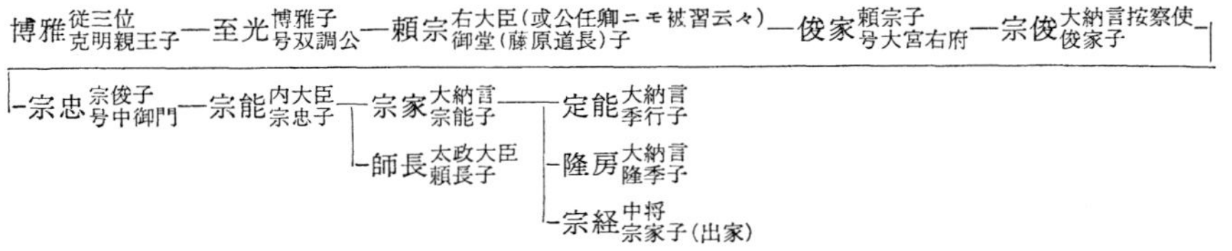

* 『古事類苑』楽舞部一 228 頁より引用．『胡琴教録』については，同書 120 頁『楽家録』「絃管秘譜名目略」に“琵巴之抄物也．撰者中原有安也．為信西之弟子也．孝道同代人也．”とある．

** 292 頁参照．

*** 289 頁参照．以後は省略して『略譜』と書く．

**** 248 頁および 249 頁参照．

平安末期に至って，藤流の催馬楽が出現し，やがて上述の三流になったことが明らかである．

『古事類苑』楽舞部一 228-9 頁には，「催馬楽師伝相承」として前頁のような系図が載っている．多少省略して引用した．

源氏とは宇多源氏のことで，これによって，源流・源家流，或いは源家説などという催馬楽の師伝・継承の跡が，かなりわかる．

藤氏の，藤流・藤家流，或いは藤家説などという催馬楽の師伝・相承は，宗俊辺までは疑わしいが，宗俊から定能辺までは信頼してよいと思う．

平凡社版『大百科事典』によると，宗俊(西暦 1046-97)は，「権大納言俊家の一男」で「承徳元年五十二歳を以て歿した」が，「和歌に通じ最も音楽に精しく笙，笛，箏，催馬楽，神楽等に通じ，一代の名流として後三条，白河両天皇の叡感を蒙り，堀河天皇の召に応じて御笛を教へ奉つた」という．

また宗忠(西暦 1062-1141)は，「宗俊の長子」で「永治元年八十歳を以て歿した」が，「在官六十年の長きに亙り，朝儀典礼に通じて重んぜられ，その日記は『中右記』と呼ばれ当代諸般の資料となつてゐる．学を好み詩に通じて『作文大体』を撰し，また神楽催馬楽の名手であつた」という．

ついで師長(西暦 1138-92)だが，悪左府と呼ばれた「左大臣頼長の二男」で「仁平元年十四歳で参議に任じついで権中納言従二位に進んだ．保元元年父の罪により除名，土佐国畑に流された」が「長寛二年召還されて本位に復した．琵琶の名手で後白河法皇の寵遇を得，仁安元年に権大納言に，翌年大納言に進み，安元元年に内大臣に任ぜられ治承元年一躍して太政大臣従一位に進められた．これより先，法皇の近臣として院の別当の職にあり，この頃，院旨を以て頻に平氏抑制の策を講じたので治承三年十一月平清盛のために解官の上，京外に追却され尾張の井戸田に移り出家して理覚と称した．翌年聴されて帰京し建久三年に五十六歳で歿した．妙音院と称した．琵琶の巨匠で嘗て炎旱に当り琵琶を日吉社に弾じて雨を得，雨大臣と称せられた．『三五要録』『要略』『仁智要録』『要略』『白馬節会鈔』等を著はした」という．

少し長くなったが，師長は，狛楽であれ，唐楽であれ，催馬楽であれ，風俗であれ，それらの本来の旋法を突きつめもしないで，すべて呂律化してしまった．この点については，後で詳しく述べるが，今日の催馬楽の衰退を来した張本人といえる．まことに悪左府の子に似つかわしい．

ところで，宗忠以前の藤流の催馬楽は，藤流の催馬楽と堂々と名のれるほどのものであったとは考えられない．それが，源流では唱わなくなった，或いは唱えなくなった歌，たとえば葦垣・葛城・石河・高砂・夏引・老鼠などを，唱い出してから認められるようになったと思われる．

源藤両流の張合いとなったといっても，『胡琴教録』が書いているほどの格別な相異があったはずはない．

第二章　雅楽の十二律

雅楽には十二の音高がある．これを十二律という．その律名を高度順に配列してみると，次図のようになる．

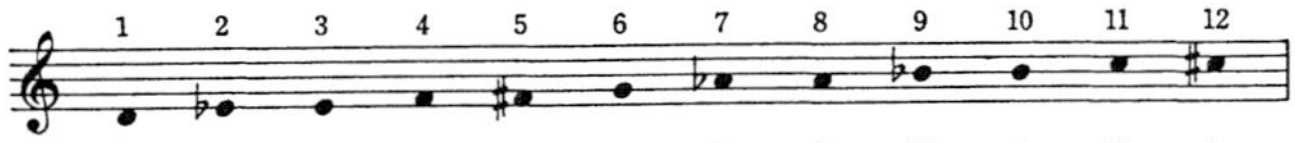

	1	2	3	4	5	6	7	8	9	10	11	12
律名	壱越	断金	平調	勝絶	下無	双調	鳧鐘	黄鐘	鸞鏡	盤渉	神仙	上無
音名	ニ	変ホ	ホ	ヘ	嬰ヘ	ト	変イ	イ	変ロ	ロ	ハ	嬰ハ

これらの律名を初めて見て，正しくよめる人はまずないであろう．「神仙」以外は，途方もないよみ方をするからである．この律名を正しくよめるようになるには，時間がかかる．しかも，上図のように，十二律がどの音名に該当するかを記憶するにはかなりの時間が必要であろう．音名では，「ニ」の半音上が「嬰ニ」，「嬰ニ」の半音上が「ホ」，「ホ」の半音上が「ヘ」というように連絡があるが，律名では，名前そのものには連絡がないので，二つの律名のどちらが高いのか，二者間が何度なのかを知るのは容易でない．

今から六十年も前，上野の東京音楽学校予科で，故内田粂太郎師の楽典の時間に，この十二律について教えられた私は，どうしてこのような名称をつけたのか，なぜ奇怪なよみ方をさせるのか，なぜまったく連絡のない名称を羅列したのかと不審に思ったが，とにかく楽典の試験によく出る問題だと聞いて，ただただ棒暗記したのであった．

ところが，その後，この無連絡の羅列と思っていた律名が，実はいいかげんに付けたものではなく，また異常なよませ方にしても理由あってのことだということがわかったのである．

まず，順八逆六の法と順六逆八の法について述べよう．

「順八逆六の法」とは，順八の法と逆六の法をひとまとめにして称したもので，「順」は上方への意であり，「逆」は下方への意である．「八」は八律，すなわち半音八つを意味し，「六」は六律を意味する．出発音(基音)から上方へ数えて八律高い音を得る．これを順八の法という．次に順八で得た音を新たな出発音として，今度は逆に下方へ六律低い音を得る．これを逆六の法という．この逆六で得た音を基点として再び順八の法を適用すれば，また新たな音高の音が得られる．このように順八の法と逆六の法を交互に適用してゆくのが順八逆六の法である．

順八は上方完全五度，逆六は下方完全四度のことであるから，順八逆六の法とは上方完全五度下方完全四度の法，簡単にいえば，上五下四の法である．**「順六逆八の法」**は，この逆で，上四下五の法である．

雅楽の十二律は，その前半が順八逆六の法によって得た音であり，後半は順六逆八の法によって得た音で成立している．

完全五度と完全四度の両音程は，完全八度(すなわち順十二・逆十二の場合も同様)の音程以外の中では，最もわかりやすい完全協和音程である．当面の二本の絃を同時に発音させ，その二本が完全に調和するようにしてゆけば，各基音から順次新しい音が得られる．このために，昔から雅楽の絃楽器の調絃には，この両音程が(時には完全八度の音程を利用することもあるが)利用されている．また笙の調律にも，Pianoforte の調律にも，Violino, Viola, Violoncello, Contrabasso 等の調絃にも利用されている．

順八逆六・順六逆八の二法によって調整した十二本の竹製の管を「**図竹**《ずだけ》」という．写真のように，最長の壱越の管から最短の上無の管まで，その長さによって順次配列してある．竹製であり，音高を図ることから図竹と称しているが，「律管」・「調子笛」ともいう．

この写真の図竹では，「断金」が「断吟」となっている．明らかな誤まりだが，これは律名のよみ方の音からきた誤まりであり，逆に，「断金」をタンギンとよんでいた証明になるといえよう．

ここで，雅楽の十二律の名称の由来とそのよみ方に移ろう．

(1) **壱**《いち》 **越**《こつ》 「壱」は十二律を得る出発点としての第１音であることを示し，「越」は，その第１音から八律越えていって次の音，それから六律下方に越えていってその次の音というように，順八逆六の法で渡り越えていって次々に音を得てゆくことを意味したものと考えられる．「越」をエツとよまずにコツとよませたのは，第1音から順八で得られる音が，笙の「乞《こつ》」の管の音高に当るためであろう．

(2)　**黄《おう》鐘《しき》**　壱越から順八で得た音．今なお大阪四天王寺の六時堂の前にある金色《こんじき》の鐘*の音高から得たようである．その頃は，この鐘も黄金色に燦然と輝いていたのであろう．これをオウショウとよむと，中国の律名の応鐘(上無に当る)と混同されやすいし，コウショウとよむと，やはり中国の律名の黄鐘(壱越に当る)と間違える心配がある．そこで，わざわざオウシキとよませている．

(3)　**平《ひよう》調《じよう》**　黄鐘から逆六で得た音．平常最も多く用いられる音高の音なので，最初は「平常」と書いたが，後に他の律名と揃うように「常」を「調」と改め，ヒョウジョウとよむことにしたのであろう．「平」は平安・平安京・平安朝を意味し，「調」をジョウとよむことによって，「平調」は平安城を暗示したのかもしれない．

(4)　**盤《ばん》渉《しき》**　平調から順八で得た音．「盤」をハチとよむと，(平常最も多く使われる平調から)八律上方へ渉《わた》って得た音という意になる．「渉」をシキとよませたのは，「盤」に晩秋の意を含ませ，シキによってその夕暮の色を示したからであろうが，また「黄鐘」に語呂を合わせてバンシキとよんだとも考えられる．

(5)　**下《しも》無《む》**　盤渉から逆六で得た音．逆六で下方に得られる音は，これより先に無いという意味である．そのことをはっきりさせるためにシモムとよむ．

(6)　**上《かみ》無《む》**　下無から順八で得た音．順八で上方に得られる音は，これより先に無いという意味であり，従ってカミムとよむ．前の下無と共に，中国の十二律の獲得法(222頁参照)と違ったものであるという点が，強調されていておもしろい．

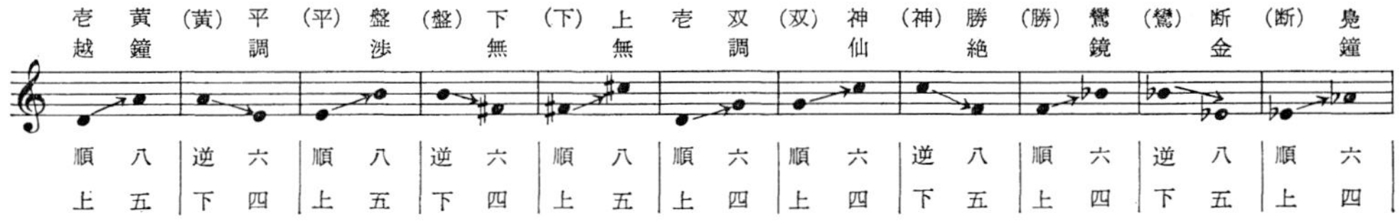

順八逆六の法で得られる音は以上ですべてである．すなわち，基音の壱越と黄鐘・平調・盤渉・下無・上無の五音である．この他の音は，すべて順六逆八の法によって得られる．

(7)　**双《そう》調《じよう》**　十二律の出発音「壱越」から，順六で得た音．壱越から順八で得た「黄鐘」に対して，双つ目であることから「双」の字を用い，これに「平調」にならって「調」の字をつけてソウジョウとよませたのであろう．なお，「双」の字は，これから順六逆八の法で得られる音

＊　『徒然草』第二百二十段に「……天王寺の舞楽のみ，都に恥ず」「当寺の楽は，よく図をしらべあはせて，ものの音のめでたくとゝのほり侍る事，外よりもすぐれたり．故は，太子の御時の図，今に侍るをはかせとす．いはゆる六時堂の前の鐘なり．その声，黄鐘調のもなかなり．」とある．ここの「黄鐘調」は旋法でなく音高を示す(詳しくは228頁の脚注参照)．なお「天王寺」とは，大阪市天王寺区にある四天王寺のことであり，聖徳太子の建立になる．

の双つ目の基音となっている点をも示しているのであろう.

(8) 神《しん》 仙《せん》 双調から順六で得た音.

(9) 勝《しょう》 絶《せつ》 神仙から逆八で得た音.

(10) 鸞《らん》 鏡《けい》 勝絶から順六で得た音.

(11) 断《たん》 金《ぎん》 鸞鏡から逆八で得た音.

(12) 鳧《ふ》 鐘《しょう》 断金から順六で得た音.

「神仙」は“神泉苑”からつけられたようである. 冨山房版『国民百科大辞典』によると,“神泉苑”とは「平安京ニ設ケラレタ天皇遊覧ノ御苑」で「延暦遷都ノ初, 桓武天皇創設シ給フ. 中央ニ大池アリ, 築山ヲ築キ, 石ヲ畳ミ, 池辺ニ正殿乾臨閣ソノ他ノ亭舎ヲ建テ, 竜舟ヲ浮ベ, 画橋ヲ架スル」とある. また, ここで大嘗会が行われたことも記されている.

神泉苑, 風光勝絶なり
　鸞鳥の舞姿映す鏡の如き池の面
おもむろに琴を執り, 弾吟また弾吟
　鳧飛び立ちて几几《しゅしゅ》然たり
突如響きわたる鐘の音

下線を付した部分でわかるように,「神仙」を“神泉苑”からとったとすれば,「勝絶」はその苑内の景色のすばらしさからとったものであろう.『大字典』によると,「鸞」とは「鳳の属. 神霊の精なり. 鶏身赤毛, 色五采を備ふ. 鳴く声五音に中る」とある. この「鸞」と称する鳥が鏡のような池の面に美しい姿を映したところから「鸞鏡」という名をとり, 鏡の名と誤まることのないようにランケイとよませたのであろう. この美しさに思わず琴を弾きながら詩を吟じた. そこから, 弾吟の二字を替えて「断金」とし, 鳧(鴨の別名)が飛び立つ几几《しゅしゅ》という音にハッとすると, 苑寺の鐘が鳴り響く, その鐘から「鳧鐘」の名をとったのであろう.

これは私の推測ではあるが, しかし, いずれにしても, 日本の十二律の名称の名付親は, まことに行届いていて, 用いた文字といい, そのよませ方といい, 細かい心遣いが払われている. この十二律の名称が確定する以前は, おそらく中国の十二律の名称を用いていたのであろうが, そのことを明らかにした文献を見ないので, 確たることはいえない.

中国の十二律の名称は, 次図のように, 陰暦の十二カ月の異称を利用したもので, 日本の場合に比べて曲がない. 出発音を「黄鐘《こうしょう》」とし, 三分一益・三分一損の法で得たものだそうだが, その点が日本の十二律と異なる. なお, この図では, 六小節で嬰トになっている蕤賓を七小節では便宜的に変イにしてある.

黄《こう》鐘《しょう》	林《りん》鐘《しょう》	大《たい》蔟《ぞく》	南《なん》呂《りょ》	姑《こ》洗《せん》	応《おう》鐘《しょう》	蕤《すい》賓《ひん》	大《たい》呂《りょ》	夷《い》則《ぞく》	夾《きょう》鐘《しょう》	無《ぶ》射《えき》	仲《ちゅう》呂《りょ》
壱	黄	平	盤	下	上	鳧	断	鸞	勝	神	双

律	呂	律	呂	律	呂	律	呂	律	呂	律	呂
陽	陰	陽	陰	陽	陰	陽	陰	陽	陰	陽	陰

『大字典』に，“音楽の調子を陰陽の二つに分ち，更に，これを十二ケ月に配し，以て時候の感応を候《うかが》う．”とある．その陽に属するものは，

黄鐘(十一月)　大蔟(正月)　姑洗(三月)

蕤賓(五月)　夷則(七月)　無射(九月)

以上六つを六律といい，また，その陰に属するものは，

大呂(十二月)　夾鐘(二月)　仲呂(四月)

林鐘(六月)　南呂(八月)　応鐘(十月)

以上六つを六呂という．この点から，律を音楽の調(子)の総名とする云々とある．

第三章　狛楽の三調(旋法)

狛楽(高麗楽)は，飛鳥時代(西暦 552-645)，高句麗《ごうくり》から渡来した音楽で，その主体は狛笛と篳篥《ひちりき》(篳篥)である．狛楽には笙は用いない．太鼓・鉦鼓は，唐楽の場合のように用いるが，羯鼓・壱鼓を使わない代りに，三ノ鼓と称する打楽器を用いる．この楽器の打法形式は，催馬楽に大いに関係があるが，それは第六章(247 頁)で詳述することにし，ここでは，狛楽の旋法について述べる．

狛楽には，狛壱越調・狛平調調・狛双調調と称する三つの旋法がある．このいずれの調にもついている「狛」の字は，二律，すなわち一音高いという意味を持っている．したがって，狛壱越調は壱越調より一音高い調，すなわち平調を第 1 音とする調(その点は平調調*と同じ)であるし，狛平調調は平調調より一音高い調，すなわち下無を第 1 音とする調(下無調**)である．同様に，狛双調調は双調調より一音高い調，すなわち黄鐘を第 1 音とする調(その点は黄鐘調***と同じ)である．ただし，このことから，旋法まで，狛壱越調と平調調，狛双調調と黄鐘調が，それぞれ同一であると考えては早計である．その点は，226 頁の図を参照して，半音の在所を検討すればわかる．

ところで，雅楽に用いられる三種の笛，狛笛・横笛・神楽笛から容易に出せる音を**「自然音」**という(次図参照)．したがって，いろいろと工夫しなければ出せない音は，不自然音と見なす．たとえば，狛笛の「五」穴で鳧鐘(嬰ト)を出すには細工が必要であるから，これは不自然音というが，同一穴で双調(ト)を出すのは容易であるから，この音は自然音というのである．

三種の笛の，各「亍《かん》」穴の音を第 1 音とする三種の自然音階の対照図を示すと****，

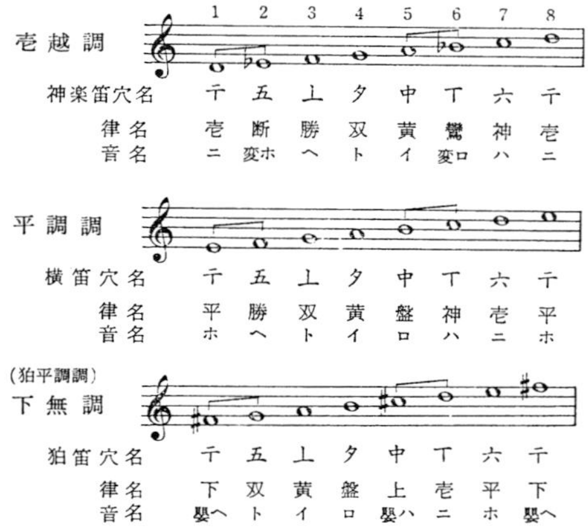

笛三種の各自然音階の対照図

＊　231 頁「平調調」の項参照．

＊＊　すぐ下の「笛三種の各自然音階の対照図」参照．狛平調調は，唐楽的にいえば，下無調になる．

＊＊＊　235 頁「黄鐘調」の項参照．

この三調は，いずれも，教会旋法*の Phrygian mode に一致している．

神楽笛は，大笛《ふとぶえ》・和笛《やまとぶえ》・神笛などとも称し，雅楽に用いる三種の笛のうちで，最も長い笛(長さ 45 cm 位)で，吹口(歌口)を別として六穴ある．この点は狛笛の場合と同様であり，最も低い音を出す笛である．

横笛は，唐笛《からぶえ》・竜笛《りゆうでき》などとも称し，長さ 40 cm 位で，吹口を別として七穴ある．神楽笛および狛笛の場合より一穴多い．三種のうち最もふとい笛で，唐楽にはもちろんのこと，催馬楽・風俗・朗詠・大和歌(倭歌《やまとうた》・大歌《おおうた》・大直《おおなお》日《ひ》歌《うた》等の総称)などに用いられる．

狛笛は，高麗笛とも書き，長さ 35 cm 位で，最も細く，短く，最も高い音を出す．歌口は別として六穴の笛で，おもに，狛楽に用いられる．近来は中管と称する笛(長さ 35 cm 位)の代りに，東遊にも用いる(東遊はこの笛を利用して作られた謡物である)．

こうして見ると，雅楽の諸旋法は，むしろ教会旋法に浅からぬ関係があるようである．これを一歩進めていえば，Lydian mode と Ionian mode 以外は，笛の自然音階を基調としたものではないかとも考えられる．

一つの音階を成立している七つの音がすべて自然音である場合，この音階を「**自然音階**」という．もしその中に，一つでも不自然音が入っていれば，これは自然音階とはいわないのである．

狛楽は，狛笛の自然音階を基調とした旋法で作られている．これは，極めて重要な点である．

狛楽のうち，催馬楽に深い関係があるのは，狛双調調の二種の自然音階である(次頁の図参照)．

狛双調調の音階は，狛笛の「上《じよう》」穴の自然音，黄鐘(イ)を第 1 音とする自然音階である．半音の在所に注意．第 3 音と第 4 音間，第 6 音と第 7 音間がそれである(277 頁の双調調呂旋の図を参照して，半音の在所を比較してみよ)．これは Mixolydian mode に一致している．呂旋**のように，第 4 音と第 5 音間，第 7 音と第 8 音間は，半音ではない．

この図の「1, 2, 3, …」という数字は第 1 音，第 2 音，第 3 音，……を示す．1 は「宮」または

＊＊＊＊〔前頁〕狛笛・横笛および神楽笛の各穴の音高は，Pianoforte の音より多少低い．ここでは，論を進める関係上，両者は一致するものとして筆をすすめるが，実際は多少違うことを承知しておいてほしい．ただし，一音・半音の間隔は，ほとんど違わないと見てよい．

＊　教会旋法(Church modes)は，西暦 400 年頃から 1500 年ないし 1600 年頃まで，西洋音楽の基調となっていた旋法で，約 1100 年ないし 1200 年間も，洋楽に強い影響を与えていた．我国でいえば，大和時代・仁徳天皇の御代頃から室町時代，もしくは江戸時代の直前ごろまでに当る．

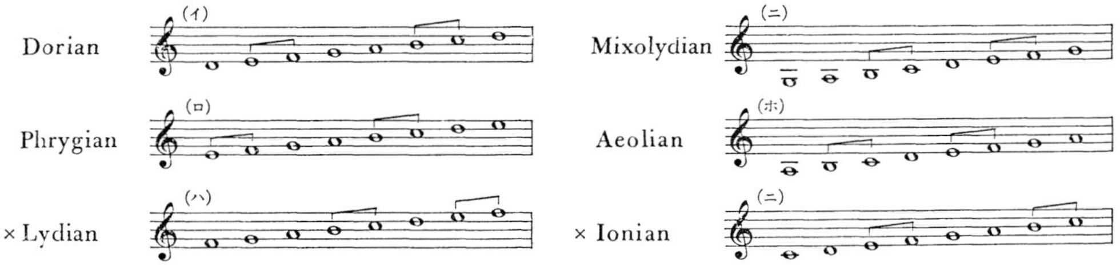

ただし，この中の㈡㈭は，そう古い旋法ではない(The Concise Oxford Dictionary of Music による)．
音高(pitch)より，半音の在所に注意．

＊＊　277 頁「呂旋」の項参照．

狛笛の自然音階から見た諸調

「主音」と見てよい． 5は「徵」または「主音」である． 8は1と同じである．「丄」「夕《しやく》」「中《ちゆう》」等は狛笛の自然音を示す．律名の段の「黃」「盤」「上」等は黃鐘・盤渉・上無等の略である． なお，×記号を附加してある所は不自然音を示している*．

ところで，もし狛双調調の音階を横笛で吹くとなると，その場合には自然音階とはいえなくなる．なぜなら，この音階の第6音を横笛の「五」穴で下無に吹くには，不自然な工夫をしなければならないし，第3音を「丅《げ》」または「六」で上無に吹くには，どちらの場合も，多少の工夫が必要となる．従って，不自然音となるからである．

次に，狛平調調の音階は，狛笛の「亍」穴の自然音・下無を第1音とする自然音階である．半音の在所は，第1音と第2音間，第5音と第6音間である．この二つの半音の在所に，十分注意しなければならない．これは Phrygian mode によく似ている．この調を律旋**の調と誤解している人が存外多いのは半音の在所に注意を向けないからである．もし，この調が律旋であるならば，第2音と第3音間，第6音と第7音間が半音となる．即ち，第2音は双調ではなく鳧鐘(嬰ト)に，第6音は壱越ではなく断金(嬰ニ)になるわけである．この二つの音は共に自然音ではない．

この音階の×印を附記した第3音は，「夕」穴の音の補助音として用いる時と，「夕」穴の音から下行する時の経過音として用いる時に限り，「丄」穴でその自然音である黃鐘に吹くが，第2音から第4音または第5音へ上行する所では，上行経過音として鳧鐘(変イ)に吹く．この音は不自然音であるが，比較的容易に出せる上に，頻々と用いられるので，むしろ自然音と見た方が妥

* 277 頁の図参照.
** 276 頁「律旋」の項参照.

当とさえ思われる．

この音階は，催馬楽の平調歌のほとんどの歌の旋法の基調となっている．この大切な点が，今日までわからなかったので，律旋の催馬楽とか，律歌とか，称していたのである．つまり律歌とは，狛平調調の音階を，その半音の位置が少しも変らないように，一音，すなわち二律ずつ低くして，横笛の「干」穴の音・平調(ホ)を第1音とした音階が基調となっている歌なのである．それ故，私は律歌といわないで，「**平調歌**」と称することにしている．

最後に，狛壱越調の音階は，狛笛の「六」穴の音・平調を第1音とする自然音階である．半音の在所は，第2音と第3音間，第6音と第7音間である．これは唐楽の平調律旋*の音階と同じであり，Dorian mode に一致している．

この音階も，狛笛で吹く場合には自然音階であるが，横笛で吹く場合には自然音階とはいえなくなる．なぜなら，横笛の「五」穴で出す下無も，「六」または「丅」で出す上無も，横笛では自然音ではないからである．

従って，この音階を，いいかえれば平調律旋の音階を狛笛で吹くのは容易であるが，横笛で吹くのは相当にむずかしくなる．この点を明らかにするために，前頁の図の最下段に，横笛の穴名を添加しておいた．

唐楽の双調調**の曲は，いずれも唐土からそのままの姿で伝来したものではなく，我国で他の調から移調したものであるが，狛楽の狛双調調の曲はみな，渡来したままの姿なのである．桜人・蓑山の母体である地久ノ破急，紀伊国の母体である白浜，登天楽および蘇志摩利の四曲はこの調のもので，これらを唐楽的にいえば，黄鐘調の曲である．

また，平調歌の老鼠(西寺ともいう)の母体である林歌《りんが》と，加利夜須《かりやす》(長保楽ノ急として用いられる)の二曲は，唐楽的にいえば，下無調の曲である．

以上の六曲以外の狛楽はすべて狛壱越調の曲である．いいかえれば，平調調の曲である．

なお，双調調と狛双調調の音階は，その各音の高度がすべて一音ずつ相違しているが，その旋法はまったく同一である．これに反して，平調調と狛壱越調では，第1音の音高は同一であるが，

狛黄鐘調

狛笛穴名	夕	中	丅	六	干	五	丄	夕
律名	盤	上	壱	平	下	双	黄	盤
音名	ロ	嬰ハ	ニ	ホ	嬰ヘ	ト	イ	ロ
〔横笛穴名〕	中	(六)	六	干	五	丄	夕	中

第二種
狛双調調

狛笛穴名	丄	夕	中	丅	六	干	五	丄
律名	黄	盤	神	壱	平	下	双	黄
音名	イ	ロ	ハ	ニ	ホ	嬰ヘ	ト	イ

*　276頁「律旋」の図参照．

**　230頁「双調調」の項参照．

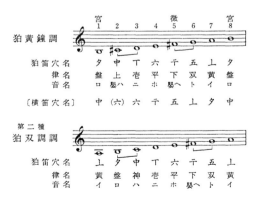

その内容，半音の在所はかなり異っている.

前掲の狛黄鐘調の図は狛楽にも催馬楽にも関係のないものであるが，唐楽にはかなり重大な関係があるので，ここにあえて附加した．図の狛笛の穴名と，下方に配列した横笛の穴名に注意.

この音階は，狛笛では自然音階であるから容易に吹けるが，これを横笛で吹くとなるとかなりむずかしい．それは，横笛の場合には第5音が不自然音になるからである．第2音・上無も不自然音ではあるが，「六」穴で上無を出すのは，そうむずかしくない．従って，問題は第5音を横笛の「五」穴で出す，この音階の「徴」に当る下無にある．暫くの間なら，下無に吹けないこともないが，たとえば，万秋楽ノ破の初頭の場合のように，長く吹きつづける所の多い曲では，たいていの笛の専門家は終まで正しく吹きつづけていられなくなり，どうしても，低めになってしまうのである．このように盤渉調*の唐楽は，笛吹にとっては骨の折れる場合が多い**．これは，笛の専門家にとっては重大な問題である．どうしても盤渉調の曲を横笛で吹こうとすれば，「五」穴を「上」穴の方へずっと近寄せた笛を作って貰うか，さもなければ，狛笛で吹くことにする以外方法がない．そこで，この調の唐楽は，狛笛によって作られていたのを，後に横笛で吹くように変更したのではないかとも考えられる***.

227頁の狛双調調の図は，狛壱越調の曲を狛双調調に移調すれば，このようになることを，たとえば吉簡・石河・胡徳楽などを狛双調調へ渡せば，その第3音は，第1音の短三度の音，すな

*　236頁「盤渉調」の項参照.

**　『徒然草』第二百十九段に次のようなことが載っている.

四条黄門命ぜられて云はく，「竜秋は，道にとりてはやん事なき者なり．先日来りて云はく，「短慮のいたり，きはめて荒涼の事なれども，横笛の五の穴は，聊かいぶかしき所の侍るかと，ひそかにこれを存ず．その故は，干の穴は平調，五の穴は下無調なり．その間に，勝絶調をへだてたり．上の穴双調，次に鳬鐘調をおきて，夕の穴，黄鐘調なり．その次に鸞鏡調を置きて，中の穴盤渉調，中と六とのあはひに神仙調あり，かやうに間々に皆一律を盗めるに，五の穴のみ，上の間に調子を持たずして，しかも間を配る事等しきゆゑに，その声不快なり．されば，この穴を吹く時は必ずのく．のけあへぬ時は，物にあはず，吹き得る人かたし」と申しき．料簡の至り，誠に興あり．先達，後生を畏ると云ふこと，この事なり」と侍りき.

他日に，景茂が申し侍りしは，「笙は，調べおほせて持ちたれば，たゞ吹くばかりなり．笛は，吹きながら，息のうちにて，かつ調べもてゆく物なれば，穴ごとに口伝の上に性骨を加へて心を入ゝること，五の穴のみに限らず．ひとへにのくとばかりも定むべからず．あしくふけば，いづれの穴も心よからず，上手はいづれをも吹きあはす．呂律の物に適はざるは，人のとがなり．器の失にあらず」と申しき.

竜秋は笙が専門であったために，唐楽の主体である横笛が，「五」穴で勝絶に吹く場合の頗る多いことを知らなかったようである(224頁の図参照)．おそらく，呂律の旋法の面から唐楽を見ていたのであろう．笛の「五」と笙の「下」の不調和の原因は，笛の欠陥ではなく，笙には勝絶を出す管がないことにあったのである.

しかし，もし竜秋のいっていることが，盤渉調の唐楽曲の場合についてであれば，彼の指摘はまったく正しく的を射たことになる．既述のように(226頁の図参照)，下無は横笛では不自然音となるからである．したがって，笛吹はあまんじてその非難を受けなければならない.

盤渉調以外の曲で，時折「五」穴で下無に吹かなければならない場合があれば，竜秋がいったように，のくとか，その他の方法で十分間に合わせることができる.

なお，吉田兼好は，平調・双調以外の律名に，下無調・勝絶調というように「調」の字を附加しているが，これは音高を示すために用いたのであろう．もとより鳬鐘調・鸞鏡調などという調はあるはずがない，音名を示す場合の「調」の字は，チョウとよまずにジョウとよませている．しかし，現在は，調名を示す時以外は「調」の字を附加しないほうがよい.

わち上無ではなく，神仙(ハ)になることを示すために附加したものである．本来の狛双調調の音階の第3音は上無であるが，狛壱越調から移調した曲の場合には，その第3音は，上無の半音下の音になる．この点を指摘するために，あえて第二種の狛双調調として示したのである．これはDorian mode に一致している．

この章を終るにあたり，書いておきたいのは，狛笛の自然音階の面から狛楽を検討してみたのは大いによかったということである．これによって，狛楽の旋法の本体がわかったばかりではなく，結果として，催馬楽の本体を裏付ける旋法をも知ることができたのである．

***〔前頁〕『大字典』の7782(「盤」)の「盤渉調」の項目中に，“朱子語類「盤渉調，胡楽名也」”とある．盤渉調の唐楽曲は，横笛(唐笛)では無理だが，狛笛なら容易に吹ける曲が多い点について，合点のゆく言葉である．

第四章　催馬楽と唐楽の旋法

1. 双　調　調

次の双調調の音階の図を参照．半音の在所は，第3音と第4音間および第6音と第7音間である．すなわち，前章226頁で挙げた狛双調調の音階を一音低くしたものである．この音階のうちには，下無も上無も見出せない．その代りに，勝絶と神仙が登場している．従って，呂旋でも，半呂半律の旋法*でもない．この音階こそ催馬楽のいわゆる呂歌，すなわち本書で称する「**双調歌**」の基調となっている旋法で，双調調の唐楽もこの旋法を基調としているのである．

双調調の唐楽の大部分は，唐土伝来の壱越調の唐楽曲のうちから，我国でこの調へ移調したもので，陵王・胡飲酒・颯踏・入破・酒胡子がそれである．春庭楽・柳花苑の二曲は，仁明天皇の御代に，和尓部大田丸が，もと太食調**の曲であったのを，この調へ渡したものといわれている．つまり，この調は，いわゆる渡物《わたしもの》，すなわち移調した曲だけで成立している日本生れの新調なのである．(ちなみに，大田丸の移調の手腕は大したものである．春庭楽という曲名は移調の時，改称したのだと聞いているが，太食調の原曲の名を知りたいものである．)

横笛の自然音階から見た諸調

壱越調の唐楽を，双調調へそのままの姿で移すと，第3音は，盤渉ではなく，それより半音低い鸞鏡(変ロ)になるが，横笛の「中」の穴でこの音を出すことは多少むずかしいので，多くの場合，盤渉に変えている．横笛では鸞鏡は不自然音であるが，盤渉は自然音なのである．

催馬楽の双調調の旋法は，洋楽のト長調の音階の第7音を半音低くしたものと考えると便利で

---

*　278頁「半呂半律」の図参照．

**　233頁「太食調」の項参照．

ある．この旋法は，Mixolydian mode に一致しており，その第 3 音を半音低くすれば，今度は Dorian mode に一致してくる．*

2. 平　調　調

双調調の図につづく図は，横笛の「亍」の音高，すなわち平調(ホ)を第 1 音とする平調調の音階を示す．これには，図が示すように，四種の音階(旋法)がある．

まず，(一)の図を参照．半音の在所に注意．この音階は，既述の狛平調調の音階を，そのまま一音低くしたものであるから，唐楽系の旋法ではなく，狛楽系のものである．第 2 音は勝絶，第 6 音は神仙であるから，むろん律旋ではない．この音階こそ，催馬楽の平調歌の基調となっている旋法である．

次の(二)の図は，狛壱越調の音階を，横笛の「亍」の音を第 1 音とする音階に変更したもので，これも狛楽系の音階である．これを部分的に利用している催馬楽としては，走井・飛鳥井・我門尓などがある．この旋法は，唐楽でも，部分的ではあるが，太食調の曲にはかなり用いられている(合歓宴・還城楽・長慶子など参照)．これは平調律旋の音階と同じで，Dorian mode とも一致する．この音階は，狛笛で吹けば自然音階であるが，横笛では不自然音階となる．

(三)の図の音階は，唐楽本来の平調調の音階である．半音の在所は，第 1 音と第 2 音間，第 2 音と第 3 音間(ただし，第 3 音を「夕」すなわち黄鐘の補助音として，半音上の双調(ト)に吹く場合が稀にある．それ以外は，下無(変ト)に吹く)，第 6 音と第 7 音間である．この最後の半音の位置は，前掲の(一)の音階と異っており((一)の音階では，第 5 音と第 6 音間が半音である)，見落せない大切な点である．というのは，催馬楽の平調歌では第 6 音を神仙に唱うが，唐楽では第 6 音を上無に吹く．この区別を心得ていないと，平調歌の第 6 音は上無に唱わなければならないと強調するようなことになる．

平調調の唐楽とされている曲にも，第 2 音を下無に，第 3 音を双調に吹く所があるが，それは臨時的な場合にすぎない．やがて，元の平調調へ，すなわち(三)の調へ必ず復帰している．従って，この場合は，(三)の音階から(二)の音階への一時的転調と見るのが妥当で，唐楽的な平調調から狛楽的な平調調への暫時的な転調と見てよい．

これは，平調歌の場合にも，見受けることで，上に指摘した，走井・飛鳥井などの訳譜を参照すれば，転調後間もなく，元の(一)の音階に復帰していることも，その歌の終は，必ず(一)の音階に戻って終っていることもわかる．

なお，上掲の(二)の音階は，狛笛で吹けば自然音階であるから容易だが，横笛では簡単には吹けない．それは，不自然音が含まれてくるからで，太食調の唐楽では，横笛で正しく吹きにくい場合，試みに狛笛で吹いてみると，容易に吹けることがしばしばある．こうしてみると，太食調の唐楽には，狛楽的な，いいかえれば，狛笛には適するが横笛には適しない曲が，かなりあるこ

*　ここで断っておくが，呂律の旋法には必要であった階名，「宮」「商」「角」等々は，実際に則した旋法には面倒なばかりか，不必要なので，「宮」「徵」の二字以外は使用しないことにする．

とがわかってくる．

さて，(四)の音階の図を見てほしい．半音の在所は，第１音と第２音間だけである(この音階には第６音が欠けているからである)．この第６音を含まぬ音階を基調としている歌は，十四首しか伝わっていない「風俗」だけである(『風俗訳譜』を参照)．この音階の第２音が勝絶ではなく，下無ではないかと思う人があるかもしれないが，横笛の自然音階の面から考えれば，これは勝絶である．

以上で，四種の平調調の音階についての凡その説明を終ったが，なお(一)の音階については次のことを付け加えておきたい．

催馬楽の平調歌の第６音は，初期の間は，狛楽の林歌・加利夜須の場合のように，第７音の補助音として以外には用いず，第８音(宮)へ上行する時にも，宮から下行する時にも，第６音ではなく第７音を利用していたようである．風俗の音階のように，この場合には，平調歌も七声ではなく，六声音階の唱物となるわけだが，これは，注目すべき点である．従って，老鼠・我門乎などは，六声音階の催馬楽ともいえる．もちろん，第７音の補助音として用いる場合の第６音は，埒外においてのことである．更衣・何為なども，もとは六声の催馬楽だったのかもしれない．

平調歌が七声の催馬楽になったのは，唐楽の旋律・旋法を取入れた平調歌，たとえば走井・庭生・夏引などが出現してからのことではないかと思う．それ以来，上記の更衣・何為などは，宮(第１音)へ上行する所では第７音を唱い，宮から第５音へ下行する所では第６音を経て徴へ移ることに，すなわち，七声の平調歌に変ったのであろう．

平調歌には時々，第２音を下無に唱う所が出現するが，これは一時的転調の場合と見るべきである*．

＊　これは勝絶が第一義的な重要音として大いに唱われるのに対して，下無は第二義的な音にすぎないからである(241 頁「平調歌における転調」参照)．このことは注目すべき事実なのだが，見逃されている．一つには，現今伝えられている旋法の中に勝絶という自然音を含む旋法が皆無であることにもよるが，笙にはこの音を出す管がないことが大いに影響している．現今伝えられている旋法は，どれも笙から出る音だけを土台としている．それほど重要でない下無がどの旋法にも現われる原因もここにある．

勝絶を最も多く含むのは，壱越・平調・双調・黄鐘の四調の唐楽であり，勝絶をほとんど含まないのは盤渉調の唐楽で，これに次ぐのは太食調の唐楽である．盤渉調の唐楽で笛・篳が勝絶に吹く所は，転調のある場合だけで，それ以外は下無に吹く．太食調には，比較的多く下無に吹く曲がある(たとえば，抜頭・合歓宴・長慶子など)．しかし，これらの曲の終結は，たいてい平調調の(三)に移動し，勝絶から平調に解決している．

以上の諸点は，上記の四調の唐楽の曲を，笙の単竹奏(264 頁参照)で三管合奏してみるとよくわかる．笛篳が，笙の「下」の管の音に調和するように吹いた時，そこの旋律が不自然になる所があったら，そこは下無ではなく，勝絶に吹くのである．この方法は極めて具体的で，しかも得る所が多い．

なお，勝絶を含む旋法が一つもない原因としては，他に，昔の笛の専門家が，横笛の「五」穴では常に下無に吹くと，不用意な言を吐いたこともあると思う．大神惟季の『懐竹譜』を見ても，その辺のことがうかがわれる．惟季ほどの笛の名人が，壱越・双調・黄鐘の横笛譜における「五」を下無に吹いていたとは，とうてい考えられない．恐らく，実際には勝絶に吹いていながら下無に吹くと答えたか，勝絶に吹いているのに下無に吹いているつもりであったかであろう．今日でも，笛・篳の専門家にはそのようなことがあるから，想像できないことではない．

上近礼の唐楽の集合譜を見ると，笙譜においては，笛・篳が勝絶に吹く所に対しても，下無に吹く所に対しても，共に「下」という字符でその合竹(264 頁参照)を示している．この点も，案外知られていない．

3. 太　食　調

平調調はすでに230頁(三)の旋法の曲で満員状態である．そこへ，多少毛並は異っているが，平調を第1音とする曲が続々と出現してくる．どうしても今一つの調を新設し，それらの曲を収容する必要が痛感され，かくして生れたのが太食調であろう．「太食」の二字は，もちろん律名ではない．昔，アラビア地方にあった大食国の音楽を取入れたのが元だという説もあるが，証拠がないし，信用できない．私は，「大」食調と書いてある譜本もあることから，次のような根拠で付けた名ではないかと思う．

第1音が平調(ホ)の曲ならば，素性など問わずにともかく詰め込んでおき，後で整理するつもりであったところ，曲数は増えるばかりで，容易に整理がつきそうにない．そこで，いくらでも詰め込める意味から大食調といったのが，ついにそのまま残ったのであろう．オオグイ調とかタイショク調とかよまれては品位がないし，盤渉調などと語呂を合わせる意味からもタイシキ調と呼ぶことにした．これなら，上品で重々しい調名に聞えるというわけであろう．

現在，太食調に編入されている唐楽は十二曲で，存外少ない．つまらぬ曲は間引いてしまった結果であろう．それにひきかえ，平調調に収められている曲は十八曲にも及ぶ(古譜には二十二曲も載っている)．古譜のは別としても，平調を第1音とする曲は，太食・平調の二調を併せると三十曲にも達するわけである．曲数について，他の四調との釣合からいえば，やはり太食調が必要であろう．

太食調と平調調の曲の相異点を訊いても，まず満足な答は得られないであろう．もともとこの両者の区別は，旋法上から付けたものではない．従って，太平楽ノ破(武昌楽)のように便宜的に入れたものもあるし，いろいろな曲が入っている．旋法上からいえば，輪鼓褌脱・仙遊霞などは，当然平調調に入れるべき曲である．

あえて，この両調の相異をいえば，太食調の曲では，第2音を勝絶ではなく下無に吹く所が多く，従って第3音は双調に吹く所が多い．つまり，狛壱越調的(平調律旋的)な所が多い．これに対して，平調調では，第2音を勝絶に吹く所が多く，従って第3音を下無に吹く所が多い．つまり，律旋的な所がほとんどない，という点であろう．

4. 乞　食　調

乞食調という調名は，昔用いられていたが，これも平調を第1音とする曲であるため，後には，全部太食調に併呑されてしまった．乞食調は，コツジキ調とよませていた．この名称は，この調の笙譜から考えついたもののようである(現在は太食調に入っている還城楽の笙譜参照)．還城楽は，乞食調の代表的作品と見てよい．この譜に見出せない笙の字符は「比《ひ》」だけである．「比」の音は神仙であり，字符としては最高音のものである．笙の字符をその最低音から高度順に並べると，「乞一工《く》几《ぼう》乚《おつ》下十《じゆう》美《び》行《ぎよう》(比)」となる．乞食の二字は，乞うて食べる意にとらないで，「乞」から食べ始めるという意にとれば，順次に「行」(乞の八度上の音を出す)まで食べていったが，さすがに満腹したのか，あるいは霞を食べて生きている神仙(比)だけは敬遠したのか，とにかく九字符までも平げる健啖ぶりを示して乞食調と名づけたのであろう．

この調名は太食調より以前にすでにあったようである．本来は唐楽でない曲を，たとえば，還城楽・抜頭・輪鼓褌脱などを我国で唐楽化して，それを(その第1音が平調なので)この調に収め，平調調の曲と区別していたのであろう．

5. 性調と道調

第1音が平調である調としては，この他に，「性調」と「道調」という名称を文献に見受けることがある．性調というのは，旋法上から設けた調名ではない．千金女児とか長命女児とか，或いは王昭君とか，女性を讃美する唐楽曲を，このような名称の調を設けて，性別的に収容しようとしたものである．

道調は，太食調の別名で，乞食調・太食調の名称を嫌った人が考え出した調名であろう．私はこの調名には同調しかねる．黄鐘《おうしき》調・盤渉《ばんしき》調・太食《たいしき》調と，シキの調が三つも続いて口調もよいし，唐楽の三シキ調などともいえて便利だからである．

6. 壱　越　調

次図を参照．半音の在所に注意．第2音と第3音間，第6音と第7音間が半音である．この調は呂旋の調と誤認される場合が多いが，笛孜が第4音を鳧鐘に吹く所など皆無であることから見ても，決してそのようなことはない．第3音を勝絶に吹く場合は多いが，下無に吹く所は少ないし，臨時的な場合にすぎない．もっとも，数小節にもわたって下無に吹く所があるが，それは盤渉調へ一時転調している部分である．この場合には，第4音を双調に吹き，第1音，すなわち宮である壱越の所を「六」穴で上無に吹く(入破の第3の百後から第8の百の辺まで参照)．

壱越調

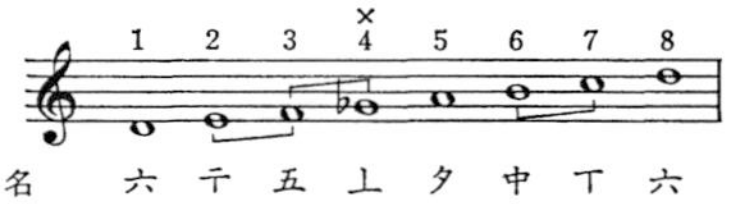

横笛穴名	六	丅	五	丄	タ	中	丅	六
律名	壱	平	勝	下	黄	盤	神	壱
音名	ニ	ホ	ヘ	変ト	イ	ロ	ハ	ニ

黄鐘調

横笛穴名	タ	中	丅	六	丅	五	丄	タ
律名	黄	盤	神	壱	平	勝	双	黄
音名	イ	ロ	ハ	ニ	ホ	ヘ	ト	イ

盤渉調

横笛穴名	中	(六)	六	丅	五×	丄	タ	中
律名	盤	上	壱	平	下	双	黄	盤
音名	ロ	嬰ハ	ニ	ホ	嬰ヘ	ト	イ	ロ
〔狛笛穴名〕	タ	中	丅	六	丅	五	丄	タ

水　調

横笛穴名	タ	中	丅	六	丅	五×	丄	タ
律名	黄	盤	上	壱	平	下	双	黄
音名	イ	ロ	嬰ハ	ニ	ホ	嬰ヘ	ト	イ
(狛双調調)〔狛笛穴名〕	丄	タ	中	丅	六	丅	五	丄

なお，第2音を下無に吹く句では第3音を双調に吹くことと，第2音を勝絶に吹く句では第3音を「丄」穴で下無に吹く場合が多いことは，注目すべき点である．

とにかく，「五」穴で下無に吹くのは臨時的な場合で，本来の壱越調の第3音は勝絶なのである．従って，唐楽の壱越調の旋法は，Dorian mode に一致するが，224頁の図の壱越調とは異っている．この方は，神楽笛の「亍」穴の音を第1音とする自然音階で，神楽歌の大部分は，この音階を基調としている．これは Phrygian mode に一致している．

7. 沙　陀　調

インド辺のどこかの国の音楽を「沙陀楽」と称していたのか，或いは笛の「六」の音高を沙陀と称したのか，いずれにしても，この調名の「沙陀」の二字の意味は私にはわからない．ただ，「六」穴の音高を第1音とする横笛の自然音階の曲で，これは唐楽の出発点であり，我国に伝来してから改称して壱越調となった，その元の調名が沙陀調なのである．しかし，ここで使われた笛が，狛笛に似たものか，横笛に似たものか，その点も私にはわからないが，この音階が Dorian mode に一致している点は注目してよい．

沙陀調の曲とは，

(1)安　摩　(2)林色乱声　(3)羅陵王　(4)弄　槍　(5)菩　薩
(6)十天楽　(7)渋河鳥　(8)最涼州　(9)壱徳塩　(10)安楽塩
(11)迦陵頻　(12)新羅陵王　(13)新楽乱声

等であったとされている．これらの曲には羯鼓は用いなかったと考えられる．もっとも，後には，羯鼓に替えた曲も多少はあるようである．

ところで，何人が書いたのか未詳である笛の本譜——唐楽および狛楽のほとんど全部の曲を網羅してある——の古譜の注に，

沙陀調　律，壱越為宮，平調為商，勝絶為妥商，双調為角，黄鐘為徴，盤渉為羽，神仙為嬰羽，云々

とあった．これは，意外な発見で，これによって，沙陀調を壱越の律旋の調と見ていた人がかなりあったことを知ったわけである．もっとも，その後につづいて

壱越調　呂，壱越為宮，平調為商，下無為角，鳧鐘為変徴，黄鐘為徴，盤渉為羽，上無為変宮．

とあったのには，がっかりした．

8. 黄　鐘　調

黄鐘調は，横笛の「夕」の穴の音高，すなわち黄鐘を第1音とする自然音階である(前頁の図参照)．半音の在所は，第2音と第3音間，第5音と第6音間である．従って，律旋ではない(276頁の図参照)．第六音は下無ではなく，勝絶である．Aeolian mode にまったく一致している．

9. 盤 渉 調

盤渉調は，横笛の「中」穴の音高，盤渉を第１音とする音階である．これは自然音階ではない(234頁の図参照)．半音の在所は，第２音と第３音間，第５音と第６音間である．上記の黄鐘調の場合と同じで，従って，Aeolian mode とも一致する．

この調で最も注意すべき点は，笛の「六」穴で上無に吹く所が頗る多く，壱越に吹く所が非常に少ないことである．この穴で壱越に吹くことは，転調のある場合のみである．従って，この音階の第３音は，たまにしか必要のない音と考えておかなければならない(「六」穴で吹く上無は自然音ではない，壱越に吹く場合には，自然音となる)．

近来，この調の笛譜における「六」を，軽卒にも壱越に吹く人が多くなってしまい，このために，本来の盤渉調の特徴が，ほとんど喪失しかけている．従って「六」穴で壱越に吹く転調の独特の妙味も失われてきた．これには，この調の唐楽の笙譜を書いた古人にも責任の一半はある．

笙の「工」の六本合竹の塞孔《さいこう》(おさえ)はとくにむずかしいばかりでなく，この合竹から他の合竹へ移すことも，他の合竹からこの「工」の合竹に移すことも，容易ではない*．そのために，乱暴にも，笛篳が上無に吹く所を「工」を用いないで「凢」で押通してしまった所が多い．このようなことをしたのは，古人ではなく，江戸時代の笙吹の仕業かもしれないが，とにかくこのために盤渉調は崩れてしまった．

なお，盤渉調から黄鐘調へ渡した曲，たとえば青海波・千秋楽・越天楽などの笛譜には，当然「中」穴を示す字符でなければならない所へ，それより半音高い音を示す字符「丅」を用いてあるのが，よく見られる．これは，盤渉調では「六」で上無に吹くべき所なのに，それを壱越に吹いていたことを示している証拠である．もし，「六」で上無に吹いていたら，こんな，奇怪な非音楽的移調をするわけがない．移調の役を引受けた笛吹は，その当時の相当の人であったろうから，上に指摘したような笛吹は，相当多かったにちがいない．試みに青海波などを調べてみるとよい．私には，黄鐘調の笛の音取からして奇妙に思われる．今後の笛譜には，壱越に吹く「六」か，上無に吹く「六」か，譜に明示しておく必要があろう．

附言しておきたいのは，第２音を経て第１音へ解決する時に，篳では第２音を上無ではなく，神仙に吹く人が多いが，この方が感じがよい．笛吹の一考すべき点であろう．

また，第三章(228頁)で触れたことであるが，この盤渉調の唐楽を狛笛で吹けば，狛笛の「夕」穴の音を第１音とする自然音階で吹くことになるから，とても容易になる所が多い．興味ある研究である．

なお，盤渉調の唐楽に，剣気褌脱という自由奔放な小品があるので，この曲について，すこし触れておきたい．この曲は盤渉調から壱越調へ転じたかと思うと，急転復調する．復帰したかと思うと，またまた壱越調へ急転するというように，壱転盤転する曲である．

＊ 263頁の「催馬楽と笙」の伴奏の項参照．

もちろん，ノロテンで羯鼓を用いたのでは，おもしろ味はわからない．ハヤテンで，壱鼓か三ノ鼓で，唐拍子打法* を打ってゆかなければ，駄曲と勘違いされやすい．この曲といい，輪鼓褌脱といい，褌脱の二字の附加されている曲は，南国的で，赤裸々な国の音楽を唐楽化したもののようである．曹娘褌脱も多分，そういう曲だったのであろう．

10. 水　　調

水調は，黄鐘調の場合のように，横笛の「夕」穴の音・黄鐘を第1音とする音階である(234頁の図参照)．半音の在所は第3音と第4音間，第6音と第7音間であり，従って，Mixolydian mode の場合と同じである．もちろん呂旋の調ではない．

水調というのは律名ではなく，我国で新調した調名で，今日では，この名称は用いない．この調の曲とされていた曲はすべて黄鐘調に包含されている．

どうしてこのような調名をつけたのであろうか．拾翠楽の翠の字を取って翠調と書いていたのが，後に，この字の代りに「水」の字を用いるようになったのであり，拾翠楽がこの調の代表的なものである点から，この曲を含む調であることを暗示したのであろう．

拾翠楽(破急の二楽章からなる)は，もとは，たしかにこの水調の旋法の曲であったにちがいないが，今日，演奏される笛譜の拾翠楽は，水調の旋法ではなく，黄鐘調の旋法に近いものである．この点からいえば，私の説は独断となるが，この曲を，本来は水調のものであったと暫く仮定して，横笛ではなく，狛笛で吹いてみると，初めは狛笛によって作られた曲であり，後に，それを横笛で吹くように黄鐘調化したものであることが，明らかになる．横笛で水調の旋法に吹くことは，「丅」で上無，「五」で下無に吹くわけだから，かなりむずかしい(二つとも不自然音である)．それを吹きやすくするために，黄鐘調化してしまったのが，今の拾翠楽なのである．

黄鐘調の曲目のうちに見出される鳥ノ急《とりのきゆう》もまた，水調旋法の曲である．

以上によって，現在の黄鐘調には，昔の水調と本来の黄鐘調の二種の旋法の曲があること，昔の拾翠楽は水調の曲であったこと，水調は我国で新調した調であることが明らかになったと思う．

ちなみに，笛の古譜に，平蛮楽を水調の曲としてあるが，これは首肯しかねる．部分的にそのような所はあるが，大部分は黄鐘調的である．

催馬楽の平調歌の伊勢海が，拾翠楽に，音楽的に深い関係があるように書いた文献を見たが，これは，貝や玉を採る意の「拾《ひろう》」の字と，海を思い出させる翠《みどり》の字とから作りあげた臆説にすぎない．文学的に関係はあるかもしれないが，音楽的にはまったく無関係である．

11. 角　　調

水調のほかに，どう解釈したらよいのか困る調名が盤渉調の一角にある．角調なるものが，それである．曹娘褌脱・遊字女・白柱の三曲は，盤渉調の唐楽ではなく，角調の曲だという人がか

---

*　250頁「唐拍子」の項参照．

なりあったが，どこがどう違うのか，説明してくれないし，説明をした文献も見られない．上記の三曲のうちの白柱だけは，教えられたことがあるので，丹念に検討してみたが，盤渉調の他の曲と旋法上，別段に異った所は見出せなかった．

皮肉なことに，見出せたのは，この曲の笙譜と琵琶譜とがいかにひどいものであるかということだけであった．この両楽器の譜は，笛篌の吹く盤渉調独特の調性を打毀するために書いたようにさえ思われた．具体的にいえば，笛篌が上無に吹く所へ，乱暴にも，笙譜には壱越に当る「凢」を，琵琶譜には「十」または「也《や》」(どちらも壱越に当る字符)を適用している．それをもって，白柱は角調の曲だと主張する向があるとすれば，それは問題外である．

白柱の「柱」という字は，枉の字の書き誤りか，或いはうっかり点を附加してしまったのかもしれない．そうだとすれば，外見は白く立派に見えるが，実はまがり，ひねくれた，よごれやすい柱を暗示するのかもしれない．とにかく，こういう疑点のある曲といい，曹娘褌脱といい，遊字女といい，唐楽の曲名としては，ふさわしくないという人が多く，問題になりがちなので，これを盤渉調に収めておきかね，その一角に，角調と称する調を別に新調し，そこへ収めることにしたのかもしれない．ここの「角」の字は，もちろん，雅楽の階名の「角」とはまったく関係のない別格の角である．

12. 総　　括

雅楽には呂旋に該当する曲が皆無なことはすでに明らかになったと思うが，以下に，それ以外の旋法に該当する雅楽を，今一度整理してみよう．

（イ） 狛壱越調　律旋に該当．226 頁の図参照．

（ロ） 狛平調調　これは律旋ではない．226 頁の図参照．

（ハ） 狛双調調　226 頁の図参照．

（ニ） 唐楽の壱越調　律旋に該当．234 頁の図参照．

（ホ） 唐楽の平調調　230 頁の平調調(三)の図参照．律旋に該当する曲は皆無．

（ヘ） 双調調　230 頁の双調調の図参照．

（ト） 黄鐘調　234 頁の図参照．律旋に該当する曲は皆無．もと水調の曲といわれていた拾翠楽・鳥ノ急の旋法は 234 頁水調の図参照．

（チ） 盤渉調　234 頁の図参照．律旋に該当する曲は皆無．

（リ） 太食調　230 頁の平調調(三)の図参照．ただし，この調には平調調(二)の旋法(律旋)に該当する曲，およびそれに近い曲も含まれている．

次に挙げるものは(催馬楽の平調歌を除いて)，催馬楽にあまり関係がないため，本書では十分説明する余裕を持たないので，簡単に結論だけ述べておく．

唱物，催馬楽の平調歌，朗詠，大歌，倭歌，大直日歌，田歌《たうた》　226 頁の狛平調調の図を参照した上で，230 頁の(一)(二)(三)(四)の図およびその解説を参照．これらの歌には律旋に該当するものは皆無.

東遊　226頁の第一の図および234頁水調の図参照. 東遊の駿河歌以後の楽章では, 第3音を上無(嬰ハ)ではなく神仙(ハ)に唱う所が多い. そのため, 黄鐘調への転調と思われやすいが, 第6音は勝絶ではなく下無に唱うのだから, 転調と見るわけにはいかない. 東遊を呂旋の歌と思っている人があるが, 誤解である. 東遊の和琴には, 上無に当る音はあるが, 神仙に当る音は含まれていない.

久米歌　234頁の壱越調の図参照. ただし, 第4音は双調であり, 第3音はまったく唱われない. 律旋に近い. 従って Dorian mode に近い. 一時, 久米歌を五声音階の曲としようとして, その旋法が頗る曖昧になりかけた時があった. そのために, 唱奏の都度, 付物の笛悠が悩まされたが, やがて旧に復した.

神楽歌　224頁の壱越調の図および280頁の神仙調の五声音階と六声音階の図と, その解説参照. この和琴には, 神楽歌にとって重要な神仙・勝絶・断金の三音は含まれていない. 歌の旋律に一致するのは, 一・二・三・五の四本の絃の音だけである. 第四絃はまったく関係のない音であるし, 第六絃は極めて稀に歌に一致することもあるが, まず邪魔になる音である.

第五章　催馬楽における転調

1. 双調歌における転調

(1)双調歌の第7音は，普通勝絶に唱うが，これを下無に唱う場合がある．旋律にほんの一時的な変化を与えるにすぎないのであるから，転調というのは多少大袈裟な感じもするが，その効果からいえば相当なものがある．

この転調のヒントは，いろいろな所から得たものらしく，例えば，双調調の唐楽における笛の品玄《ぼんげん》(笙・篴の調子にあたるもの)中の旋律句

　　　　　　チ
タ　ア　タ　ア　ラ　ロ　ヲ
丄　　　五　　　亍　丅中

または，同調における篴の調子の第二句および第三句の中の旋律句

テ　ラ　ロ　ヲル　レ　ラ　リ　引
丄　一　工　　六　丄　一　六

さらには

タ　ア　ロ　ヲル　リ　ロ　リ　引
一　　　工　　五　六　工　六

とか，太食調の還城楽・合歓宴などに見られる篴の旋律句などが参考になったようである．

また，これを双調調から狛壱越調への転調と見ることもできる．洋楽でいえば，並行調への転調，すなわちト長調からホ短調への転調のようなものである(230頁第三の図参照)．

なお，この転調を含む句の旋律的進行は，狛壱越調の曲でしばしば聴かれる篴独特の旋律句を巧妙に取入れたものとも考えられる(狛楽の納曾利ノ破急の篴譜参照)．

この転調を利用している双調歌としては，桜人・山城・此殿者・鈴之河等がある．訳譜には，臨時記号として嬰記号が使ってある．

(2)双調歌では，第1音(宮)から始めて，第6音を平調(ホ)より半音低い断金(変ホ)に唱ってから第5音へ下行する所がしばしばあるが，それがすぐ再び第1音に上行する所では，今度は普通の場合のように平調に唱う．訳譜で変記号と本記号が出てくる所がこれである(桜人6頁および蓑山67頁参照)．これは転調とまでいえないかもしれないが，便宜上，ここに入れておく．

(3)蓑山にしか見られないのだが，双調調から勝絶調への転調がある．洋楽でいえば，ト長調からヘ長調への転調のようなもので，これこそ転調らしい転調といえよう(67頁の第8の「百」*後を参照)．

蓑山の第10の「百」の直後から第12の「百」までの間では，第2音を黄鐘(イ)ではなく，それより半音低い鳧鐘(変イ)に唱う所がある．陽性の調から陰性の調への転調といってもよい(眉止之女にもこれに似た所がある)．ただし，この場合には，第3音である盤渉(ロ)からではなく，

＊　246頁「5. 催馬楽譜における百」参照．

第4音神仙(ハ)から鳧鐘を経て，第1音(宮)へ解決させている．

これらの点から見てもわかるように，蓑山は催馬楽の中で最も異色のある曲であり，少し大袈裟にはなるが，日本の古典歌謡の中で，一頭地も二頭地も抜いている作品といえよう．

(4)以上の他に，第3音を鸞鏡に唱う所が時折あるが，これも転調の一つに数えられないことはない(源流83頁・藤流108頁および三五流109頁の難波海参照)．

なお，この他に，第7音を下無に唱う所があるが，この場合の下無は，第1音(主音)の「下方補助音」と見る方が妥当である．

この場合の下無と(1)の場合の下無から，ややもすると双調歌を呂旋の歌と考えがちだが，一方は下方補助音としての下無であり，今一つは転調の場合の下無であると承知していれば，誤る恐れはない(田中井戸70頁・眉止之女71頁・難波海83頁参照)．

2. 平調歌における転調

平調歌における転調は，平調調の(一)の音階から(二)の音階への転調(この時には第2音を下無に唱う)のみである(230頁の図参照)．この転調を利用した平調歌はかなり多く，走井・飛鳥井・庭生・高砂・我門尓等みなそうである．訳譜には嬰記号が使われている．

『略譜』では，この転調の所に「呂音」と附記してあるのを見受けるが，これは第3音を鳧鐘に唱えという指示ではなく，第2音を下無に，第3音を双調に唱えという指示と見なければならない．『体源抄』の撰者豊原統秋などはこの二字を発見して，わが意を得たりと大いに喜んだようだが，平調歌には鳧鐘に唱う所がある曲は一つもないことを知っていれば，惑わされる心配はない．

なお，我門尓は平調調の(二)の音階で始まる歌なので，とかく平調律旋の歌と考えられやすいが，第6音が上無(嬰ハ)ではなく神仙(ハ)であり，しかもすぐに(一)の音階になっている点と，三段の歌の旋律がいずれも(一)の音階で終結している点から考えれば，律旋の歌でないことは明らかになる．

ちなみに，我門尓の三段の各前半には，双調歌の青馬・浅緑などの前半の旋律を平調調化したような所が多分に見られる．このような平調歌と転調を含む平調歌を，私はすべて後期の催馬楽と見ている．

平調歌の場合にも，双調歌の場合と同様，勝絶は重要な音で，多く唱われるが，下無は転調の所だけに唱われる臨時的な音にすぎない．もっとも，それだからこそ，下無を利用することによって変化が与えられるのである．

なお，第7音を第1音の下方補助音として，半音高く，断金(嬰ニ)を用いてある所がある．伊勢海の第4の「百」から二小節目(122頁)，揷櫛の第9の「百」の直前(177頁)，源流の青柳の第二段の句頭に現われる(本書の青柳は三五流のであるから『風俗訳譜』51頁の青柳を参照)．

また，我門尓の第三段には，上行経過音的ではあるが，鸞鏡(嬰イ)に唱う所がある(186頁)．

最近，箜の各調の調子を検討してみたが，唐楽における転調については，まだまだ研究しなければならないことが山積している．催馬楽における転調は，箜の調子の場合のように複雑微妙ではないが，雅楽全体の見地からいえば，この問題は捨てておけない重要なものである．しかし，これについては他日に譲らざるをえない．

第六章　唱歌と五拍子・三度拍子

1. 狛楽・唐楽の唱歌

雅楽界では，「唱歌」の二字をショウカとよまないで，「カ」を濁音にし，ショウガとよんでいる．昔は，ソウガともよんでいたようである．

この唱歌なるものは，古昔《むかし》から，雅楽のうちの器楽，すなわち狛楽・唐楽の教習に重用されてきている，節唱法《ふしうたい》とでもいうべきもので，笛・篳の吹く，それぞれの器楽曲の旋律を，或る一定の詞《ことば》をつけて唱うことをいう．階名唱法《ソルミゼーション》(ドレミ等々の)に似たところも多少あるが，たとえば，「ト・ロ・タ」と唱う所など，必ずしも同じ音高の音と見るわけにゆかないように，唱うのに都合よく，口調のよいように，詞をつけて唱う場合が多いのである．

古昔は，一定の旋律には一定の唱歌の詞を適用していたようだが，やがて，家々によって，或いは流派によって，使用する詞が異ってきたことは(旋律そのものはほとんど変らない)，明治初期まで天王寺流・奈良流・京流などが使用した唱歌の詞の相異によって，理解できる．再び同一詞を使用するようになったのは，その後のことである．

2. 笛・篳の唱歌の詞と催馬楽への動機

明治以後に統一された，笛と篳の唱歌に用いる詞を次に挙げる．

笛の唱歌の詞							篳の唱歌の詞					
タ	ハ	ファ	ヤ	ラ	ア		タ	ハ	ファ	ヤ	ラ	ア
チ	ヒ	フィ	○	リ	イ		チ	ヒ	フィ	○	リ	イ
ツ	フ	○	○	ル	ウ		ツ	フ	フ	○	ル	ウ
○	○	○	○	○	○		テ	ヘ	フェ	○	レ	ヱ
ト	ホ	フォ	ヨ	ロ	ヲ		ト	ホ	フォ	ヨ	ロ	ヲ

笛の唱歌では，「ハ」「ヒ」「ホ」の三つは，普通の場合のように Ha Hi Ho と発音する時と，Fa Fi Fo と発音する時とがある．後者の場合には，笛の穴を当面の指でたたいて，Fa とか，Fi とか，Fo とかいうような効果を出すのである．この場合には，その片仮名の左側に，穴をたたく記号「ヒ」が附記されている．従って，その所では，「ハ」「ヒ」「ホ」は，「ファ」「フィ」「フォ」と発音し，この記号の附記してない所では普通に，ハヒホと発音して唱歌する．

篳譜の「ハ」「ヒ」「フ」「ヘ」「ホ」は，いつでも，「ファ」「フィ」「フ」「フェ」「フォ」と発音する．笛譜には，「テ」「ヘ」「フェ」「レ」「ヱ」の五字は見られないわけで，篳譜の方が，笛

*〔次頁〕 これらの唱歌の詞が，どのように適用されているかもっと詳しく知るには，52頁の地久ノ破，97頁無力蝦の原体，98頁吉簡，102頁地久ノ急，166頁老鼠の母体，207頁加利夜須の訳譜などを参照．それらには，催馬楽に深い関係のある狛楽の地久ノ破急・吉簡・林歌・加利夜須等の旋律に適用されている唱歌の詞が数多く見られる．

譜の場合より使用する片仮名の数が多いことになる．このような仮名が，笛譜と篳譜にどのように適用されているかを次に示そう*．

笛譜	トラ	ロルロ	タアロ	ラア・	トラハ	トヲロラルイ	タアロ	ラ・ア・
	六干	中夕中	干六	干	六干ミ	五上夕五上	干六	干
篳譜	チラ	ロルロ	タアル	ラア・	チラハ	テリレイ	タアル	ラア・
	六四	工五工	四六	四	六四ノ	丄丅一	四六	四

どれを見ても，単なる片仮名の羅列にすぎないと思う人が多いことであろう．それらの旋律を知っている笛の専門家にしても，その羅列された仮名の意味は分らないのである．もともとその文字自体に何等かの意味を持たせて使用したものではないからである．

だが，そこには，催馬楽の生れてきた動機が暗示されている．整然としたリズミカルな狛楽の演奏は，そのような音楽をいまだかつて耳にしたことのなかった古昔の我国の好楽者たちに，異常な感動を与え，その魅力的な旋律に驚嘆させられたに違いない．彼らは，その中の最も気に入った数曲の旋律を，三ノ鼓の打法を採用し，唱歌の意味のない詞をつけて唱ってみたところ，結構楽しめるのであった．そこで，この無意味な詞を，意味を持った我国の言葉による歌詞にしたならば，さらに一段と楽しいものになるに相違ないとして，その結果生れたのが，無力蝦**であり，老鼠であったと考えられる．催馬楽が出現した動機は実にここにあったのであって，器楽曲である狛楽の唱歌に暗示されたのであろう．

なお，参考までに，催馬楽の歌詞の中に見出す笛の唱歌の詞を，拾ってみよう．

(1) タリリタリ． 大　宮

(2) タラリラリ． 田中井戸

(3) タリチリラ． (源家説)酒　飲

(4) チリヤラ，タラリララ． (三五説)酒　飲

(5) タリリララ． (藤家説)酒　飲

3. 唱歌の重要性

狛楽・唐楽の教習では，今日でもなお古昔のように，その唱歌に重点を置いている．私自身も，若い頃には，これを，譜を見ないで，どんな曲でも吹けるようにするためのものぐらいにしか考えていなかったので，それほど重要なものとは思っていなかった．ところが，その後，単に曲を覚えこますのがその主眼ではなく，譜によってはとうてい表示できないいろいろの大切なニュアンスを，この唱歌によって教え込み，伝えるという重大な目的があることに気が付いてきた．そのおもな理由は，狛楽・唐楽の譜の記譜法は，洋楽の譜とはとうてい比較にもならないほど，幼

** 無力蝦の原曲が，狛楽の吉簡であることはその旋律を検討すれば明らかであるが，吉簡は曲が簡単な上に，唐拍子は誰にでもおもしろい．催馬楽の全曲を調べてみた結果，無力蝦はもっとも簡単な曲であるし，歌詞も庶民的で簡単なものである．したがって，この曲をその最初と考えるのがもっとも妥当だと思われる．つづいて，林歌に基づいた老鼠であったのであろう．

稚きわまるものなので，唱歌によって，それぞれの曲の本来の旋法をいつの間にか教え込んでいたわけである．

明治に入ってからは，その記譜法がかなり改良されて，それ以前の譜より格段に読みやすくなったが，まだまだ，改良を要する所は少なくない．

たとえば，既述のように，横笛の「五」の穴では，勝絶に吹く所と，下無に吹く所があり，「六」の穴では，壱越に吹く所と，上無に吹く所がある．また「丅」では，神仙に吹く所と，上無に吹く所があり，「丄」では，双調に吹く所と，下無に吹く所がある．このように，一つの穴で，半音違いの音ではあるが，ともかくも二つの音を出す必要がある事などは，洋楽の木管楽器を吹く人達の考えてもみなかったことであろう．

しかも，実際に横笛の穴名を教える時には，「五」穴は下無に，「六」穴は壱越に，「丅」は神仙に，「丄」は双調に吹くなどという人が多く，「五」穴では勝絶に吹く場合の方が多いとか，「六」穴は上無にも吹く所があるというように教える人はなかったのである．

いま考えると，無責任な教え方と思われるだろうが，そのようなことは問題にされなかった．これらの人達は，幼少の頃に，親や師から習った唱歌の通りに吹いていれば，(下無に吹く所か，勝絶に吹く所か，あるいは壱越に吹く所か，上無に吹く所かなど，気にしないでも)おのずと正しく吹きわけていられたのだから，記譜法など問題にする必要がなかったのである．従って，今もって，譜は明治に入って改良されたそのままである．

しかし，唱歌の教習に重点をおいている間は，このままでよいようなものの，それを軽視したり，等閑視したり，或いは，呂律の旋法に囚われる者が現われることなどを考えれば，せめて，穴名の傍に，正しい音高を指示することぐらいは必要であろう．たとえば，「六」の所には「壱」とか「上」とか，「五」の所には「下」とか「勝」と附記するようにすれば，狛楽・唐楽の本来の正しい旋法は譜の面からも，伝えてゆけるにちがいない．

ともかくも，今日の譜でさえこの程度のものであるから，平安時代の譜などは，ほんの心覚えにすぎないものだったわけで，とうてい譜とはいいかねるものと思ってよいのである．従って，現今の笛譜を見てその旋律を正しく読みとれない人が，たとえば博雅三位の撰による『長竹譜』(横笛の譜)などという古譜を調べても，ほとんど得る所はないと思う．それにもかかわらず，これらの古譜を重視する人が多いのは，いかなる次第によるのであろう．唐楽における名曲中の名曲と称せられている陵王ノ破の笛の旋律などが，いかにして今日まで伝えられてきたか，よく考えてみる必要がある．狛楽にしろ，唐楽にしろ，古昔から，唱歌によって教え，習い，伝えられてきたからこそ，呂律の旋法などに歪められずに，奈良時代のそのままの姿が今に至るまで伝わっているのである．これらの点から考えても，唱歌の重要性を見落してはならない*.

＊　大田丸の『宣陽殿竹譜』・貞保親王の『南竹譜』・博雅三位の『長竹譜』・王監物頼能の『綿譜』・大神惟季の『懐竹譜』などの古譜を今日の譜と比較して，昔は単純素朴な旋律であった曲が，時代と共に次第に手のこんだ複雑華麗な旋律のものに変ってきているという説があるが，これは要するに記譜法の問題にすぎない．時代と共に，漸次精細に記譜できるようになったまでのことで，実体はほとんど変っていない．もし，昔の旋律がそのような単純なものであったならば，古人が，唱歌による習得に重点をおいたわけがないのである．

4. 笙の唱歌の特殊性

笙の教習の場合にも，唱歌に重点をおいている．しかし，笙の字符が示す通りに唱歌したのでは，全く節《ふし》にならない場合が多いし，どうにも唱歌しえない所も少なくない．たとえば，字符の一つである「美」を含む句の場合などそれである．鳧鐘を必要とする所は唐楽の旋法に絶無であるから，「美」を鳧鐘に唱歌することなど，あり得ないのである．では，どのように唱歌しているかといえば，その笙譜の字符が示す音高を無視して，当面の曲のそれぞれの部分の笛または篳の吹く旋律を都合のよいように取り入れて，唱歌しているのである．たとえば，「凢」は，どこでも壱越に唱歌するときまっていない．上無に唱歌する場合も少なくない．「下」は，下無に唱歌する場合よりも，勝絶に唱歌する場合の方が遙かに多い．「乞」は，黄鐘に唱う所が多いが，双調に唱歌する所も結構ある．「十」は，双調に唱歌する場合は極めて少ない．「美」は，乞の音高に唱歌したり，双調に唱ったり，勝絶に唱ったりすることさえあるが，鳧鐘に唱歌することはまったくない．これらは，字符が示す音高ではなく，大抵は，笛または篳の吹く音高によって唱歌するのである(ただ，「乙」「一」「比」の三字符は，大抵，その字符が示す音高に唱歌している)．

以上のように，唱歌することによって笙譜を暗譜することもできるのだし，その曲の笛または篳の旋律も，或る程度まで，おのずと覚えてしまうので，伴奏してゆくことも，かなり容易になるわけである．

しかし，笙譜だけを見たのでは，その曲の旋法を知ることができない場合が多い．それは，上述のように，笙の専門家自身が，その唱歌によって証明しているのである．

5. 催馬楽譜における「百」

催馬楽や風俗の譜に見出す「百」の字は，その歌が何小節をもって一区分としているかを表示するために利用されている．これは，狛楽や唐楽の譜に用いてある「百」を真似たものである．

狛楽・唐楽では，その曲が何小節をもって一区分としているかを，太鼓を強打して，明示する．たとえば，八小節ずつを一区分とする曲では，各八小節間に太鼓を必ず大きく打って，これを明らかにする．また，四小節ずつを一区分とする曲では，各四小節間に太鼓を必ず大音に打って，それを明示するのである．従って，譜に「百」の字の附記されてある所は，太鼓を大きく打ちこむところなのである．

催馬楽や風俗では，太鼓は用いないが，これらの譜にも「百」の字が適用されている．これは，それによって，その歌が，五拍子物*であるか，三度拍子物**であるかを，つまり何小節を一区分とした歌であるかを，譜の上で表示するためのものなのである．もとは，「百」の所は，とくに笏を大音に打っていたのだろうとは思うが，今のところまだ断言しかねる．

＊　247 頁「催馬楽拍子(五拍子)」の項参照．

＊＊　249 頁「三度拍子」の項参照．

ちなみに，狛楽・唐楽の譜における「百」の字は，その小節の第一拍に，雄桴《おばち》(右桴)で大音に打込む所だけを表示するのであって，実際には，その雄桴の直前に打つ雌桴《めばち》(左桴)の所や，狛楽の場合に雄桴の直後に右手で軽打する，いわゆる小副《こぞえ》桴の所などは，省略されている場合が多い．

なお，序吹の曲・序吹体*の部分に見出す「百」の字は，それが何小節をもって一区分をなしているかを表示するのではなく，そのおよその一区分を表示するだけのものにすぎない．しかし，これによって，その曲なり，その部分の大体の長さは知ることができる．最後に「百」の位置について付言しておこう．249頁第三図の(ハ)における源流の三度拍子打法では，各区分の最初の小節に「百」がある[1]が，「百」の位置は必ずしも一定していない．その区分の第二小節にある歌[2]もあれば，第三小節にある歌[3]や，第四小節，すなわち各区分の最後の小節にある歌[4]もある．

双調歌でいえば，(1)型は一首もない．(2)型の第二小節に「百」のあるものは，酒飲と蓑山の二首だけ，(4)型は角総と本滋の二首だけである．(3)型は多い．上に挙げた歌以外のはすべてこの型のである．

一方，平調歌には，(1)型が多い．(2)型は我門乎と大路の二首だけ，(3)型は何為・浅水・我門尓の三首で，(4)型は一首もない．

なお，藤流・三五流のは，訳譜の通りである．

6.　催馬楽拍子(五拍子)

「催馬楽拍子」というのは催馬楽の拍子名の一つであるが，これはその名称からして，狛楽を思わせる笏(拍子)の打法を暗示している．事実，狛楽の四拍子《よひょし》曲の三ノ鼓**の打法を変型したものにすぎない．狛楽の四拍子曲というのは，第一図の上段，すなわち(イ)のように，四拍小節四つずつを一区分とし，その各区分間に三ノ鼓を打ってゆく曲をいう．四分音符の所は三ノ鼓を強打し，八分音符の所は，「ツナギ桴」と称して，三ノ鼓を軽打するのである．「百」の字の所は，太鼓を打ち，四拍小節四つを一区分としていることを明示する***．

(イ)の図からツナギ桴を全部とりのけ，いいかえれば，八分音符をすべて抹殺して，四拍小節四つずつになっている一区分を，二拍小節八つずつになるように変更すると，第一図の下段の(ロ)のようになる．これを，「**催馬楽拍子**」(五拍子)と称していたのである．

最初のうちは，(イ)の打法をそのまま催馬楽に(ただし各八小節区分に)利用していたのだろう

---

*　「序吹の曲・序吹体」の部分とは，そのリズムが，的確に一定の小節に，つまりどの小節も均一な拍数になるように整然と表示しにくい，自由な流動体のものをいう．このような流動体の歌というと，神楽歌の過半，朗詠の全部がそうであるし，東遊のうちにもそのような楽章が相当に含まれている．一般に，雅楽にはこのような旋律の歌が多い．

**　「三ノ鼓」と書くと，羯鼓(または壱鼓)と太鼓と鉦鼓(しょうこ)の三打楽器のことと思われがちだが，ここでは，狛楽におもに用いられる，右手だけで打つ，音の低い打楽器をいう．『楽家録』には，「之」の字を挿入して，「三之鼓」と書いてあるが，本書では，片仮名の「ノ」を加えて「三ノ鼓」と書くことにした．

***　狛楽では，「百」の直前のツナギ桴の軽打とその直後の強打を「教桴」(おしえばち)と称している．太鼓の打者に打つ用意をさせる意味からつけられた名称である．

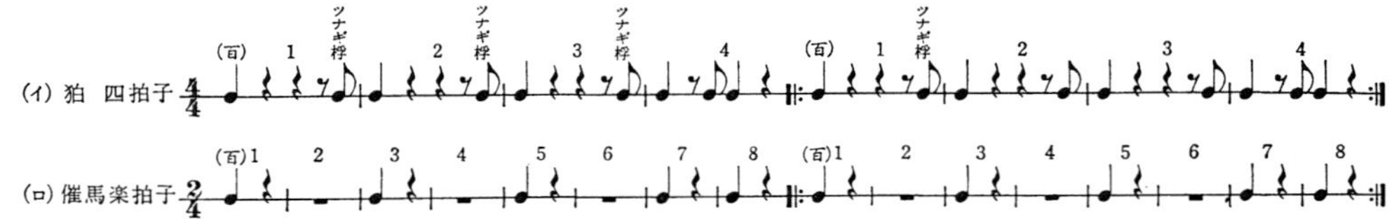

第　一　図

が，やがて，これではあまりに狛楽的だと考えてか，ツナギ桴を取除け，さらに，手拍子または笏を打つ小節の位置を多少変えたのが源流の催馬楽拍子となったのであり，それを後に，すこし変更したのが，藤流の催馬楽拍子となったのだと見てよかろう．

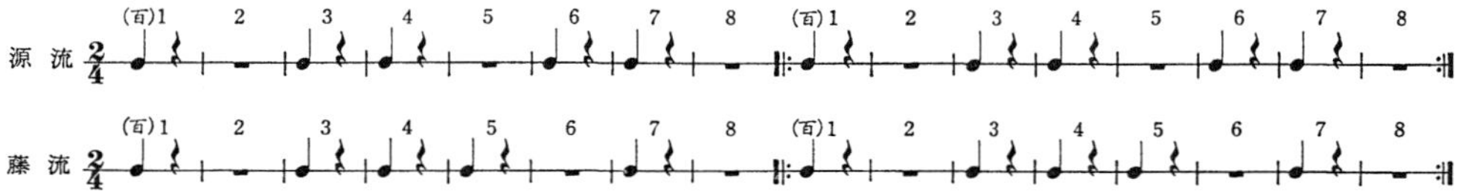

第　二　図

以上によって催馬楽拍子は，狛四拍子の打法の変型であることが明らかになった．またそうであったからこそ，「五拍子」という名称をつけることにもなったのであろう．源藤両流を比べてみると，第二図のように，その各区分によって笏を打つ小節が多少異っているが，各区分間に笏を五打する点では，まったく同じである．もちろん，この点から，五拍子という名称が生れたのである．「五拍子」は，ゴビョウシとはよまず，ゴヒョウシとか，イツツビョウシと，よませていたようである．

ところで，江戸時代に催馬楽の再興に当った人達は，この五拍子の打法形式がわからず，「百」の字の所から次の「百」までの間に笏を四打し，「百」の所に一打，合計五打しさえすれば，「百」から次の「百」までが，何小節になっても構わないと考えたために，この五拍子を，だらしのない五拍子に一変させてしまった(これは『略譜』の黒丸を精細に検討すれば，わかった筈なのである)．従って，上述の源流の五拍子打法は，『唱物譜』の五拍子の催馬楽にも，明治撰定の五拍子の催馬楽にも，もちろん当嵌らない(明治撰定の催馬楽の安名尊・山城・伊勢海の墨譜参照．なお，本書 55 頁の明治撰定の安名尊および 160 頁伊勢海の訳譜をも参照)．

ここで，五拍子物・五打物の例外の場合について触れておこう．

〔その一〕　五打物では，句頭間，すなわち曲頭の独唱部間では，「百」の字の所だけ笏を打ち，それ以外には，打の小節にも，笏を打たないのが慣例となっている．ただし，その歌を今一度，繰返して初めから唱う場合には，譜に書いてある通りに打ってゆく．

なお，二段ある歌の場合には，初段の句頭間は「百」の所だけ打つが，第二段の句頭間は譜の通りに打つのである．たとえば，山城の初段の句頭間では「百」の所だけ打ち，第二・第三段の句頭間では，譜に書いてあるように打つのである．総じて，このように句頭間の笏の打法を変えるのが秘事である云々と，『略譜』に附言してある．

〔その二〕　五打物の助音，すなわち付所(*tutti*)の所までの笏の打法は，たいてい既述の通りであるが，此殿者およびこれと同音(同旋律)の歌三首の各第二段の句頭の場合のように，最初に不打の一小節があり，その次の小節に「百」の字のある歌もある．葛城・竹河・河口・老鼠などがそうである．なお，三五説の青柳は，二段ともそうである．これらの場合には，譜に書いてある通りに打ってゆく．つまり，「百」の所だけ打つようなことはしない．

〔その三〕　安名尊の第三段の句頭の場合のように，最初に空拍子として打つ「百」の直後には，不打の一小節が省略されていると見るべき歌もある．紀伊国の第二段，石河の第三段，高砂の第二・四・六・七の段，東屋の第二段などが，それである．

これらの場合には，源流の歌ならば，打の小節が三つも，藤流・三五流の歌ならば，それが四つも続くことになるわけであるから，空拍子の「百」を打って多少間をおいてから唱い出して，第一打と第二打との間隔を適当に拡大するようにしていたのであろう．

なお，句頭間の小節数は，必ずしも十小節と定っているわけではない．もちろん，そのような場合が多いのだが，安名尊の第三段は四小節しかないし，石河の第一・第二段は九小節，奥山は八小節，紀伊国の第二段は七小節，此殿者などの第二段は十一小節もあるし，葛城・竹河・河口などは，各段とも十一小節もある．

最後に，句頭間の唱い方について述べよう．句頭間の「百」の所だけしか笏を打たない場合には，独唱者は，音符の示す長さに囚われないで，大いに自由に唱うのが慣例となっていたようである．また，譜通りに笏を打ってゆく句頭間の場合にも，わりに自由に唱ってよいことになっていたと思われる．

7. 三度拍子と唐拍子

「三度拍子」の打法は，狛四拍子の加拍子の打法または後述の唐《から》拍子の打法の変型である．狛楽の四拍子曲では，その終り近くになると，第三図の(イ)のように，太鼓・三ノ鼓等の各区分間の打数を増加する．これを「狛四拍子の加拍子」という．

この打法におけるツナギ桴を取除けたのが催馬楽の三度拍子物の打法となったのである．すな

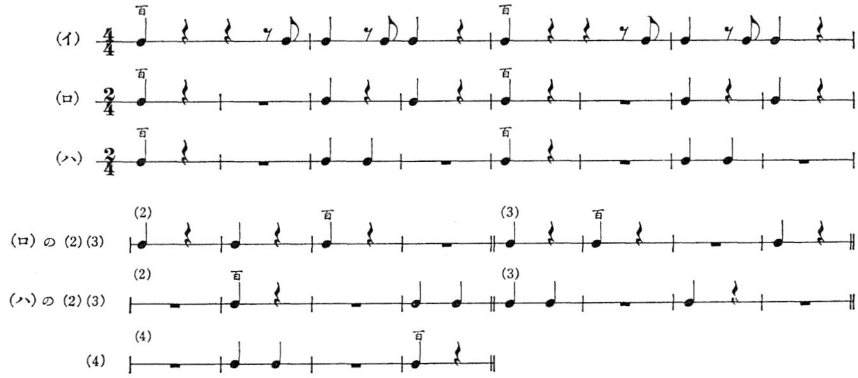

第　三　図

わち，四小節を一区分とし，その各区分間に笏を三打してゆく形式の歌を，**「三度拍子の歌」**とか，「三度拍子物」と称している．この場合の拍子の二字も「打」の意であるから，三打の歌といっても，三打物と称してもよいわけである．ここでは，もちろん，「百」の字は四小節間に一つずつ見られる．

三度拍子は，源藤両流とも，最初のうち(ロ)の打法を用いていたが，後に，源流は(ハ)の打法に変更したのだと考えられる．ずいぶん思い切った変更だが，一区分間の笏の打数は，(ロ)の場合と同様に三打である．(ロ)の(2)型は，三五説の難波海に，その(3)型は，同説の大宮・角総・本滋に見られる．

第　四　図

第四図の(1)は，唐拍子の本来の三ノ鼓の打法(2)を簡略化したものである．当時の人々には，(2)のような本格的打法を正確に打つことは至難であったと見て，本書の訳譜には(1)の打法を適用した．(1)の打法でも，笏拍子で正確に打ってゆくことは不可能であろう．もっとも，今の人なら，笏拍子さえ使わなければ，(2)の打法でも容易に打てるであろう．

唐拍子の打法からツナギ桴を取除けると，第四図の(ホ)の打法のように，毎小節の頭に笏を打つことになる．このまま用いたのでは曲がないし，唐拍子の変型と思われることを避けて，「百」の前の小節を不打の小節に改変したのが三度拍子の打法となった，とも考えられる．このように考えても，狛楽の三ノ鼓の打法の変型であることに変りはない．ちなみに，唐拍子を適用する狛楽には，歌謡的な佳曲が少なくなく，納曾利ノ急・貴徳ノ急・八仙ノ急・新鞨鞨・吉簡などが挙げられる．

三度拍子の催馬楽は，三度拍子打法でなく第四図の(1)の打法を適用するとおもしろいものになるが，さらに(2)の打法を適用してみると，それより遙かにおもしろいものになる場合が多い．従って，三ノ鼓とか張扇とか，唐拍子の三ノ鼓の本来のリズム(2)を正確に打てる打楽器を任意に物色するとよい*.

ここで，参考までに，狛四拍子に関係のある，おもしろい実例を紹介しておこう．それは，右舞の教習の場合に利用しているものだが，ハミングで三ノ鼓と太鼓のリズムを唱う特殊な方法で，

*　五拍子打法でも三度拍子打法でも唱えないという催馬楽はないわけだが，この二打法で唱うより，ツナギ桴を含む打法で唱う方が，催馬楽が遙かにおもしろくなる．しかし，ツナギ桴を的確に，急所をはずさないように打つことは，存外にむずかしい．まして，三ノ鼓や扇などより遙かに扱いにくい笏でツナギ桴を的確に打ちこんでゆくことは容易な技ではない．その結果が，やがてツナギ桴の全廃となり，笏での五拍子と三度拍子の打法の二点張りとなってしまい，催馬楽の唱奏はのろく退屈になってしまったのである．むしろ，催馬楽には笏の使用をやめ，三ノ鼓・壱鼓もしくは張扇を利用してツナギ桴を復活させたいものである．

多忠雄君はこれを「口拍子《くちびょうし》」と称している*．次図が示すように，三ノ鼓の所はテンテンと唱い，次のテンまで二拍以上の間隔がある所ではハミングで「ウウウ」と唱い，太鼓のリズムの所は，「ズン・ドー・ヲー」と唱いながら舞を教えるのである．

右舞教習に用いる“口拍子”(その一)

太鼓の「ズン」は雌桴，「ドー」は雄桴で強打する所，すなわち譜に「百」の字のある所であり，「ヲーヲ」は小副桴，つまり右桴で中大音(mf)に打ち添える所を示す．

これが，狛四拍子の加拍子の所，すなわち揚《あげ》拍子**になると，三ノ鼓も太鼓もその一区分間の打数を，次図のように増加する．そのためハミングで唱う間隔は自然消滅し，その必要がなくなるわけである．

右舞教習に用いる“口拍子”(その二)

以上によって，催馬楽の三度拍子なるものの打法は，狛四拍子の打法の加拍子の変型か，狛楽の唐拍子と称する三ノ鼓の打法の変型と考えられることが，明らかになったと思う．

＊　『古今著聞集』巻第六，管絃歌舞第七，「243．大宮右府俊家の唱歌に多政方舞を仕る事」(岩波版『日本古典文学大系』200頁)に次の一節がある．

いづれの比の事にか，大宮右大臣(藤原俊家)殿上人の時，南殿のさくらさかりなるころ，うへぶしより，いまだ装束もあらためずして，御階のもとにて，ひとり花をながめられけり．かすみわたれる大内山の春曙の，よにしらず心すみければ，高欄によりかゝりて，扇を拍子に打て，桜人の曲を数反うたはれけるに，多政方が陣直つとめて候けるが，歌の声をきゝて，花のもとにすゝみいでゝ，地久の破をつかうまつりたりけり．花田狩衣袴をぞきたりける．舞はてゝ入ける時，桜人をあらためて蓑山をうたはれければ，政方又立帰て同急を舞ける．おはりに花のした枝を折てのち，おどりてふるまひたりけり．いみじくやさしかりける事他．(後略)

桜人は狛楽の地久ノ破の，蓑山は地久ノ急の旋律を利用した歌であるが，俊家が藤流の五拍子打法で扇を打ちながらこの二首の催馬楽を唱ったのでは，政方はすすみ出て地久を舞う気になるはずはないのである．ここは，俊家が，地久の場合のように，狛四拍子の打法で扇を打ちながら桜人・蓑山を唱ったからこそ，政方が舞う気になったのだと見なければなるまい．つまり，俊家が扇で打ったのは，藤流の打法でも源流の打法でもなく，口拍子に一致する打法であったために，政方もつい舞う気になったのであろう．

＊＊　280頁脚注参照．

第七章　容由と入節

1. 容由と入節

雅楽の多くの謡物に利用されている「ユリ」というものがある．たとえば，壱越もしくは双調の高さの音を長く唱っている間に，喉仏を下げては戻すことを反復すると，音の波が出現する．装飾音の一種で，これを「**ユリ**」と称するのである．図で表示すれば，次のようになる．

双調

洋楽器の Violino や Violoncello などで出す *Vibrato* の出し方に似ている．ユリでは，喉仏を下げては戻すのだが，*Vibrato* の場合には，抑絃した指を，左の肱または手首の柔軟な運動によって駒(柱《じ》)の反対の方向へ多少傾斜させては，原の位置に戻すことを反復して，その間に，音の波動を出現させる．この下げては戻す点はよく似ている．

ユリと同じ装飾音の一種に「**突**《つき》」というのがある．ある音高の音を唱っている間に，ユリの場合とは反対に，喉仏を軽快に上げては戻せば，「突」が出現する．墨譜*では，これを ⌒ のように書いて，表示している．喉仏を上げて高くする音程は，半音より少し高めの場合が多い．一音も高くすることはない．私は，便宜上，半音の高さに書くことにした**．

ユリの深さ(喉仏を下げる度合)は，半音の間隔よりもずっと狭い．『風俗訳譜』の中に，風俗との比較のために，附加した催馬楽の平調歌の青柳と更衣***の容由と入節のユリを，次の(1)のように書いたが，この書法は妥当でなかった．これでは，顎振《あごふり》でユリを出される恐れがある．そ

こで，本書では，(2)のように書くことにした．斜線は，本音の音高を，喉仏を下げて心持ち低くすることを，垂直線は，喉仏を原の位置に戻して，本来の音高に復帰させることを表示する．

喉仏の下げ戻し運動によらない(たとえば，顎を上下に振って出すような)ユリは，見苦しいばかりでなく，不自然で，聴きぐるしい．喉仏を下げたと思ったら，すぐ原位置に戻すユリは感じがよいが，下げている間の長いのや，下げている間と戻した間が同じようなユリは，頗る不自然である．このようなユリなら，ユリなしの方が，遙かによい．

---

* 「墨譜」は節博士(ふしはかせ)ともいう．謡物の旋律を，文句のそばに，墨でいろいろの線や点，また笛の穴名を記入して表示した譜．

** 訳譜における「突」は，Violino で弾けば問題ないが，Pianoforte で弾くと，楽器の性格上，軽快でなくなるきらいがある．したがって，心して軽快に弾く必要がある．唱う場合にも，同様に，あまり意識的に唱わぬほうがよい．この点は十分注意しなければならない．

*** この青柳と更衣は，どちらも『略譜』によって訳譜したものである．

倭歌・大直日歌・大歌・田歌・東遊などは，ユリが全然ない歌である．これらの歌には，ユリの代りか，突が相当多く適用されている．突をまったく含まない歌は極めて稀であり，催馬楽の田中井戸ぐらいのものであろう．

催馬楽の墨譜に見られる波状線は，神楽歌・朗詠などの墨譜にも見受ける線で，ユリを表示する記号であるが，催馬楽譜では，その波状線の上方または下方に，次のような文字が記入されている．明治撰定・『唱物譜』などの催馬楽の墨譜には，丹念に「容由」または「入節」と記入されているが，『略譜』には，容由の所を「容」もしくは「由」の一字ですませてある場合も少なくない．入節の所は「入ブシ」と書いてある場合もあり，「入」の一字ですませてあるものもある．

よく見ると，容由の所の波の数は少なく，入節の所は多い．『略譜』における入節の波，いいかえれば，ユリの数は他の催馬楽歌譜の場合とは比較にならないほど多いが，この波数は，あまり重要視しない方がよい．これは，容由のユリは少なく，入節のは多いという区別を，大げさに表示しているにすぎないからである．

私がかつて教わったこの区別は，頗る曖昧なものであった．それというのも，この区別は，江戸時代の寛永三年，徳川家光上洛の時の伊勢海の再興の折に，既に，つけられなくなっていた．従って，「しほりはぎ」という狂言のふしを参考にして，なんとか区別してお茶を濁したにすぎなかったのである．伊勢海の容由と入節を明確に区別して唱うことは，この時の源流の代表者四辻大納言には荷が勝ちすぎて，「しほりはぎ」云々は，思案にあまってのことであり，その良心的な態度は，むしろ認めなければなるまい．

寛永後，曲所の人達によって，この両者の区別がいろいろと研究されたことは，『唱物譜』の巻末に見る次の「注」によって窺うことができる．

容由　五或三　ユリ出シカロク
　　　ヲスハアシク　アサクアタリテ
　　　ユタカニユル

入節　七或五　ユリ出シ同上
　　　ヲスハアシク　フカク折入
　　　ヤウヤクニススメテユル

この注を，わかりやすく書きなおすと，次のようになる．

容由のユリの数は，三つか五つ．ユリ始めは重くなく，おすのはよくない．浅くあたって(深くなく)，ゆたかにユル．

入節のユリの数は，五または七．ユリ始めは，容由の場合と同様に軽く，おすのはよくない．深く(めりこむように)下げ，次第にユリ方をはやめる．

この注は，催馬楽の句頭間における両者の区別だけを研究して書いたものにちがいない．いうまでもなく，句頭間は独唱部で，拍子《ま》にこだわらずに自由に唱う所だから，どうにでも勝手に区別がつけられる．従って，むろん，この注の注文通りに唱うこともできる．しかし，助音(付所)からあとの区別はそうはいかない．

ここで，上記の注が実際に当てはめられるかどうかを，何為の“をしのかもどり”の所(174 頁)の「か」の容由と「も」の入節で，テストしてみよう(明治撰定の更衣の墨譜の“しのはら”の「の」の所の容由，「は」の所の入節も参照)．

何為の「カ」の所の二分音符間に，五ユリの容由を適用することは勿論不可能である．ユタカニユレない．三ユリなら，ともかくも可能であろう．また「モ」の所の二分音符間に，七ユリの入節を適用することも無論不可能である．深く折入れてユルなどもちろんのこと，五ユリでも，無理であろう．

それは，テンポが早すぎるからだと言う人があるかもしれない．しかし，入節の所だけを，特別にゆっくり唱うわけにいかないから，助音からの速度を緩徐にすれば，注のようにユレる．そうなると，二分音符間の入節を含む歌は，どれでも大いにゆっくり唱わなければならぬことになり，入節があるために，のろく退屈な歌になることになる．

私は，催馬楽を唱う速度が，非音楽的に緩慢になったのは，江戸時代に入ってからのことと思う．その原因の一つは，自分達が軽卒に限定してしまったユリの数に縛られたことにある．平安時代には，江戸時代よりも遙かに悠長な人が多かったと思うが，そうそう緩慢なテンポの催馬楽を唱ったり聴いたりしていたとは考えられない．そうでなければ，三度拍子物ではあるが，拍子三十四もあり，百三十六小節もある大芹のような長い歌が出現するわけがない．葦垣・高砂・夏引なども同様である．むしろ，かなりハヤテンで唱っていたにちがいなかろう．

後人の参考になるかもしれないから，私が雅楽練習所の楽生であったころ，耳にした容由と入節についての説を二，三附加しておこう．

(イ)　容由は，ユルヤカニ由るの意味だから，ユリの数を少なく．

(ロ)　入節は，節《ふし》に入れての意味だから，ユリの数を多く，こまかく．

(ハ)　入節のユリの数は多いほどよい．昔，何某は二十もユッていたそうな．

上記の(イ)説は，容の字をユルヤカニと解釈したもので，前に紹介した『唱物譜』の注のユタカニに似たようなものである．(ロ)説の理由はよくわからないが，ともかくも，ユリの数を多くせよというのである．(ハ)説は安名尊(源家説の)の例外的な入節の場合だけを聞いて，どこの入節にも適用するものと早合点してしまったものである．

要するに，その頃の容由と入節の説明は，まずこのように要領を得ないものであった．時には，説明を聴いている間はわかったような気がした場合もあったが，その人が，実地に唱うのを聴く段になると，はっきりした区別がないことだけがわかる，といったようなものであった．このように，師達や先輩達にこの両者の区別が実際につけられなかったのは，明治に入ってから，これらの人々に催馬楽を伝えた人達自身が区別がつかなかったことを，まざまざと物語っている．この曖昧さは，昭和時代に入っても，旧態依然であった．昭和五年に楽部の調査係の一員として提出した“催馬楽について”と題した拙文の中に，私は次のようなことを書いた．

　容由と入節との区別がつけられないのなら，楽部の催馬楽の墨譜から，この二つの言葉の記入を全部抹殺し，波線だけにしてしまった方がよい．さうすれば，迷説・珍説も，やがて消滅し，さっぱりしてよからう云々.

その原稿を提出する前に，当時すでに退職して調査係の顧問をされ，病床におられた故上真行師に御一覧を願ったところ，それに貼紙をされて，次のような注意を与えられた.

老生も以前，この点に不審を抱き彼是思考を費した末，(中略) 一千年の歴史のある催馬楽が特有せる容由と入節の二つを譜面から除去することは大早計と考へられる．時運巡環して昔の面影を伝ふる時が来ぬとも限らざれば，云々．(後略)

私も，自説が少々軽卒なことは確かなので，この部分は削除することに踏み切ったが，催馬楽譜にこの二つの言葉が記入されている以上，その区別を曖昧なままにしておくわけにはいかない，いつかは解決したいと思った.

その後，古文献などを漁って見たが，参考になるようなものは見当らない．そこでまず，古人が，どういう意図から，こんな言葉を用いたのか，それから突止めようと考えた.

『大字典』によると，容由の「容」の字には，ユタカニとかユルヤカニというような意は，まったくない．容は，カタドル，マネル，似セルという意である．従って，容由をユタカニユルとかユルヤカニユルとか解釈したり，称することは間違っていることがわかった.

次に，「由」の語義を調べてみたが，全然要領を得ない．もちろん，他の辞書も二,三当ってみたが，すべて徒労であった．上記の容のカタドルの意を適用してみたところで，肝腎の「由」がわからないのでは，どうにもならない．ところが，その後，狛笛の譜，とくにその本譜*には，「由」の字が随所に見出されることに気がついた.

狛楽の笛本譜の「由」を調べると，「由」には或る特定のリズム型がある．そこで，容由とは，笛譜の「由」のリズムを容《かたど》ったユリを表示する言葉であることがわかったのである．(次の諸例参照).

もちろん，狛楽譜の「由」ばかりでなく，唐楽のも，とにかく「由」の字を含む句は片端から拾い上げ，それぞれの「由」のリズムも検討したが，その結果は，次例のようなものか，その変型であった.

狛楽における「由」の実例を示そう.

これは，狛楽の地久ノ破と白浜《はうひん》の譜から，「由」を含む句を拾い上げた訳譜である．これらの「由」の所を，リズムだけにすれば，次のようになる.

* 唱歌の詞が全然附記されていない譜を「本譜」という.

このリズムを，催馬楽のユリのように書けば，次のようになる．これが，笛の「由」を容《かたど》ったユリ，すなわち容由の基本型である．

次のは，この容由のリズムを，多少変えて適用しているものである．

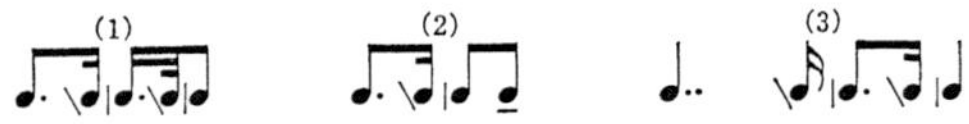

(2)の容由は，前掲のとまったく同じであるが，テンポが早くなると，このように，ユリを一つだけにしなければならない場合が多い．

上掲の白浜の実例の各二分音符の所に，逆に(3)の容由を適用してみると，白浜が邦品のような匂がしてくる．

催馬楽では，このように，第５音(徴)か，第１音(宮)にしか，ユリ，すなわち容由も入節も適用していない．従って，双調歌では，双調(ト)と壱越(ニ)の二音だけに，平調歌では平調(ホ)と盤渉(ロ)の二音だけにしか，適用していない．この点，狛楽・唐楽の場合と大いに異っている．

次に，入節について述べよう．容由にならっていえば，入節とは節に入れたユリを表示することになる．

『大字典』には，「節」は“竹約(竹のふし)也，故に竹冠．「即」は音符．転じて，竹のフシ，木のフシ，骨のフシの義がある，云々”とある．

入節の「節」の字をこの意味に取れば，入節の二字は「小拍子」*の節，つまり小節のフシ，すなわち拍《はく》に入れたユリを意味することになる．敷衍していえば，小節の拍一つにユリを一つずつ，所によっては二つずつ，均一な間隔で入れてゆくユリをいうことになる．

「節」の字には，もちろん，旋律の意味もあるが，この場合，その意味に取ると，入節は旋律に入れたユリとなって，奇妙なことになる．容由も，旋律に入れたユリであるし，旋律に入れられないユリなどありえない．従って，わかり切ったことを，わざわざ書くはずがないし，容由と区別するために入節の二字を適用した道理もわからない．

入節と称するユリは，もともとそのリズムを紙上に的確に表示しがたい神楽歌の庭燎《にわび》・閑韓神《しずがらかみ》・吉々利々《ききりり》などの中の数の多いユリのリズムを，紙上に明示できる催馬楽譜に適用してみようとしたのが，その出発点になっているにちがいない．

催馬楽のユリが，最初の間(入節の適用されるまでは)容由ばかりであったのは，狛楽の笛の唱歌の詞の代りに，国風の歌詞を付けて唱ってみたのが催馬楽の出発点であるとすれば，むしろ当

＊ 雅楽では小節のことを「小拍子」という．

然のことであろう．

だが，容由と称するユリは，上述のように，狛楽の笛の「由」のリズムを容《かたど》ったユリで，借りものではないか．そんなユリばかりでは，あまりに曲がない．神楽歌のユリでも取入れて，我国独特の味を持たせなくては，と考えたのが，やがて入節の出現となり，催馬楽独特の本格的なユリとして登場し始めたのは，一条天皇(西暦986-1011)以後のことであろう．

その後，神楽の小前張部の歌，たとえば薦枕《こもまくら》・篠波《さざなみ》・志都也《しずや》などのユリも催馬楽に取入れてみようとしたようである．だが，この部の歌のユリは，昔から，他の部の歌の場合と区別するために，そのユリの数を，二つか，二つ半に制限していた．従って，これを取入れても，結局は，容由と同じようなユリになることが判明し，その試みは徒労に終ったのであろう．なお，「二つ半」のユリとは，三つ目のユリを，軽く，早く，ユッテ終ることをいったものである．

『略譜』に載っている双調歌の中で，容由ばかりで，入節を全然適用していない曲を挙げておこう．

(1)酒　飲　(2)田中井戸　(3)眉止之女　(4)我　家　(5)美　作
(6)藤生野　(7)席　田　(8)青　馬　(9)浅　緑　(10)妹与我

以上十首は，『略譜』ではすべて三度拍子物になっているが，(1)(3)(7)(8)(9)(10)の六首は，『三五要録』では五拍子物になっている．また，(2)は三五流の催馬楽では三度拍子であるが，藤流の田中井戸は五拍子であったという．

源流の三度拍子の双調歌にも，入節が適用されているものもある．蓑山・角総・本滋・難波海などがそうである．

平調歌の三度拍子物には，双調歌の場合のように，容由があって，入節がないという歌はない．思うに，双調歌にしろ，平調歌にしろ，その三度拍子物には，もとは入節はなく，容由しか適用されなかったようである．上に指摘した蓑山・角総等も，最初は容由ばかりであったのだが，後に，入節に変更した所があると思う．平調歌の三度拍子物の大部分についても，同様のことがいえる．それというのは，無理ではなかろうかと思われる所に，入節を見受けることがあるからである．

ここで，催馬楽のユリの二種である入節と容由の基本型を述べる．次のように仮定して，筆を進める．

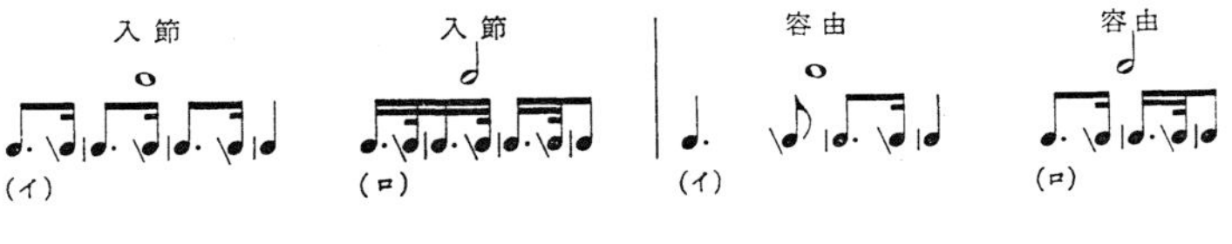

(イ)は四拍間の入節と容由を，(ロ)は二拍間の入節と容由の基本型を示す．この両者の前半のリズムは異っているが，後半のリズムは，両者ともまったく同じである．

まず，二分音符間の入節から始める．

(1)は，テンポがあまり速くなく，喉仏の下げ戻し運動をやれる間がある所では，まだユリら

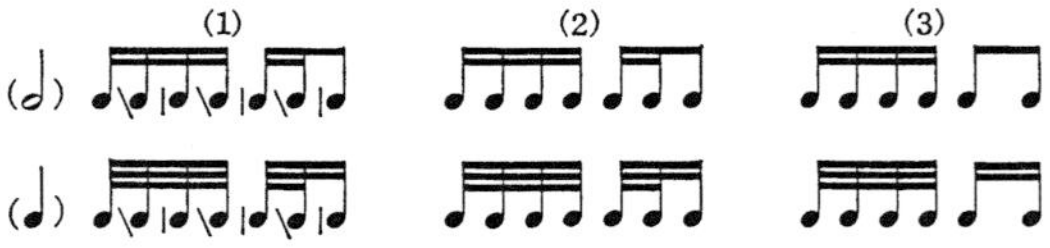

しく聞えるが，更に速くなるとそのような運動はできなくなり，(2)のように，もはやユリではなく，喉仏をピクピク動かして軽いアタリのようにせざるを得なくなる．さらに一層速度が増せば，そのアタリのようなものの数も，少なくせざるを得ない．

二分音符間の入節が，(3)の型にも唱えなくなるようなテンポは，早きに失するわけである．だが，ただ一個所の入節のためにその歌全体のテンポをおそくするのは考えものである．この辺も考慮して，その歌の速度をきめなければならない．

この反対に，テンポが緩徐になるにつれて，拍毎に一つユリでは，単調で，不自然になりやすい．そこで，当然，拍毎に二つユリの適用が考えられてくる．

(2)は，初めは，拍毎に一つユリを，三拍目には二つユリを適用して変化を与え，単調にならないようにしたものである．

なお，二小節にわたる入節もある(伊勢海 123 頁・走井 126 頁・飛鳥井 130 頁・庭生 132 頁等参照)．

次は，容由の変型についてである．容由は，テンポが速くなれば，次例のように，ユリは一つにする．『唱物譜』のように，ユリを五つ，或いは三つ，というのは，容由のいろいろの場合を検討していない証拠にすぎない．

「複容由」とは，三度拍子の歌の中によく見受ける型で，次例のように，容由二つを，突によって結合したものである．この名称は，私が付けたもので，『略譜』には，もちろん，このような名称は用いられていない(蓑山の第 8 の「百」の前〔67 頁〕・第 14 の「百」の直前〔68 頁〕，角総の第 7 の「百」の前〔74 頁〕など，平調歌では，何為の 175 頁・大芹の 180 頁等参照)．

最初の，二分音符二つを ♪ (突)によって結合してある部分は，訳譜に用いた複容由の書法を示し，(1)は双調歌(上段)および平調歌(下段)における複容由の唱法を示す．(2)の×記号を附加

してある所は，その複容由の末尾の音を，他の音高の音，すなわち双調歌では盤渉(ロ)，平調歌では黄鐘(イ)に唱う場合を示す(括弧のついた音符に注意).

2.「梁塵秘抄口伝集巻第十二」に見るユリの数

「梁塵秘抄口伝集巻第十二」(岩波文庫『新訂梁塵秘抄』143頁)の，由《ユリ》についての項は，大変参考になる．次に，引用しよう．

由催馬楽　五ツ由入ル．神楽．取(採)物由六ツ．星丈七ツ．取物ハ催馬楽ニ同シ(ここは，初めに五つと書いているのだからおかしい)．星ハ是《これ》．星ノ哥．大曲ハ皆七ツ由．由細ク末ウメキ気ヲ残ス．(括弧内は筆者注)

上文の催馬楽の「由五つ」は，句頭間の入節のユリの数をいっていると見てよい．しかし，これを助音以後の入節にも適用すべきだと考えるわけにはいかない．

なお，同頁の終りの二行目から以下に次のような所がある．

徴ノ音由ノ姿アリ．由ノ多少可有差別，容由《ヤウイウ》本由入節能々可知．節之下ニ細ニ書附．以由唱哥振，大曲《キヨク》小曲《キヨク》皆差別唱也．其振モ籠ト可知．由大切之義也．秘蔵要口伝共指置テ先其振ヲ要ノ義也．藤家流以何ヲ定唱哉．

この条は，なかなか得るところがある．次に，多少私見も加わるが，わかりやすく書き直してみよう．

徴の音(第5音)には，由《ユリ》がしばしば適用される．由の多少には差別がなければならない．容由と本由，すなわち入節の区別を十分に知っていなければならない．節《ふし》の下方に(入節とか容由とか)細かに書き入れてある．

由によって唱歌の振の姿，大曲・小曲皆差別して唱うのである．振もその由の中に含まれていることを知らなければならない．由の区別は大切なことである．秘蔵の要点とか口伝などは指し置いて，まず振の区別を会得することが肝要である．藤流はこれを，何によって定めて唱っているのか．

これを読んで，容由・入節の区別を重視していたことはわかったが，それと同時に，平安末期になって，源流の催馬楽も，その本来の姿から，ユリの数にこだわった奇妙な謡物に変りかけていたことがうかがわれる．安名尊・伊勢海などは，その頃すでに大曲扱いで，ユリの数をかなりきびしくしたのではないだろうか．

これについて思い出されるのは，『唱物譜』の安名尊の墨譜の直後に附記されている次の「注」である．

信俊卿催馬楽譜云．惣テ催馬楽ノ節博士，姿，調子，音便，長短以下毎事以安名尊為本．所詮，呂律催馬楽者如父母，余歌以是為本．此歌姿其躰優美ニシテ正ク，大ニ長ク可唱．長ク閑ナル歌ノ専一也．最カカリノ大事ニ面白歌也．

これなども，重要な指示の一つと見られたようだが，実際には，催馬楽を邪道に誘導する恐れがある．この注にしたがって，安名尊を過大に重視し，安名尊さえ唱えれば，その他の歌はすべて容易に唱えるような気になった人も少なくなかったようだが，『唱物譜』や明治撰定の安名尊が安名長になったのも，この指示を重視した結果であろう．

ところで，『梁塵秘抄口伝集巻第十二』からの引用の「藤家流以何唱定哉」の一節には，源流派の人達が藤流の催馬楽を見下していた様子や，この両流の対立が相当激しいものであったことなども窺われる．この書にしばしば現われるのは，資賢卿で，有賢・通家・雅賢の名は，時々現われるが，当時の藤流の代表者であった宗俊・宗忠・宗能などの名は，まったく見出せない．その頃まだ，藤流の催馬楽は問題にされなかったと考えられる．

しかし，このように見てくると，葦垣・葛城・高砂などのように，『三五要録』によって訳譜するより仕方がなかった諸歌*は，私が藤流の催馬楽に源流の容由・入節を勝手に適用したものではないかと思われるかもしれない．『三五要録』の催馬楽譜は，もちろん歌譜ではなく，琵琶譜であるから，琵琶譜によって，その歌の容由・入節まで読みとることは，とうていできないわけである．しかし，その疑義は，平安末期の催馬楽に重点を置きすぎた考え方で，もともと，一流しかなかった催馬楽なのであるから，『略譜』の四十三首を基にしてこの二種の装飾音を適用したからといって，さほど問題になることではない．

3. 廿許口訣云々の入節

『略譜』の安名尊の墨譜の第一段と第二段の句頭間と，第二段・第三段の終から二つ目の「百」の直後のケフノの「ケ」の所の入節には，“二十許《ばかり》ユルベシ”と記入されている（20頁参照）．これは，『唱物譜』・明治撰定の安名尊にはもちろんのこと，この歌と同音である新年・梅之枝にも記入されてない．従って，この入節は，『略譜』の安名尊にだけ適用されたものにちがいない．

まず，句頭間のこの入節から考えてみよう．神楽の庭燎（独唱歌）の第四節（最終節）のトヤマナルの「ヤ」の所のユリは，少なくとも七つはユレルように練習しておけといわれたものである．この歌は拍子が不可測的なものであるから，その人の肺活量の許すだけ，七つ以上ユッテもよいわけだが，七つでさえ，ゆったりと，不自然にきこえないように唱うのは容易なことではない．むろん一息で唱うのであるから，二十ばかりユルベシとは大変なことである．もっとも，庭燎の上記のユリは，高音部譜表の第四線の「ニ」（壱越）上のユリであるが，安名尊のこのユリは，その完全五度下の「ト」（双調）上のユリであるから，七つぐらいは容易だが，その三倍近い数のユリでは並大抵のことではない．肺活量の貧弱な人では，いくら練習しても問題にならない．従って，特別に長く唱いつづけられる人が選ばれていたのであろう．

ただし，「許《ばかり》」とあるのだから，必ずしも二十もユラなければならなかったわけではあるまい．十八でも，十六でも，或いはもっと少なく十二ぐらいでもよかったのであろう．とにかく，なるべく数多くユル方がよいとされていたのであろう．いうまでもなく，こういうことは枝葉の問題だが，時には，ユリを，不自然にきこえないようにどのくらい適用できるものか，ためし合った

---

* 290頁最終行参照．

り，競い合ったりした時代もあったことであろう．

とにかく，上に指摘した今一つの場合の入節について触れておかなければならない．既述のように，助音以後はきちんと間を測って斉唱するのだから，句頭間の入節の場合のように自由に唱えないし，助音者が一緒に，二十許りのユリを適用するなどということは，もちろんできない．三管両絃の伴奏者はどうしたろう，などと種々の点から検討してみた結果，次のような処置を取っていたと推定される．

終りから二つ目の「百」が附記してある小節の第一拍まで，付歌も三管両絃も唱奏し，そこで，唱奏をそうっと一斉に中止し，第二拍目の「ケ」からは，句頭者だけが，句頭間の入節の場合のように，自由に唱い，「フ」からは，拍子に入れて，すなわち *in tempo* に唱って，「ノ」の字から，一同一斉に再び唱奏を始めることにしたのであろう．

次の譜参照．『唱物譜』の「注」にあるように，初めは深く折入れ(喉仏の下げを大きくして)，ゆっくりユリ，次第に早めて，いくつかに区切って練習し，やがて次第に区切を少なくし，最後に，一息で唱えるようにしたのであろう．このようなことは，末梢的なことで，全体のバランスの点からいえばどうでもよいことだが，入節は，時にはこういう唱い方をしたこともあったというわけである．

二十許リユルベシの入節

4. 抽音，俄突上

「抽音」はチュウオンとよむ人と，ヌッキオンとよむ人とあった．『略譜』では，「抽」の一字ですませてある場合もある．抽音は，双調歌に多く見る記入語だが，平調歌にもかなり見出される．その旋律的進行は，もともと，狛楽の狛双調調の曲によく見受ける次のような旋律を，多少変型して双調歌に取入れたのが切掛となり，更に多少変型して，平調歌にも利用するようになったのであろう．

地久ノ破

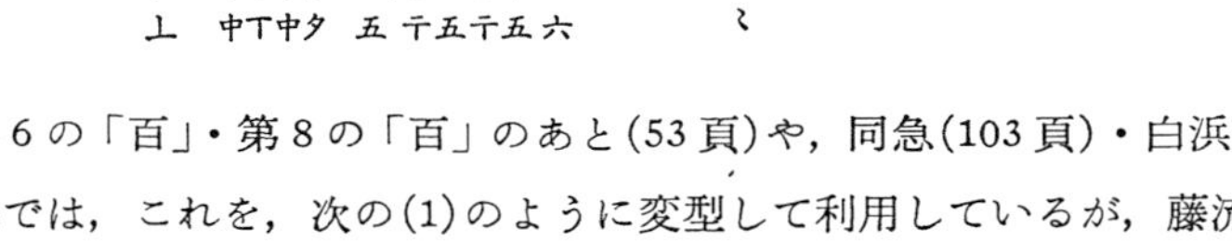

地久ノ破の第6の「百」・第8の「百」のあと(53頁)や，同急(103頁)・白浜・登天楽など参照．

源流の催馬楽では，これを，次の(1)のように変型して利用しているが，藤流・三五流では，(2)のように変型している．

明治撰定の催馬楽では，これを更に一層変型して，次の(3)のような進行にし，抽音とはおよそ異ったものにしてしまったのである．

(3)の(イ)は，墨譜通りのものだが，譜の通りには唱えないのか，実際は，(ロ)のように唱っていた．

抽音という名称は，第1音から第2音を抽いて，つまり第2音を経ないで，一気に第3音へ上行する場合に用いられているので，ヌッキオンとよまれているのだが，「抽」の字よりも，「抜」の字を用い，「抜音」と書く方がよかったと思う．

抽音には，上記の型のほかに，次のように上型の前半だけの型のも見受ける(双調歌の青馬92頁・席田87頁・平調歌の我門尓183頁など参照)．

このように，抽音の直前には，必ず容由もしくは入節が適用されている．ただし，抽音の直前の容由・入節の終りに突を附加する場合には，抽音と書かないで，(6)のように「俄突上《にわかにつきあげ》」とか，「突上」と書いてある．

また，平調歌の場合の抽音は，第1音の短三度上の音に唱い，第2音は，第1音の二律上の音・下無に唱う(我門尓183頁・庭生131頁など参照)．

第八章　催馬楽と笙・琵琶・箏

1. 笙と催馬楽

初期の催馬楽には笙は参加していなかったと考えられる．当時，一首か二首の歌ならともかくも，すべての曲について適切な笙の合竹伴奏譜を書ける人が果してあったか，かりにあったとしても，それを吹きこなせる公家や僧侶があったかどうか，その点を考えると，笙の参加はまず不可能と判断しなければならない．

催馬楽の唱奏に笙が加えられたのは，はやくても寛平以後，おそらく保延頃からのことであろう．それも，最初から単竹伴奏*であったとは考えられない．もしそうだとしたら，催馬楽は，とうの昔に唱えなくなっているはずだからである．

催馬楽における笙が合竹伴奏**であったという理由は，唐楽の場合の笙の伴奏が合竹伴奏である点から考えれば，容易にわかる．唐楽に笙の単竹伴奏を適用したら，必ず演奏不可能になる曲が続出する．笙には勝絶を出す管がないのだから，平調・双調二調の唐楽(その主体である篳篥が吹く旋律のうちには勝絶が多く含まれている)などは，どれも演奏できなくなるわけである．唐楽の笙譜を書いた人は，篳篥が勝絶に吹く所の多いことぐらいは，むろん万々承知していたからこそ，合竹の笙譜を書いたのである．

笙という楽器に，篳篥がたまにしか吹くことがない鸞鏡・断金の管《くだ》がないのはともかくも，この両管が吹くことの多い勝絶を出す管をなぜ附加しなかったのか．「比」(神仙を出す管)から逆八の法を適用すれば，勝絶を出す管は造作なく作れるのである．

注意深い笙の専門家は，唱歌の教習の時に，「下」をゲと発音する所では篳篥が下無に吹く所に対する合竹，グェと強濁音に発音する場合には篳篥が勝絶に吹く所に対する合竹であることを，それとなく教えこんでいる．

ここで，笙の単竹の「下」と合竹の「下」の区別を述べよう．第一図が，笙から出せる諸音および合竹の図である．催馬楽には，直接関係のない部分もあるが，省略しないで，全部を示す．

笙の管は十七本あり，その中で，「也《や》」「毛《もう》」と称する二本の管は，小孔はあるが簧《した》が取付けてないから発音しない．残りの十五本から出る音は，図の通りである．

この図を見ると，黄鐘を出す管は「乞」と「行」の二本，盤渉を出すのは「一」と「七」の二本，上無を出すのは「工」と「言」の二本，壱越を出すのは「凢」と「上」の二本，平調を出すのは「乙」と「八」の二本，下無を出すのは「下」と「千」の二本で，いずれも，それぞれの八度を出す管の名であることがわかる．

---

*　次頁参照．

**　次頁参照．

1	2	3	4	5	6	7	8	9	10	11	12	13	14	15
乞《こつ》	一《いち》	工《く》	凢《ぼう》	乙《おつ》	下《げ》	十《じゅう》	美《び》	行《ぎょう》	七《しち》	比《ひ》	言《ごん》	上《じょう》	八《はち》	千《せん》
黄	盤	上	壱	平	下	双	鳧	黄	盤	神	上	壱	平	下
イ	ロ	嬰ハ	ニ	ホ	嬰ヘ	ト	嬰ト	イ	ロ	ハ	嬰ハ	ニ	ホ	嬰ヘ

第 一 図

一方，双調を出す管は「十」だけで，鳧鐘を出すのは「美」だけ，神仙を出すのは「比」だけである．もちろん，勝絶・鸞鏡・断金の三音を出す管はない．

上掲の管の名称のうちで，「乞・一・工・凢・乙・下・十・美・行・七・比」の十一字は笙譜の字符としても用いられているが，「言・上・八・千」の四字は，笙の音取・調子などの譜には見受けるが，その他の譜にはめったに見られない．

笙の譜に，「下」とある所は，「下」の管はもちろんのこと，その他に，「七行美上千」の五本の管も一緒にして，合せて六本の管を同時に鳴らして吹奏する．もし，「乙」とあれば，「乙」の管の他に，「千七行八上」の五本の管を一緒にして，合せて六本の管を同時に鳴らして吹奏するのである．このように，五本ないし六本の管を同時に鳴らす吹奏を「**合竹奏**」と称し，これが本格的な笙の吹奏法である．笙譜の字符が表示する管だけを一本鳴らす吹奏を「**一竹奏**」とか「**単竹奏**」と称する．

第二図は，普通用いられる十一通りの合竹の図である．白音符は笙譜の字符の音を，黒音符はそれと同時に鳴らす音を示している．この他に，なお三通りの合竹が用いられるが，催馬楽には関係がないので割愛する．上記のように，合竹には，五竹と六竹の二通りあるが，五竹のは，「十」と「行」の二通りだけで，あとはすべて六竹である．

笙譜の字符	乞	一	工	凢	乙	下	十	乇	美	行	比
	千	千	凢	千	千	千	(下)	◦	千	千	千
	七	七	七	七	七	七	七	七	七	七	七
	行	行	行	行	行	行	行	行	行	◦	行
	八	凢	美	八	八	美	八	八	比	八	八
	乙	乙	乙	乙	上	上	上	上	上	上	上

第 二 図

この図によって，どの合竹にも「七」「行」の二竹が含まれていること，最高音を出す「千」と称する管は，「工」「十」「乇」以外の合竹のどれにも含まれていることが明らかである．

第三図は笙の手移を示す．これを見れば，左側の九本の管の音を出すには，左手の四指，すな

わち薬指・中指・食指・拇指のどの指で，どの孔を塞げばよいか，また，残りの六本の管の音を出すには，右手の二指，すなわち拇指と食指のどの指でどの孔を塞げばよいかがわかる．

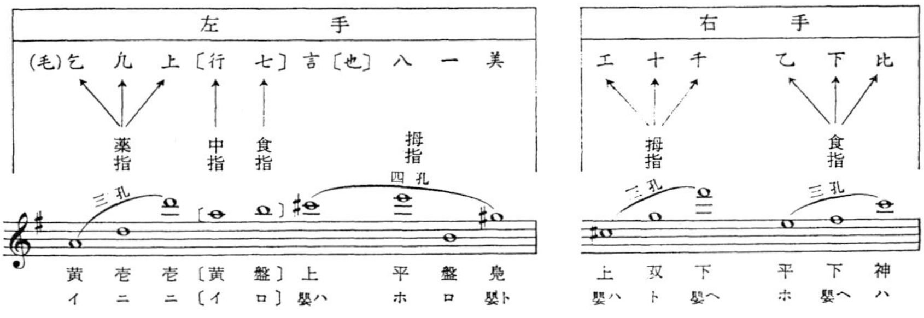

第　三　図

「行」「七」の二孔は，左手の中指と食指が塞いだままで，他の孔へ移動することはない．従って，左手も右手同様に，二指だけを用いるといってもよいわけである．「行」「七」の孔は，他の管の孔より，すこし高い位置にある．

左手の薬指の受持は「乞」「凢」「上」の三孔，拇指の受持は「八」「一」「美」の三孔である．「言」は稀にしか用いないから，埒外においてよい．なお，「毛」「也」の二孔は，既述の通り吹奏できない．

右手の拇指の受持は「工」「十」「千」の三孔である．食指の受持は「乙」「下」「比」の三孔で，「乙」「下」の二孔は，笙の内側にあるから，表からは見えない．「比」の孔は，食指の背面で押えるため，横にあいているから，ちょっと見にくい．

右手の拇指で，「千」「十」「工」の三孔を塞ぐのは容易であるが，左手の拇指で，「八」「一」「美」の三孔，とくに「八」「美」の二孔を正しく塞ぐのはむずかしい．間違いなく，すばやく塞孔できるようになるにはかなりの練習が必要である．また，左手の薬指で「乞」「凢」「上」の三孔を正しく塞げるようになるのにも，相当の練習が必要である．右手の食指で「乙」「下」の孔を塞ぐのは容易だが，食指の背面で「比」の孔を正しく塞ぐのは，頗るむずかしい．

このように，どの合竹はどの指でどの孔を塞げばよいかがわかったら，手移の研究を始める準備ができたと見てよい．手移は，笙の吹奏上，最もむずかしい，複雑な問題である．八十八通りもあるのだから，並大抵のことではない*.

手移について思い出されるのは，多忠保師である．この人ほど手移法を系統的に研究した笙の専門家を知らない．それまでは，いきなり，複雑な手移がある平調調の越天楽などで手移を教えていたのを，一指の運動による手移から始めて，二指によるもの，三指によるもの，四指による

＊　私がまだ若い頃，「鳥の雌雄と笙の手移の良否は，どうもわしらにはわからん．笙吹によって吹きにくい場合と吹きやすい場合があるのはたしかだが，これでは素人にはとうていわかるまい」などと，笛篥の専門家同士が話しあっているのをよく耳にしたものである．第二次世界大戦の数年前，私は，安倍季巌氏と共に，多忠保氏について，一年半ばかり笙の吹奏法の教えを受けた．そこで，手移のむずかしさを具さに体験したが，同時に，上述のように曖昧にしておいてはいけない問題だと考えるので，本章では笙について多少詳しく触れることにする．

ものというように，手移法を四種に大別して教えるようにしたのは，みなこの人の発意であった．

一指の運動による手移とは，たとえば「凢」から「一」への手移ならば，「凢」の時に「八」孔を塞いでいた左手の拇指を放して「一」孔に移す．このように，左手の拇指・薬指，または右手の食指一本の移動による手移をいうわけで，合計十六通りもある．

二指による手移は，急にむずかしくなる．たとえば，「一」から「乙」の手移は「乞」と「一」を塞孔している左手の薬指と拇指を離孔させて，「上」と「八」の二孔を塞がなければならない．その場合，どちらの指を先に離孔させるかが，大切な問題になる．二指を同時に放せば，いわゆる「オッパ式の手移」*になる．

二指の運動による手移は，三十四通り，三指の運動による手移は，三十二通りもある．四指による手移は，更にむずかしくなるが，六通りしかない．これは，左手の二指と右手の二指を使用するわけである．

手移を適用するのはその小節の何拍目のどこから始めてどこで完了させるか，どこで気替《きがえ》，すなわち呼の息から吸の息に替えるか，その逆の場合の手移，「引」**の字のある所，気替を手移の直後に行わない場合などについても言及しておきたいが，あまり専門的になるので，割愛する．なお，昔から「手移」といわれてきているが，むしろ「指移」と称した方が適切ではないかと思う．

五竹の「十」の合竹は，江戸時代に入ってから，双調調の唐楽で篳篥が双調に吹く所に限って用いることになったのである．それまでは，他の調の場合と同様，六竹の「十」の合竹を用いていたのである．五竹の「十」の合竹のほうが音が澄んできれいに聞えるわけで，これを案出したのは，笙の専門家ではなく，篳の専門家であった点は注目してよい(安倍季尚著『楽家録』参照)．

六竹の「十」は，「工」の合竹ほど不協和ではないが，「美」の合竹と同程度に不協和で，篳篥が勝絶と下無の間を急速に上行したり下行したりする所に適用される場合が多い．従って，これを双調に対する合竹と見るわけにはゆかない．これに対して，五竹の「十」は，双調に対する合竹なのである．

双調調の唐楽に限り，篳篥歌が主音(双調)に唱う時には五竹，その他の場合は六竹というように五竹の「十」と六竹の「十」が併用されている点は，注目すべきことで，在来の笙譜では，六竹の「十」の所に，「十」のように，左上に赤点を附記して表示してあるが，これは，むしろ五竹の「十」の方に，なんらかの記号を用いるべきだと思う．

なお，盤渉調の唐楽の場合には，最も不協和である「工」の合竹から，「凢」の管を除外して，五竹の「工」を採用することにしたらよい．そして，この調では，転調のある部分以外では，な

＊「オッパ式手移」とは，一定の順序を無視して，何本かの指を同時にオッパナシテ移動させる手移のことで，このような手移を「オッパ」とか「オッパ式」というのである．

＊＊「引」とは，普通，同一音高の音を長く引延ばして唱奏する部分をいうが，笙譜における「引」は，それと違って，その所では気替をしないことを示している．また，琵琶譜・箏譜における「引」の所は，そこでは，弾かずに待つことを示している．催馬楽では，同一音高の音を，何小節もつづけて唱う「引」の句はあるが，墨譜に「引」の字を用いた所はまったくない．ただ，笏を打たない小節を指示してある場合がある．

るべく「凢」の合竹を用いないで，この五竹の「工」を用いたら，盤渉調の調性がずっとはっきりしてくるばかりでなく，壱越調への転調の妙味も(たとえば，蘇合香ノ急などの場合の)一段と発揮されてくるにちがいない*.

笙の単竹の音は，小さいが意外に鋭い浸透力を持っており，同時に吹奏する笛篳の音高を左右する力を具えている．それに対して，五音ないし六音から成る合竹の音は，五ないし六音が一つの塊となって耳に伝わってくるので，いずれも，単竹奏の場合のような鋭い浸透力はなく，一見，笛篳の旋律に薄いヴェールをかけるような役目でしかないように思われる．しかし，実は重要な任務を引受けているのである．

唐楽の旋律は，音の途切が多く，持続性に乏しいし，その上，狛楽における三ノ鼓のツナギ桴のような，句と句の間をつないでゆくものがない．そこで，笙は，手移によって，この途切をつないでゆく役目を担っている．

笙がこの役目を十分に果すには，手移の出発点と終止点，とくに終止点が的確で，しかもはっ

＊　笙譜の字符「美」を，鳧鐘に当る音高を表示したものと思っている人がある．単竹奏の「美」を鳧鐘と見るのは正しいが，合竹の「美」を，これと同様に鳧鐘と見るのは誤りである．唐楽の主体は笛篳であり，その主体が絶対に鳧鐘に吹くことがないのであるから，笙が「鳧鐘の合竹」となるわけがないのである．唱歌する場合には，笙譜の「美」を鳧鐘に唱う笙吹はいない．初めは意識的に唱わなかったのであろうが，やがてそれが無意識的となり，ついには双調に唱っていながら本人は鳧鐘に唱っているつもりであるような始末になったのである．

盤渉調の唐楽では，笛篳が双調に吹く所が多いが，この調の笙譜では，他調へ転ずるところ以外には，「十」という字符がまったくない．律旋法に囚われた結果，「十」を適用すべき所に「美」を乱用したのであろう．もっとも「美」ではあまりに不調和になる場合には，「十」ではなく「乞」を適用した所もある．この調の越天楽の初頭の「乞下」の「乞」などはそのよい例である(「十下」としたほうが遙かによい)．なお，越天楽と竹林楽だけは，盤渉調の曲でありながら，「美」が使われていないのは注目すべき点である．

もっとも，すこぶるうまみのある「美」の適用もある．笛篳が下無に下行解決する直前に「美」を適用して，故意に不調和にし，これによってヨリ効果的に下無への解決を美化するわけで，「行美下」もしくは「乞美下」の進行句における「美」の適用がそれである．もしこれを「行十下」または「乞十下」とすると，笛篳にはよく調和するが，音楽的効果においては遙かに及ばない．この方法は，平調調の唐楽の，笛篳が勝絶を経て平調へ解決する直前に適用されている笙譜「十下乚」の進行句における「下」の合竹の効果や，盤渉へ解決する直前に適用されている「凢工一」の進行句における「工」の効果などに示唆されたのであろう．

「美」の乱用は，盤渉調にもっとも多く，ついで太食調に多いが，これは，昔の篳の専門家にも大いに責任がある．篳の字符「丅」の左側に「テ」または「レ」が附記されている所，つまり「テ」または「レ」に唱歌する「丅」は，鳧鐘に吹くのだと教えたり，書いたりしたことが『楽家録』などにもうかがえるが，このことが笙譜を書いた人にも影響していると考えられるのである．

「凢」の合竹も，盤渉調の特色を曖昧にする．青海波の初頭・蘇合香ノ急の換頭の第一句などのように，笛篳が上無に吹こうとする所に，「凢」が適用されると，笛篳はとかく壱越に吹きがちになる．ここは当然「工」を吹かなければならないのである．この事をはっきり認識するには，盤渉調の唐楽における「凢」の正しい適用を知らなければならない．蘇合香ノ急の第14・第20の百の所，同三ノ帖の終末の序吹の最後，輪台の第8の百の所，青海波の第8の百の次小節の所，その他万秋楽破の第6，宗明楽の第8，蘇合香ノ破の第9・第12・第20等の百の辺などの「凢」の適用は，盤渉調から壱越調への転調によって，段落もしくはその楽章の終結への極めて効果的な役を果している．もし，場所を考えずにやたらに「凢」を適用すると，このすばらしい効果が逆に形なしになってしまうから，その適用は慎重でなければならない．前述の竹林楽の「凢」などは，すべて「工」に変えたら，ずっと盤渉調らしくなる．

なお，盤渉調には，その他にも「十」の六竹の合竹を用いたらよい所に「乞」が適用されていたり，「工比一」の適用がぜひ必要だと思う所が相当にある．いずれも笙譜を訂正しなければならない．

きりと奏出されなければならない．手移が曖昧であったり，終止点が早すぎたり遅すぎたりすると，演奏そのものが不安定になる．

しかし，反面，笙はあまりにも音が持続的であるために，朗詠のような謡物には，その流動性を破壊する恐れが多分にある．このようなものには，不向な楽器といわなければならない．

最後に，雅楽の専門家や音楽評論家のうちに，笙の合竹伴奏を過大に評価し，洋楽の新しい和声に劣らない，むしろ優るものがあるとか，Debussy の和声は，笙の合竹，すなわち和声を巧妙に利用したものにすぎないなどという人もあるが，私には，それほどのものとは思えない．大体，笙は，唐楽の主体である篳篥の吹く旋律に対して，辛うじてその伴奏の役目を果しているとしか考えられないのである．笙の最低音は，第一図を見れば明らかなように，高音部譜表の第二線の直上の線間のA(イ)の音高の音で，その他の笙の音は，すべて，それより高い音ばかりである．

2. 催馬楽と(楽)琵琶

ここでいう琵琶は，いわゆる平家琵琶・薩摩琵琶などとは違って，楽琵琶のことである．楽琵琶は，もとは馬上で弾いた楽器であって，柱《じ》はたった四つであり，第一位置の音しか出せない幼稚なものである．従って，聴賞用の楽器とは考えられない．文献によると，流泉・啄木・楊真操の三曲が楽琵琶の秘曲とされているが，楽器そのものが上記のような次第であるから，推して知るべしである．唐楽・催馬楽などの琵琶を独弾してみてもわかるが，要するに楽琵琶という楽器は，管絃演奏のさいの体裁上の添物にすぎない．ただ，琵琶譜は，催馬楽の研究には欠くことができないものである．

次に，琵琶の調絃法から述べよう．

双調調の唐楽・催馬楽の双調歌の場合には，その四本の絃を，次のように調絃する．

まず，第四絃(一番細い)を，図竹の双調か，笙の「十」に合わす．次に，第一絃(一番太い)を，その音から八度下の双調に調絃する．その次に，第三絃を，第四絃から下方四度の壱越に調絃する．最後に，第二絃を，第三絃から下方四度の黄鐘に調絃する．このように，調絃した四本の絃

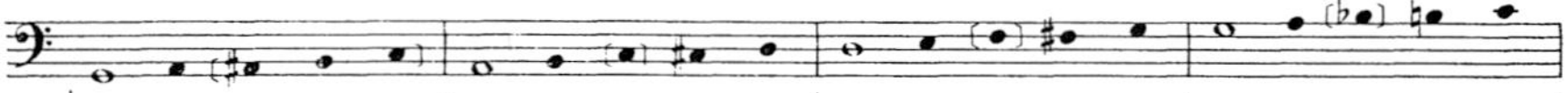

第一絃					第二絃					第三絃					第四絃				
0	1	2	3	4	0	1	2	3	4	0	1	2	3	4	0	1	2	3	4
一	エ	〔几	フ	斗〕	し	下	〔十〕	乙	コ	ク	七	〔ヒ〕	こ	之	工	八	〔l〕	ム	也
イチ	ク	ボウ	ジュウ	ト	オツ	ゲ	ジュウ	ビ	コウ	ギョウ	シチ	ヒ	ゴン	シ	ジョウ	ハチ	ボク	セン	ヤ
双	黄	鸞	盤	神	黄	盤	神	上	壱	壱	平	勝	下	双	双	黄	鸞	盤	神
ト	イ	嬰イ	ロ	ハ	イ	ロ	ハ	嬰ハ	ニ	ニ	ホ	ヘ	嬰ヘ	ト	ト	イ	変ロ	ロ	ハ

から出る音を「散声」と称する．散声とは開放絃の音，すなわち柱を指で押えないで出る音をいう．

この図の白音符は散声を，黒音符は左手の指先で，柱の所で絃を押えて出す音を示す．1は食指，2は中指，3は薬指，4は小指を示す．

どの絃の場合にも，散声，すなわち0《ゼロ》絃から食指(1)で出す音までの音程は，二律，つまり一音だが，1•2間も，2•3間も，3•4間も一音ではなく，半音である点に注意．

数字の直下に配列した琵琶の字符は，なんと二十もある．おまけに，『大字典』にもない字がある．「フ」「こ」「之」「丨」「乚」などはそれで，その下方に附加した仮名のようによむ．「一」「工」「下」「乙」「十」などのように笙譜の字符と同じのもあるし，「一」「斗」「七」「八」などのように箏譜の字符と同じのもある．「コ」「ク」「ヒ」「こ」「之」「丨」「ム」「也」の八字は，琵琶譜にしかない字符である．

琵琶譜でもっとも注意すべきことは，「乚」と「乙」の区別である．「乚」はオツとよみ，「乙」はビとよむ．双調調では，「乚」は黄鐘に，「乙」は上無に当る．「乚」と「乙」とを，しばしば取り違えて書いてある譜があるのも，無理のないことであろう．

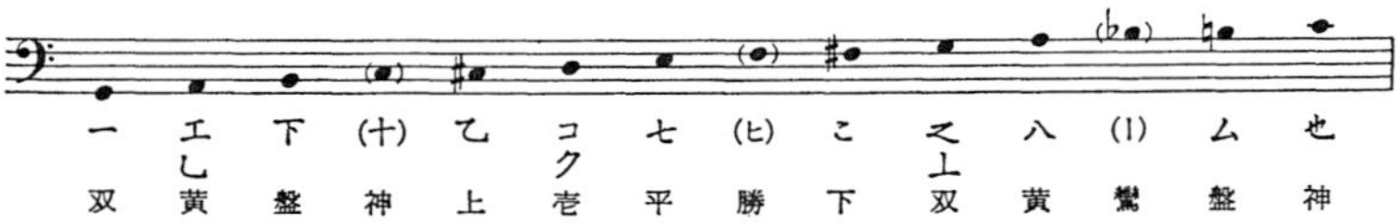

双調歌の琵琶譜には，双調歌を呂旋*の歌と曲解して作譜しているので**，この図の括弧してある三字符は，見出せない．同様に，最高音の「也」は，葦垣・酒飲(どちらも三五説の)の二首に見出すぐらいである．「ヒ」は難波海(藤家説)に見るだけである．珍らしいのは，難波海に「丨」が使われていることで，これは『三五要録』としては異例のことである．

要するに，在来の琵琶譜をそのまま見ていたのでは，双調歌の本当の旋法・旋律はわからない．従って，この図からもわかるように，「こ」の所は「ヒ」に，「乙」の所を「十」または「也」に替えれば，それだけでも，双調歌本来の旋法の基調は，大体，突き止められる．私はこのようにして，『略譜』に載せてない双調歌を『三五要録』から訳譜したのである．

次は，平調調の琵琶の調絃法について述べる．

まず，第三絃を図竹の平調か，笙の「乚」に合わせる．次に，第一絃を，第三絃の八度下の平調に調絃し，次に，第二絃を，第三絃の下方四度の盤渉に調絃し，最後に，第四絃を，第三絃の上方四度の黄鐘に調絃する(上図参照)．

＊　277頁参照．

＊＊　292頁終から6行目参照．

0	1	2	3	4	0	1	2	3	4	0	1	2	3	4	0	1	2	3	4
一	エ	九	〔フ	斗〕	し	下	十	〔乙〕	コ	ク	七	ヒ	〔こ〕	之	上	八	〔丨〕	ム	也
平	下	双	鳧	黄	盤	上	壱	断	平	平	下	双	鳧	黄	黄	盤	神	上	壱
ホ	嬰ヘ	ト	嬰ト	イ	ロ	嬰ハ	ニ	嬰ニ	ホ	ホ	嬰ヘ	ト	嬰ト	イ	イ	ロ	ハ	嬰ハ	ニ

催馬楽の平調歌の琵琶譜に使われている字符は，上の十五字である(括弧内の音は別とする).

この譜の中には，平調調の歌を律旋*と曲解して書いたために，平調歌の重要な音である勝絶がない．それでは，平調歌の本来の旋法・旋律がわかるはずがないわけで，従って，在来の平調歌の琵琶譜も，とうてい使用するわけにはゆかない.

勝絶を出すようにするには，まず調絃法から改正しなければならない．すなわち，次のように調絃し，新たに琵琶譜を作成しなければならないのである.

最初に，前のように，第三絃を平調にとり，次に，第一絃を，第三絃の下方八度の平調に調絃し，今度は第二絃を，第一絃の上方四度の黄鐘に調絃し，次に，第三絃を，第二絃の上方四度の

壱越に調絃しなおし，最後に，第四絃を，第三絃の上方五度の黄鐘に調絃するか，あるいは第四絃を，第二絃の上方八度の黄鐘に調絃する．このように調絃すれば，平調歌に必要な音が得られるようになる(上図参照)．この調絃法を平調調の唐楽にも適用すれば，笛篋が勝絶に吹く所へ下無に当たる字符「七」を用いないですむことになる.

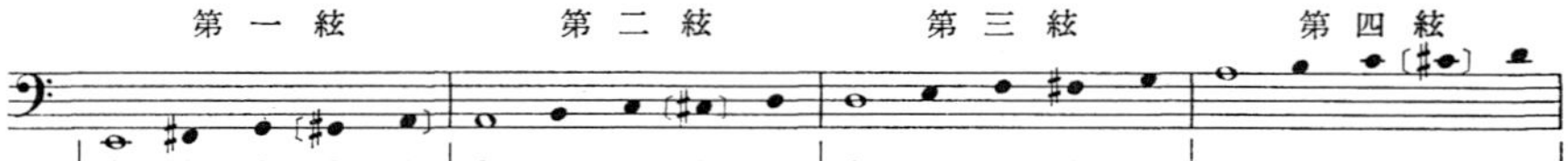

0	1	2	3	4	0	1	2	3	4	0	1	2	3	4	0	1	2	3	4
一	エ	九	〔フ	斗〕	し	下	十	〔乙〕	コ	ク	七	ヒ	こ	之	上	八	丨	〔ム〕	也
平	下	双	鳧	黄	黄	盤	神	上	壱	壱	平	勝	下	双	黄	盤	神	上	壱
ホ	嬰ヘ	ト	嬰ト	イ	イ	ロ	ハ	嬰ハ	ニ	ニ	ホ	ヘ	嬰ヘ	ト	イ	ロ	ハ	嬰ハ	ニ

もちろん，太食調の唐楽でも，笛篋が鳧鐘に吹く所はまったくないのだし，勝絶に吹く所は多いのだから，この調絃法を用いる方がよいわけである．それを参考にして，琵琶譜を新たに書けばよい.

＊　276頁参照.

最後になるべく簡単に，琵琶の弾法に触れておこう．琵琶は撥《ばち》と称するものを右手にもって，弾奏する．

散声はすべて字符の音だけを弾く．ただし，第二絃の散声の時には，第一絃の散声も同時に弾く．これは例外的な場合と見ればよい．

第二絃上の散声以外の字符の場合には，その字符の音と，第一絃の散声とを，同時に(下図のように)弾く．

第三絃上の散声以外の字符の場合には，その字符の音と，第一・第二絃の散声，つまり三絃の音を，下図のように弾く．

第四絃上の散声以外の字符の場合には，その字符の音のほかに，第一・第二・第三絃の散声，つまり四絃の音を，下図のように弾く．

琵琶譜の小さい字符で書いてある所は，撥を使わないで，左指で出す「弛」「叩」などであるが，ここにはあまり必要でないから，割愛する*．

3. 催馬楽と(楽)箏

双調歌の場合には(双調調の唐楽の場合も同じだが)，箏の十三本の絃を次のように調絃する．

まず，第二絃を律管の双調か，笙の「十」に合せ，第五絃を，第二絃の音・双調と同音になるように調絃し，第三絃を，第五絃の下方四度(逆六)に調絃し，次に，第六絃を，第三絃の上方五度(順八)に調絃し，今度は，第四絃を，第六絃から下方四度に，次に，第七絃を第四絃の上方五度の音に調絃する．それ以後は，第八絃を第三絃の八度上の音に，第九絃を第四絃の八度上の音に，という工合に調絃してゆき，第十三絃(巾)を第八絃から八度上の音に調絃して，最後に，第一絃を第五絃と同音に調絃する．なお，「斗」は第十一絃，「為《い》」は第十二絃，「巾《きん》」は第十三絃の，代名詞のように使われる．

以上のように，調絃した十三絃の音を，第一絃の音から順次に並べると，次のようになる．

* 琵琶の弾法については，『古事類苑』楽舞部二 721–812 頁の琵琶の項にその詳細が載っている．

この図の諸音の中には，括弧してある音は含まれていないことに注意.『仁智要録』* には，「四」「九」の二絃に推手を適用して変宮(ここでは下無)を，また，「七」「為」の二絃には推手を利用して変徴(ここでは上無)を出すと指示してあるが，これは，この箏譜の撰者(師長)が，双調歌も(双調調の唐楽も)呂旋の歌と曲解していたからである.『体源抄』の著者(統秋)は，これに拍車をかけるような図まで書いている**.

「推手」というのは，左手でその絃を強く推して，絃の音高を高くすることをいうのだが，師長の指示するように，これによって，二律(一音)も高くすることが，果して可能であろうか. 一律なら可能であるが，二律はとうてい無理だと思う.

そこで考えられることは，一律しか高くできないのに，二律高くしているつもりであったのではないかということである. その方が歌の旋律にも，笛笓の吹く旋律にも，調和することになるからである. そして，結果として呂旋を無視したわけであろう.

ところで，いつ頃からのことかわからないが，この推手が，まったく利用されなくなってしまったために，以後，歌が勝絶に唱う所や笛笓が勝絶に吹く所は，その半音低い平調を出す「四」「九」の絃を，また，神仙に唱う所や，吹く所は，その半音下の盤渉を出す「七」「為」の絃を，そのまま弾いて平然としていたのである.

推手を利用しなくなった原因は，これを利用する所の指示法やいろいろの記号が取違えやすいこと，それらの書き誤りの多いこと，推手なしで弾いてもたいして邪魔にならないこと，細かく注意する人もなかったことなどにあったのであろう. なにしろ，鎌倉時代の頃からは，その曲の旋律も知らないで，箏譜の拾い読みに没頭するのが精一杯であったわけだから，推手などに構っていられなかったにちがいない.

しかし，推手は今後は利用すべきであると思う. 譜には，ただ「推」の一字を，「四」「九」「七」「為」の字符の右肩にでも附記すればすむことであるし，半音高くすればよいのだから，容易である.

推手で問題なのは，臨時的に下無に唱う所や吹く所では，どうするかということである. この場合には，左指を用いて，「四」「九」の絃の柱を，すばやく右方へ移動して出すより仕方がない. 多少練習すれば，可能である.

次は，平調歌の場合の箏について記そう. まず，図のように調絃する.

このように，調絃した十三本の絃の音を第一絃から並べると次図のようになる.

括弧の諸音は，昔は，推手を利用して出していたと思われる音である. 推手を用いなくなって

*　292頁19行目参照.

**　『古事類苑』楽舞部二 667頁参照.

からは，笛恣が壱越に吹く所にも，その一律低い音・上無を弾いてすませている．実際は，「六」「斗」の絃に推手を適用すべきなのである．また笛恣が勝絶に吹く所は，「七」「為」に推手を適用すればよいのに，勝絶の半音上の下無を出す「三」「八」「巾」を弾いてすませているのである．

この平調調の調絃法は大いに便利で，勝絶が必要な時には，「二」「七」「為」の三絃に，神仙が入用なら「一」「五」「十」の三絃に推手を利用すれば，所要の音が出せるし，双調が欲しければ「三」「八」「巾」の三絃に，壱越が入用なら，「六」「斗」の二絃に推手を適用すればよいのである．太食調の唐楽にも，この調絃は適している．

箏譜を見ると，多くの場合，次のように，小型と大型の二字を複合した字符と，大型だけの字符とが，交代に書いてある．

複合字符

一五《いちご》　一六《いちろく》　二七《にしち》　三八《さんぱち》　四九《しく》　五十《ごじゆう》　六斗《ろくと》　七為《しちい》　八巾《はちぎん》

大字のみの字符

五	六	七	八	九	十	斗	為	巾
双	黄	盤	壱	平	双	黄	盤	壱
ト	イ	ロ	ニ	ホ	ト	イ	ロ	ニ

これは，双調歌および双調調の唐楽の箏譜の場合の音高を表示したものであるが(推手を使用する時の音高は除外した)，箏譜の字符は「斗」「為」「巾」の三字以外は，どれも見馴れた数字を用いてあるので，便利である．

大字のみの所は，その絃だけを右拇指で弾く．これを，拇指で弾くのに，「小爪《こづめ》」と称している．複合字符の所の弾き方には，菅掻《すがき》・閑掻《しずがき》・早掻《はやがき》の三種がある．ここでは，閑掻と早掻の弾法を記す．

まず，そのリズムだけを，小爪と交代に示す．

「閑掻」の弾き方は，複雑で，次のように弾く．たとえば，「三八」の所なら，食指で第四絃を弾き，次に中指で第三・第四絃を順次に弾き，終りに今一度中指で第五絃を弾く時に，同時に拇指で第八絃を発音させる．なお，「四九」の所なら，食指でまず第五絃を，次いで中指で第四・第五絃を弾き，今一度中指で第六絃を弾く時に，同時に拇指で第九絃を発音させる．これによって，他の複合字符の閑掻の弾き方も，見当がつくであろう．

次に，双調調の箏譜の複合字符から，「三八」と「四九」とを取りあげ，閑掻弾法を五線上に表示する．

この閑掻の図の後半の四分の四拍子の部分は，唐楽演奏および催馬楽唱奏における速度について，きわめて大切な問題を示している．実際，閑掻のリズム「トッントッテトッン」は，唐楽・催馬楽の演奏の速度を大きく左右するのである．箏の弾者が，笛篞の吹いているその曲の速度を無視して，勝手な速度で弾くと，笛篞はいかに努力してもどうにもできない．主体の笛篞の方が，従体の箏のテンポについてゆくより仕方がなくなってしまう．その主従の転倒が，ついには唐楽全体および催馬楽の五拍子物の速度をノロテンにしてしまったのである．

箏がまだ唐楽演奏に加わらなかったころは，唐楽のいわゆる早物(越天楽など)は一小節を二拍に測り，いわゆる延物《のべもの》(万歳楽など)は一小節を四拍に測って演奏していたと考えられる．これは，越天楽や万歳楽などを，作曲者の見地に立って調べてみれば，容易に推定できることである．従って，今日のように，早物の一小節を四拍に測り，延物の一小節を八拍に測って演奏するようになったのは，すべて，むかし弾かれた閑掻の影響であると，私は考えている．

次に，「早掻」の弾き方およびそのリズムについて述べよう．「三八」なら，食指で第四と第五の絃が同時に発音するように力強く弾き，次に中指で第三絃を弾き，最後に，拇指で第八絃を発音させる．「四九」なら，第五と第六の絃を食指で同時に弾き，次に中指で第四絃を，終りに拇指で第九絃を発音させる．これを，五線上に採ると，次のようになる．

早　掻　の　弾　法

明治以来，たとえば双調調の春鶯囀の入破の箏譜の初頭における次の複合字符の所を，すべて(1)のリズムに弾いているが，昔は，(2)のリズムのように弾いていたと考えられる．

｜六斗　｜五十× 十｜三八　｜八　｜九　｜三八× 八｜

試みに，×記号を附記した以外の小節の複合字符を，最初は(1)のリズムに弾き，次に(2)のリズムに弾いてみると，(1)の場合には，うわついた感じで安定感がない．これは，於世物*の箏を弾いたことのある人なら，誰でも体験した感じだと思う．

(2)のリズムに弾いた場合には，確乎とした安定感が得られる．

＊　唐楽の早拍子のものの中に「於世(オゼ)」と称する曲がある．延物・只拍子物・夜多羅物にはオゼはない．早物は，現今，四拍子で演奏されるが，本来は二拍子に奏すべきものである．オゼは，篞が二拍子の二拍目(小節のなかば，雅楽では程〔ほど〕という)で気替するのが特徴で，同じ早物でも，越天楽などにはこのような所がないのでオゼといわない．たとえば，春鶯囀の颯踏の入破・蘭陵破王などをオゼという．

×記号を付けた小節のように，その小節の複合字符の直後に小爪に弾く字符がある所だけは，(1)のリズムに弾くことにすれば，於世物は，於世の曲らしくなる．

私は，(2)のリズムに弾くのを早搔と称し，(1)のリズムに弾くのを，早搔といわないで，「迅搔」と書いてオゼガキとよむことにした．

最後に，上記の×を附記した小節のリズムを念のために，書いておこう．

以上，いろいろ述べたが，一言でいって，雅楽の箏の弾奏は平安時代以降，次第に衰退してきているといえよう．

第九章　呂律の旋法と半呂半律の旋法

雅楽の旋法について書かれた文献や図をいろいろ調べてみたが，そのほとんどは納得しかねるものであった．ただ「梁塵秘抄口伝集巻第十二」の諸調の旋法の図には，他の文献には見られない刮目すべきものを発見した．雅楽本来の，実際に則した旋法を確認しようとするならば，ぜひ一読しておく必要があろう（岩波文庫『新訂梁塵秘抄』141-4 頁）．

その刮目すべき図というのは，この「口伝集」に引用されている敦実親王の書いた諸旋法の図である．最初の図は，律旋および呂旋*のそれであるが，これを知らなければ，それに続く図が刮目すべきものかどうかわからないので，まずこの図から示すことにする．なお，縦書のを横書になおし，音名を附加した．

三調の律旋

この「律旋」の図を検討してみると，次のことがわかる．平調調の図では，平調歌で多く唱われ，唐楽では笛悠が多く吹く重要な音・勝絶が除外されており，しかも臨時的に吹唱されるだけの音・下無を重要な音と誤認して，これを「商」としている．黄鐘調の図では，この調でも多く吹かれる大切な音・勝絶を埒外に置き，稀にしか吹かれない音・下無を重要な音と見て，これを「羽」としている．盤渉調の図では，笛悠がしばしば吹く双調を度外視し，絶対に吹くことのない鳧鐘を重要な音として，これを「羽」としている．これらのことから，この三通りの図は，どれも信頼できないといえる．遠く寛平の頃から，この三調を律旋の調と誤認した人がいかに多かったかがわかる．今まで，この点を指摘した文献がないのは，実際に則しないこの旋法を是認している人が多かったためであろう．

---

*　呂旋法を構成する七音は，順八逆六の法を三度適用すれば，何人にも簡単に得られる．

律旋法を構成する七音は，少し面倒であるが，順八逆六の法を一回，次に順八の法を一回，それから出発音に戻り，そこから順六の法をつづけて二回，最後に逆八の法を一回適用すれば得られる．任意の音を出発音として，実地に試してみるのも一興であろう．

この二方法をいち早く知ったのは，古昔の漢籍を読めた僧侶であったと推定される．僧侶から真先に伝えられたのが公家であろう．

念のため，私はこの三調の唐楽と平調歌を検討してみたが，律旋法に該当する曲は一つも見出せなかった．そして，皮肉なことに，従来呂旋の調とか半呂の調といわれている太食調に，律旋法に該当する曲が発見された．「抜頭」がそれであり，「合歓宴」もそれに近い(この二曲以外には，この調に律旋の曲はない)．

つづいて，同書142頁の「**呂旋**」の図に移る．これを横書にすると，次のようになる．これによって，双調呂旋なるものは洋楽の「ト」長調の第4音を，壱越呂旋とは「ニ」長調の第4音を，半音高くしたものと心得ておけばよいことがわかる．

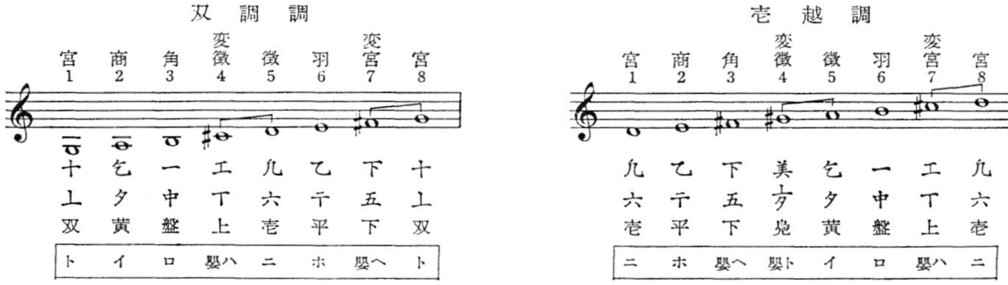

二　調　の　呂　旋

この双調呂旋の図に合致する催馬楽は一首もない．いわゆる呂歌なるものには神仙に唱う所はあるが，上無に唱う所は皆無であり，また，勝絶に唱う所は多いが，下無に唱う所は転調の所だけしかない*．

双調調の唐楽の場合もこの点は同様で，笛窓が上無に吹く所はなく，勝絶に吹く所は多いが，下無に吹く所はきわめて少ない．なお，この調の笙譜には，「工」の字は見られない．要するに，三管とも，この旋法を否定しているのである．

ところが，双調調の両絃譜**は，唐楽・催馬楽いずれの場合も，この旋法に合致するように書かれている．奇怪なことである．

壱越呂旋の図は，双調調の場合以上に非実際的である***．笛窓が鳧鐘に吹く所は絶無なのに，この音を「変徴」として第4音に据え，神仙に吹く所が多いのに，これを除外し，たまにしか用いない上無を「変宮」として第7音に置き，なおそればかりか，勝絶に吹く所が多いのに，これも埒外におき，あまり用いない下無を第3音に「呂角」として据えている．

笙譜はこの旋法をも否定している．それは，「工」を適用しないで，「比」を用いていることで

＊　240頁参照．

＊＊「両絃譜」とは琵琶譜と箏譜の併称である．太食調の抜頭などでは，箏は平調調の曲の場合のように調絃して弾くが，同じ太食調の仙遊霞では，「四」と「九」の二絃をわざわざ鳧鐘に調絃しなおして弾く．箏の弾手にその理由を尋ねると，この曲は呂旋の曲であるとか，琵琶が「匕」を弾かないで「こ」を弾くからだと答える．琵琶の弾手に「匕」を弾かないで「こ」を弾く理由を訊くと，これは呂旋の曲であるとか，箏が太食調の調絃に変更して弾くからだと答える．要するに確たる理由はどこにも見られない．念のために，主体であるこの曲の笛窓の譜を調べてみると，鳧鐘に吹く所などまったくない．このような奇怪なことが琵琶・箏にはよくある．ことほどさように，両絃譜というものはあまり信用できない．

＊＊＊　壱越呂旋は催馬楽にはまったく無関係である．

明らかであろう．「工」を見出すのは，酒青司だけであるが，この曲における「工」の適用は，疑問に思われる点がある．

ただ両絃譜だけは，相変らず，この旋法を肯定している．まったく不可解なことで，これは呂旋病に罹った者によって書かれたものだと考えるより仕方があるまい．以上によって呂旋法なるものは，机上の空旋法であることが明らかになったと思う．

このように見てくると，「梁塵秘抄口伝集」の呂旋の図は，次の半呂半律の図と比較するために，載せたものだと見るのが妥当であろう．

この半呂半律の図は，雅楽の旋法には律旋と呂旋の二種しかないように書いてある文献のみと考えていた私には，意外な発見であった．それまで私は，半呂半律の曲とか，半呂の歌とかいう言葉を，耳にしたことはあったが，それがどんな旋法なのか，呂旋・律旋とどう違うのか，説明してくれる人にも，文献にも接したことはなかった．そこで，呂律の二旋法だけでは説明しかね，なんとかその場を切り抜けなければならない場合の，体のよい逃口上に用いる言葉にすぎまいと思っていたのであった．しかし，これらの図によって，その本体がはっきりわかったばかりでなく，すでに寛平の頃に，呂律の二旋法に疑念を抱いていた人がかなりあったことまで明らかになったのであった．

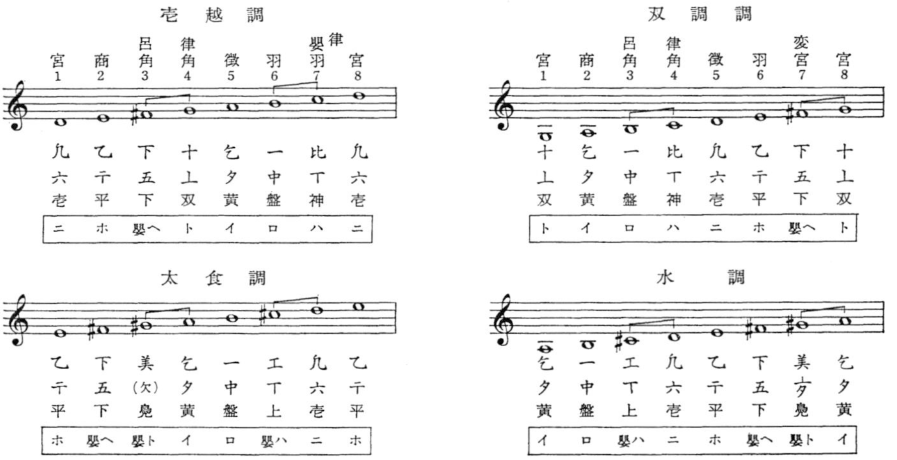

四調の半呂半律の旋法

「半呂半律」の図は，次のような諸点を示している．

壱越調の唐楽を呂旋という人が多いが，そうではない．なぜなら，これを笙譜の面からいうと，「十」「比」をおもに用い，「美」「工」はたまにしか用いてない．いいかえれば，笙は，第4音を変徴と，第7音を変宮と認めていない．第4音を律角，第7音を嬰羽とし，第3音を呂角とする点から，この調を，半呂半律の調と称したのであろう．

太食調も呂旋というわけにはいかない．なぜなら，これも笙の面からいえば，第4音を変徴，すなわち鸞鏡に，第7音を変宮，すなわち断金に吹け，と要求されても，無理なのである(この二音を出す管は，笙には欠如している）．笙譜は第4音を律角（黄鐘）として「乞」を用い，第7音を嬰羽（壱越）として「凢」を用いている．従って，この調は呂旋とはいえない．半呂半律の旋法といった方が適切であろう．この二例だけから見ても，敦実親王の旋法は，呂旋のような実際に則しない旋法ではないことが明らかであろう．

なお，この半呂半律の図によって，双調調も水調もまた呂旋とはいえないことが示されている．たとえば，双調調の唐楽は，笙譜の面からいえば，変徴に当る「工」を用いないで，律角に当る「比」を用いている．従って，この調を呂旋というわけにはゆかない．半呂半律の調といった方がよいと考えられるわけである．

太食調が半呂半律の旋法であることは，上図によって，より的確にわかるであろう．ここで，第3音に嬰商と呂角とが見えるのは，この調の笙譜には，「十」を用いてある場合と「美」を用いてある場合があるからである．

水調も呂旋の調だという人があるが，もしそうだとすれば，第4音が断金でなければならない．しかし，この音を出す管は，上記のように，笙にはない．それ故，「凢」によって壱越を出している．従って半呂半律の旋法というべきであろう．この点も上図でははっきりと示されている．第3音に「比」と「工」が，また第7音に「十」と「美」があるのは，これも笙譜には二通り用いられているからである．

このように，太食調と水調の二図を見ても，敦実親王がいかに呂律の旋法に疑念を抱き，その本体の究明につとめたかが窺われる．しかし，太食調では，その変宮に当る音が笙にはないのであるから，この点を今一歩追究していたら完全な本来の旋法が突きとめられたであろうし，また水調でも，狛楽の狛双調調の曲から研究していたならば，本来使われないはずの「工」「下」「美」などを入れることなく，完全に実際に則したものになったと思う．その点からいえば，親王の仕事を引継いで研究する人があったら，とうの昔に，雅楽の旋法は完全にその本来の姿として確定したものになっていたであろう．まことに惜しい限りである．

附言　神楽歌と和琴

神仙調の五声音階と六声音階の二種の音階は，恐らく，我国の最古の旋法であろう．どちらも，神楽笛の自然音だけから成立している．

神楽歌の採物《とりもの》と称する部門の榊《さかき》・幣《みてぐら》などや，独唱歌の庭燎の第一節は，次図の(一)の音階の諸音ばかりで唱う拍子のとれない（不可測的な）歌である．(二)は六声音階だが，これは早歌の上拍子*の音階で，この後

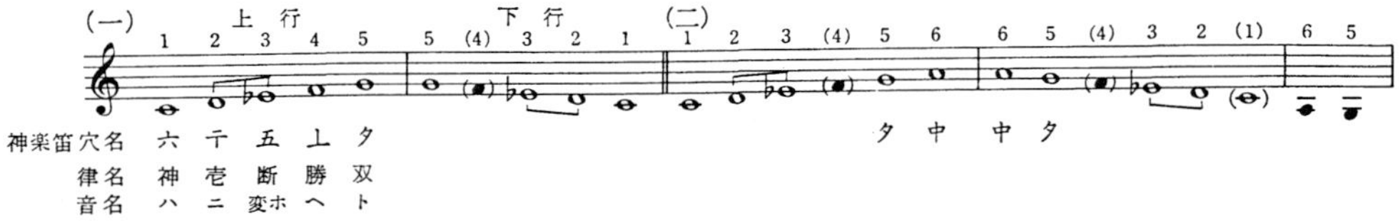

半では，第2音・壱越から(第1音・神仙を経ないで)すぐに盤渉より半音低い鸞鏡(変ロ)を下行経過音として唱い，それから下方の第6音と第5音を唱う所がある．これが，やがて七声音階に発展する**．なお，この図の最終小節の二つの黒音符は，鸞鏡を経て移る下方の第6音と第5音を示す．

神楽笛の「六」穴の自然音・神仙を第1音とする六声の自然音階は，やがて七声音階，つまり Dorian mode へ発展してゆく途上にあったものと見てよい***．私は，この六声音階を初期の神楽歌の旋法と考えている．

ところが，いつとはなしに，神楽歌は神仙調から壱越調の旋法の唱物になっていった．Dorian mode から Phrygian mode に近い旋法のものとなったのである．これを，私は，後期の神楽歌の旋法と見る．

旋法の移動が，このように極めて円滑に行われたのは，初期の神楽歌も，後期のそれも，すべて神楽笛の自然音から成り立っていたからであろう．移動後も，初期の旋法で第1音であった神仙は第7音となり，第2音であった壱越は第1音(宮)となり，第6音であった黄鐘は第5音になる，というような相違だけで，音そのものはすべて自然音である．

後期の神楽歌の多くは，神楽笛の「干」の音・壱越で終っているが，篠波の本歌《もとうた》・得銭子《とうぜにこ》の本末《すえ》の歌のように，第5音で終っているものもある．榊の最終楽章である「尻上《しりあげ》」などもそうだが，この歌の大部分は初期の旋法であり，「尻上」から急に壱越を第1音とする旋法に変わる．この点から，この楽章は後から付加したものと考えられる．

神楽歌の伴奏楽器として欠くことのできない和琴《わごん》の調絃法は，主体である歌の旋法とは大いに異なっている．たとえば，上に指摘した榊・庭燎の第一節において最も重要な第1音(宮)・神仙を，まったく無視して六本の絃を調絃し，それで伴奏することからして不可解である(下図参照)．

これは，現代の人の音楽的常識では，とうてい理解できないものである．歌の旋律に合致する和琴の音は，

*〔前頁〕「上拍子(あげびょうし)」という言葉は，拍子(ま)が整然と測りにくい楽章の直後に，拍子を整然と測って唱うべき楽章がある時に，その楽章をいう．「揚拍子」と書いてある譜もある．これに対して，その直前の楽章を「閑拍子(しずびょうし)」また「閑歌(しずうた)」という．

上拍子の訳譜における二分音符・全音符の所を漠然と唱うと，生気のない，間の抜けたものになりがちである．どうしても，拍子を細分してゆく「潜在リズム」とでもいうべきものが必要である．これは，早歌の上拍子に限らず，催馬楽全体にわたって，訳譜の同様な部分にいえるわけで，その歌を生かすか殺すかは，潜在リズムの有無と適不適にある．どのようなリズムが適当かは個々に違うが，唐拍子の三ノ鼓のリズムを脳裡で打ちながら唱ってみるのも一方法であろうし，そうしているうちに，その歌に最もふさわしい潜在リズムを発見することもかなりあると思う．

洋楽では，昔からこの点が重視され，大いに研究されてきている．伴奏部を検討すればすぐわかることである．たとえば，Wilhelmj が再編曲した Bach のG線上のアリアにおける全音符と二分音符の部分を伴奏ぬきで演奏したら，どんなことになるか，考えてみれば納得がゆくと思う．ただ，神楽歌の場合には，潜在リズムの代りの役目を果す楽器はまったくない．

** 『風俗訳譜』47頁参照．本書224頁の壱越調の音階の図も参照．

*** 225頁脚注の Dorian 旋法と半音の在所を比較してみよ．

第三絃(壱越)，その八度上の第一絃(壱越)，第二絃(黄鐘)，第五絃(双調)の四音だけである．第四絃は盤渉に調絃するし，第六絃は平調に調絃するが，どちらも上記の音階中にはない音であるから，とかくに歌の邪魔になる．

そこで，心ある和琴の弾手は，第四絃と第六絃をなるべく小音に弾く．ところが，一方では，和琴の音の方を重視し，神楽歌には神仙や断金に唱う所はなく，和琴の第四絃・第六絃の音に合うように唱うのが正しいという主客顚倒の説もあるのである．

それでは，いっそのこと，第四絃を神仙に，第六絃を勝絶に調絃したらばどうであろうか．この調絃は容易であるし，歌の邪魔をする盤渉・平調の二音も放逐できるし，神楽歌の教習にも具合がよいので，上記のような暴説も霧消してしまうであろう．まさに一石何鳥にもなるのであるが，ここにあいにく，和琴には「折《おる》手《て》」と称する，左手の指順よく弾ける，美しい旋律を形成する手法がある．これは，元来，間をきちんと測《と》って弾く旋律ではないが，説明の関係上，間を整然と測って弾けるように書いたのが次図である．

結局，この折手が捨てがたいために，不可解な調絃法のままで，和琴の伴奏をつづけてきたのであろう．私もまた，折手を捨てがたく思う一人ではあるが，神楽歌全体の見地からいえば，前記のように調絃法を変更するのもやむをえぬ一法であるとは思う．しかし，それにしても，神楽歌に必要な鸞鏡・断金の二音は，和琴から得ることはできない．

第十章　広井女王時代の催馬楽と寛平時代以後の催馬楽

1．広井女王時代の催馬楽

『古事類苑』楽舞部一 229 頁の『三代実録』三清和に

貞観元年十月廿三日乙巳，尚侍従三位広井女王薨．広井者二品長親王之後也．（中略）天安三年転尚侍．薨時年八十有余．広井少修徳操．挙動有礼．以能歌見称．特善催馬楽歌．諸大夫及少年及好事者，多就而習之焉．至于殂没時人悼之．

とある．

広井女王の生れたのは，奈良時代の末期，光仁天皇の宝亀十年(西暦 779)，藤原百川の没した頃のことである．三十歳の時は，平城天皇の大同三年(西暦 808)，『古語拾遺』の完成した頃であるから，もちろん，平安時代に入っている．

四十歳の時は，嵯峨天皇の弘仁九年(西暦 818)，この頃，女王は既に催馬楽を教えていたと推定される．無力蝦・酒飲・桜人・紀伊国・石河・田中井戸・眉止之女・葛城・沢田河・新年・奥山・老鼠・我駒・我門乎・何為・更衣・逢路・道口・鷹子・浅水などは，既に，唱われていたであろう．

五十歳の時は，淳和天皇の天長五年(西暦 828)，この頃には，山城・大宮・本滋・我家・青馬・妹之門・安名尊・梅之枝・大芹・大路なども，既に唱われていたと思われる．

ともかく，広井女王が健在で，諸大夫・少年・好事者たちに教えていた頃の催馬楽は，呂律の旋法に歪められたり，笙の単竹伴奏に悩まされたりしない，自然な，楽しめる謡物だったにちがいない．

ところで，女王は催馬楽を教える場合に，どんな楽器を利用していたであろうか．これは，推測してみる価値のある問題と思う．

琵琶・箏は既に渡来していたと見ても，このような不便な楽器を利用したとは思えない．和琴はどうか．催馬楽の重要な音・勝絶を出すには，その六本の絃を，どう調絃したらよいかを考えてみれば，これも利用されなかったに違いない．

笙はどうか．この楽器には勝絶を出す管《くだ》がない点から考えても，むろん，利用されなかったことがわかる．律管の利用も考えられない．音高が変わる都度，拾い上げては鳴らしてみるなどということは，面倒で問題にもなるまい．

篳はどうか．これは吹奏の極めてむずかしい楽器である．少し習った程度では，催馬楽の教習には，とうてい利用できない．結局，笛を利用していたということになる．

広井女王は狛笛を相当吹ける人であったと思われる．唐笛(横笛)よりも遙かにその吹奏は容易であるし，息もたいして要らないので，女性向である．既述のように，催馬楽には，狛楽の旋律を利用して作られた歌が相当あるし，狛笛の自然音階が基調になっている曲が多いから，恰好の楽器である．当時の楽器のうちで，これほど軽便で，習得の容易なものは，他に考えられない．

こうしてみると，奈良時代の末期から平安時代の中期にかけて作られた謡物で，今日まで伝わっているものは，ほとんどみな，笛を利用して作られたものにちがいないことも，自ら明らかになって来る(催馬楽は，初めは狛笛を，後には横笛を利用し，風俗・朗詠は横笛を，神楽歌は神楽笛を利用していたと考えられる)．このことは，これらの歌譜，いわゆる墨譜に諸音の高度を指示する時に，笛の穴名，すなわち「⊥夕中丅六亍五」が利用されていることからも推定できる．

ところで，笛のこれらの穴名は，必ずしも，正確な音高を指示するとは言えないが(たとえば，横笛の「五」は，勝絶を指示するのか，下無を指示するのか，判定し難い場合がある)，未知の歌でも，各笛の自然音階を知っていれば，それを目安として検討してゆくと，正しい音高が突止められる．そればかりではなく，穴名の書き誤りはもちろんのこと，故意に判読し難いように書いてある所まで判知できるようになる．

もっとも，これは，呂律の旋法に囚われている場合や，どこでも狛笛の「五」は鳧鐘に，横笛の「五」は下無に吹くと思いこんでいる人には，問題外のことである．

ここで，晩年の女王が多分知らなかったと思う歌の名，およびその死後に作られた歌の名を挙げておく．

浅　緑　　角　総　　難波海　　奥山尓　　蓑　山　　葦　垣

此殿者　　これと同音の三首

高　砂　　夏　引　　貫　河　　東　屋　　青　柳　　伊勢海

以上十六首は，仁明天皇の承和の御代に入ってからの作品であろう．(女王の六十歳頃)

鈴之河　　妹与我　　竹　河　　河　口　　走　井　　飛鳥井

庭　生　　我門尓　　插　櫛

等は，更に後の作品と考えられる．

美　作　　藤生野　　席　田

の三首は，もちろん，女王薨後に現われた歌である．

2. 寛平時代以後の催馬楽

広井女王の薨後三十年ほどを経た宇多天皇の寛平三年(西暦 891)頃には，女王の教えていた催馬楽の旋律もその旋法もかなり変わり，おもしろくなくなってきたことや，それが後白河上皇時代(西暦 1160)になると，またまた変わってしまった事などは，「梁塵秘抄口伝集巻第十二」(岩波文庫 139 頁)の次の一節で，明らかになる．

いま唱ところ，寛平(宇多天皇)，延長(醍醐天皇)の頃と又々振《ふり》かはり侍り．諸(歌)，呂・律にうつされるは，寛平の御時に催馬楽を調子定させ給とかや．それよりこのかた，振もちがひ律もそんじたり．云々．

これによって，寛平以前の催馬楽には，たとえば，桜人・蓑山のような狛双調調の歌もあれば，老鼠のような狛平調調の歌もあり，無力蝦のような狛壱越調の歌もあり，また一方には，田中井戸のような壱越調の歌もあれば，我駒のような平調調の歌もあるという具合に，種々の調の，いろいろの旋法の催馬楽があったのに，それぞれの歌の本来の旋法を十分に検討もしないで，軽卒にも双調呂旋の歌と平調律旋の歌の二種に限定してしまい，前者を呂歌と，後者を律歌と称すことにしたことも，それが近頃(「梁塵秘抄口伝集」のいう)になって，またまた，旋律も旋法も変わってきたということもわかる．

また，同抄「口伝集」の140頁には，

郢曲・催馬楽などは，正律に唱るゆゑに，管等は相合ゆゑ，古代の振なんうせてなげかはしく無念の事と，資賢卿仲頼なども申侍り．云々．

とあるが，この一節にも，催馬楽にとっては極めて重要なことが暗示されている．

ここで，この一節のうちに見出す「正律」の二字に注目してほしい．というのは，藤原氏一門が，催馬楽に笙の単竹伴奏を適用し始めたのは，平安時代の末期，おそらく崇徳天皇の保延元年(西暦1135)の頃からのことと見てよいことや，それ以前の催馬楽は，寛平以後，ざっと二百四十年間，おもに横笛の伴奏で唱われていたこと，また，琵琶・箏の伴奏が保延以後の適用と見てよいことなどが，この二字に示されているからである．

次に，私の独り合点と思われないために，その解釈を述べよう．

「正律」という言葉は，正しい音高という意味にとる人が多いと思う．それが普通であり，当然である．しかしそれでは，ここの文意は要領を得ない．

そこで，笙から出せる音だけを，いいかえれば，双調呂旋と平調律旋に含まれている音だけを正律の音と見て，笙から出せない音，すなわち勝絶・鸞鏡・断金の三音は正律の音とせず，正律外の・埒外の音として読むと，次のようになる．

資賢卿は，催馬楽には埒外の音高に唱う所が少なくない(たとえば，勝絶に唱う所が多くある)のに，近頃は，笙の単竹伴奏の鋭い滲透力のある音に引張られて，どこでも正律(すなわち，勝絶の場合にはその半音上の下無)に唱わざるを得なくなる．正律に唱えば，笛篳という管等には合うが，それでは埒外の音で唱っていた所が消滅してしまい，ついには古代の振なんうせ云々となる．

笛篳は歌の唱うようにどうにでも吹けるし，声を援けてゆける楽器である．しかし，笙に単竹伴奏をやられては，歌もとうてい古代の振なんなどに唱えるものではないし，笛篳も声を援けるどころか，笙に合うように吹かざるを得なくなってしまうのである．

このように笙の単竹伴奏を適用し出したのは，保延の頃からのことで，それも藤流の場合だけであって，源流ではこの伴奏法を採用しなかったことは，源資賢卿がこれを無念の事と歎いていることや，源流には藤流のような断絶説*が存在しないことから推定できる．

＊　次頁22行目参照．

しかし，この奏法は，不幸にも，その頃，宮中で賛同を博しそれ以後，催馬楽においては，笙は必らず単竹の伴奏ということになってしまい，結局，それが伝統的な慣例になってしまった．妙音院(師長)一派は，これが藤流の催馬楽に致命的な打撃を与えるものになろうとは夢想だにしなかったのであろう．それどころか，彼らは唐楽の場合とは大いに異った，催馬楽独特の笙の伴奏法を創出したと，大満悦であったようである*．

ところが，実際は，歌と笙との喰違いや摩擦のひどさに戸惑う者が続出し，いわゆる律歌の場合には，調性は乱れ，妙所は失われたが，それでもまだ多少辛抱すれば，聴いていられる程度であったものの，いわゆる呂歌の場合には，とうてい唱っていられない，もちろん聴いていられないものになってしまう歌が，ぞくぞく，出てきたのであった．

しかし，それにしても，もし歌側が正しく呂旋法に唱えていれば，そのようなひどい喰違いを生じるわけはない．そこで，その理由を究明してみる必要が生じてくる．当時の人々は，呂歌とはいっていたものの，実際には呂旋法に合致するように習ったわけではないし，唱っていたのでもない．いいかえれば，その本来の旋法に唱っていたのである．加うるに，助奏はおもに横笛であったから，横笛なら，唱われる通りの旋法に付けていけるわけで，そこで，実際は呂旋に唱えていないものを，本人たちは呂旋に唱っているつもりであったのであろう．

呂歌と称する以上は，その旋法は呂旋であるから，そこに笙の単竹伴奏を適用しようと考えるのは，それ自体としては当然である．そこで，その催馬楽に単竹伴奏を用いたところ，実際に呂旋には唱っていなかった歌の方が狼狽してしまう結果となったのは，当然すぎるくらい当然のことなのである．

呂旋の歌ではないものを呂歌と称した人々に最大の責任があるわけであるが，その事を摘発したのは，逆に単竹伴奏の適用なのである．

そしてこれがために，いわゆる呂歌は唱えないものになり，結局，鎌倉時代に入って間もなく，藤原師長の没した建久三年頃には，断絶してしまったなどといわれることになったのである．このことは，呂旋に合致するように唱うことがいかにむずかしいか，たとい唱えたところで，それは奇妙な旋律にしかならないことを，如実に証明していると思う．

藤流の催馬楽は，源流のそれより，大体において，かなり劣るものだったと推察されるが，それにしても，最初からこのような不自然なものだったわけではない．すべては，平安末期になって，呂旋病に罹った人々の笛の穴名の読み方が悪かったために**，呂旋の歌だと誤解してしまい，単竹伴奏の適用となって，結局，唱奏不可能なものにしてしまったのである．

＊『中右記』に“康和四年三月十八日癸酉，天皇依被奉賀太上皇(白河)五十算可有行幸鳥羽殿也．(中略)主殿寮，立明南庭次御遊．天皇御笛，右大臣，箏．宗忠，拍子．左大弁，琵琶．右宰相中将，笛．顕仲朝臣，笙．俊頼朝臣，篳篥．呂，安名尊，席田，鳥破急．律，青柳，万歳楽．(中略)廿日乙亥．今日有御賀後宴事．(中略)及秉燭先令敷召人座於階西砌下，地下召人．家綱，孝清，博定，式部丞俊重，笛．今日被召加楽屋也．呂，桜人，美作，眉刀自女，鳥破急，賀殿急．律，伊勢海，更衣，万歳楽，陪臚，甘州．人々所役如一昨日儀．事了人々退下．”とある(『古事類苑』楽舞部一 227頁)

＊＊　245頁5行目以下参照．

ところで，源流の催馬楽はどうか．平安末期には，資賢卿のような人が健在で，笙の単竹伴奏なども蛇蝎視していたにちがいないし，その子には『略譜』の巻末に見られるような貢献者資時(入道)のような人もあり，また『催馬楽古詠』を書き遺してあったので，藤流の催馬楽の断絶説が流布された頃よりずっと後まで，健全であったと見てよかろう．

しかし，鎌倉時代に入り，武家が政権を握ってからは，公家は斜陽族になり，次第に，催馬楽など唱って打興じる気にもなれないので，いつとはなしに，催馬楽に遠ざかるようになり，やがては，後代に伝えてゆくのがせいぜいであったが，結局は『古詠』を無事に，子々孫々に伝えるのが精一杯で，それを正しく読みこなせる人はなくなってしまったのであろう．

もっとも，その墨譜は，誰れが読んでもわかるようには書かれてない．従って，催馬楽を相当に習った者にはわかるが，不幸にして唱って教える者が早世してしまうことがあれば，そこでもう，宝のもちぐされになってしまったわけである．

江戸時代に入ってからは，遺憾なことに，資賢卿時代に唱っていたと思われる催馬楽とはおよそ違った，いわば江戸調の旋律に一変させられてしまい，その上既述の藤流一派が案出した笙の単竹伴奏を採用したために，源流の催馬楽も，窮地に落ち込んでしまった*．

そしてそれが，明治を通って，昭和の今日に至ると，断絶の一歩手前をさ迷っている状態である．いわゆる律歌の伊勢海は間の抜けた似勢海に変容されたままであるし，更衣も調性をころもがえされているし，一方，いわゆる呂歌の安名尊・山城・席田・蓑山などは，みな途方もない旋法のものに一変している．しかも，笙の単竹奏を適用しなければならないと考えている人が多いのが実状である．

繰返して述べるが，呂律の旋法に合致するように唱いさえすれば，単竹伴奏のために催馬楽の調性が一変したり，その唱奏が不快なものになったり，不可能になったりすることはないと，簡単に考えていた人が，昔から意外に多かったわけである．

いわゆる呂歌には，自分で実際に呂旋法に一致するように唱ってみなければ，その不合理な点に納得がゆかないむずかしさがある．もともと，呂歌はそういう旋法で作られていないわけだが，ともかくも，試みに，本書の安名尊・席田・蓑山の訳譜中の「ヘ」の所は「嬰ヘ」に，「ハ」の所は「嬰ハ」に変えて唱ってみたら，合点がゆくであろう．

＊ 『立坊立后記』に“天和三年二月十四日，立后(霊元女御藤原房子為准后)ノ片節会ヲ行ハル．(中略)催馬楽ハ寛永年中二条，行幸ノ時アリケル以後ノ事也．(中略)催馬楽ノ役人，歌物ハ綾小路俊景，并持明院基時．琵琶ハ今出川伊季，花園公晴．琴ハ白川雅元．和琴ハ四辻公韶ナリ．地下楽人六人階下ニ候ス．笛ハ上越後，山井近江．笙ハ豊主殿，薗淡路守．篳篥ハ東儀左衛門，窪甲斐也．三方ヨリ三人宛出座ヲ望申セドモ，二条行幸ノ時ノ楽人ノ位階ニ合セテ，用之給フト聞エシ”とある(『古事類苑』楽舞部一 225 頁)．

また，『楽家録』の「近代再興之事」に“天和三年二月十四日，立后御節会也．此時有御遊．可奏催馬楽之旨仰之．依俄之催．墨譜及拍子之法異于古法，時人疑之．故不詳之焉．堂上五人．但二人歌方，三人絃，地下六人各束帯．但地下之座庭上設畳也．管各懐中持笏矣．先奏双調々子．次安名尊附管絃各一．次鳥破只拍子．次平調々子万歳楽二返．五常楽急二返奏矣．”とある(『古事類苑』同上)．

第十一章　催馬楽の起原

「郢曲秘抄，風俗裏書」に“催馬楽ハ本ト路頭巷里之謡歌也”*とある．また，「梁塵秘抄口伝集巻第一」には“催馬楽は大蔵の省《つかさ》の国々の貢物おさめける民の口遊《ずさみ》におこれり”**とあり，「梁塵愚案抄」には“馬を催すと書けるは御つぎ物負する馬をかり催す心也”***とある．

高野辰之博士は，その大著『日本歌謡史』の中で，“催馬楽は馬子歌の意で，唐楽の曲名を摸してこんな名を附したに過ぎない”****と断定しておられる．

伊庭孝氏は，『日本音楽概論』の中で，“催馬楽は馬子唄ではない．馬子唄の名が附けられたものである．しひて馬の字に泥んでいへば催馬楽は馬子唄ぶりであるとすることが出来よう”と述べ，上記の高野博士の言葉を“単に名義だけの問題と解したい”†として，みずからは定説を避けながら，“誠に我が国民音楽的活動の大立物たる催馬楽の古調を，今日窺ひ得ざる事は，最大痛恨事である”††といっておられる．

また，昭和五年頃と記憶するが，河口慧海師が東京朝日新聞に「サイバール説」を発表している．催馬楽とは，チベット語のサイバールが元で，その当て字であり，地方の恋歌を意味するというのである．

このように諸説がいろいろと出てきた一番の原因は，催馬楽そのものの旋律がほとんどわからなかったことにある．そのために，催馬楽の歌詞とか，「催馬楽」という文字そのものを対象にして，これを文学的に追究した結果であると思われる．しかし，催馬楽とはまさに音楽なのであり，したがってその起原も，当然音楽的に追究されなければならない．

巷里之謡歌・口遊・馬子唄・チベットの地方の恋歌などが，どのようなフシのものであったか，残された筆遊からはだれも知ることができない．もし，実際に催馬楽がそうしたものなら，それらしい痕跡《ふし》が，六十首もある歌の旋律の中の，どこかから窺知できるはずではないか．

サイバール説を除外していえば，私には，これらの説は，催馬楽を日本固有の古謡から起ったものとしたい念願から，つまり狛楽や唐楽からヒントを得て生まれたものではないということを立証したいがために，作りあげられたもののようにさえ思えるのである．事実，源流が「略譜」に我駒を除外したり，老鼠・無力蝦の譜を載せなかったのは，このような理由からのことと考え

*　小中村清矩述『歌舞音楽略史』(岩波文庫，73頁)に“催馬楽の事は，郢曲秘抄，風俗裏書云，催馬楽ハ本ト路頭巷里之謡歌也，云々”とある．高野辰之著『日本歌謡史』163頁にも同じ引用がある．

**　岩波文庫『新訂梁塵秘抄』91頁．

***　上記『歌舞音楽略史』76頁には，“催馬楽の名義は，梁塵愚按抄に，催馬楽とは昔諸国より貢物を大蔵省へ納めし時，民の口すさびにうたひける歌なれば，催馬楽とは名づくるなり．馬を催すと書するは，貢物負はする馬をかり催すこゝろなり，とあるは郢曲の古抄どもにみえて，古き説なれど従ひがたし”とある．

****　『日本歌謡史』(大正十五年，春秋社刊)168頁

†　『日本音楽概論』(昭和三年，厚生閣刊)598頁．

††　同書612頁．

られるし，その他にも，桜人とか源流の酒飲のように，その母体が容易にわからぬよう旋律を巧妙に変更している曲もいくつかあるのである．

また，サイバール説についていえば，チベットの地方の恋歌がいかにして日本に伝来して催馬楽となったか，その経路を立証するものはなにもない．

ところで，前張《さいばり》を催馬楽の一部であるとか，その逆だとか，似たようなものであるなどという説もある．前張と催馬楽は，仮名で書けば「リ」と「ラ」の違いにすぎないが，内容は大いに異なる．前張は神楽笛の「亍」穴の音高・壱越(ニ)を第１音(宮)とする自然音階を基調とした，リズムの不可測的な旋律の諸歌の或る部分を代表する名称であるが，催馬楽は，おもに，狛笛の二種の自然音階を基調とする，リズムの可測的な旋律の謡物である．神楽歌の一部である前張も知らず，催馬楽も知らずに，催馬楽の双調歌の中にある角総・大宮などの曲名が，神楽歌の前張部の中にも見られることから，臆測していわれたのであろう．

私は，第六章(244 頁)でも述べたが，狛楽の笛の唱歌の詞の代りに，我国風の歌詞をつけて唱ってみたのが，催馬楽の起原となったのだと考えている．その最初の歌は，吉簡の笛の旋律に，唱歌の代りに「カエルとミミズ」の歌詞をつけてみた無力蝦であった．それが人気をえ，桜人・蓑山・石河などがつぎつぎに現われ，これに刺戟されて，狛平調調の林歌の旋律に「西寺のオイネズミ，ワカネズミ」の歌詞をつけた老鼠が生まれ，その旋法・旋律を利用した我門乎・シャキンダチ物などが次に現われるというように，漸次発展したのであろう．

催馬楽には，狛楽を思わせる点が多々ある．その旋法といい，その旋律といい，四小節または八小節を一区分としてその各区分間に笏を打つ打法形式といい，さらにその拍子の名称に至るまで狛楽的であることは，本書の各所で述べた通りである．

「催馬楽」の三字は，いうまでもなく，サイバガク，サイバラクなどとよまず，サイバラとよむ．「馬」を「駒」ともいう点から，「馬楽」の「馬」の字を「駒」に替えてみると，「駒楽」となる．「駒楽《こまがく》」は「狛楽《こまかく》」に通じる．そこで「催」の字を「採」に替えてみると，「催馬楽」は「採駒楽」となって，駒楽(狛楽)から採った意になる．しかし，これではあまりにそのままなので，「採」を「催」にしたのであろう．「催」には“もよおす”とか“起る”という意があるが，これなら「馬楽」を思わせる程度であり，かなり婉曲になるわけである．こうしてみると，「催馬楽」の三字は，高麗楽(狛楽)を思わせる謡物という意になって，これは，曲の音楽的内容とも一致するわけである．

なお，「楽」の字は，ガクとよむと口調がわるいし，ラクとよむと胡徳楽《ことくらく》・越天楽《えてんらく》のように特定の曲を意味することになるので，クを省略してラとよむことにしたのであろう．

第十二章 『催馬楽略譜』

この譜本のお蔭で，私は本来の催馬楽の実体を，初めて知ることができた．これは源流の催馬楽を伝えた極秘の『催馬楽古詠』の略譜である．『古詠』そのものは，巻物で，呂・律の二巻より成る．巻譜は，たびたび見る必要がある時など，頗る不便なので，これを普通の本のように書き改めたのだろうが，その時に，同音の歌(たとえば，山城と同音の歌，真金吹)はその歌詞だけを載せ，墨譜は省略したり，既載の歌と同一の旋律句のある場合には線だけを書き，諸音の高度を指示する笛の穴名を省略したりしたために，『催馬楽略譜』と題したのであろう．

この『略譜』は，上述のように『催馬楽古詠』を略して書いた譜に外ならないので，内容に異った所はない．精細に読めば，源流の四十三首の催馬楽の実体は，これによって，十分に摑める．多家本の『略譜』の上書は，『催馬楽古詠』としてあるが，こう書いても差支えないわけである．

『略譜』を所持している人は，私の知っているだけでも，数人はある．故豊喜秋も秘蔵していたし，多忠昭君も所持しているし，私の今借用しているのは多忠雄君のものであるし，上野の図書館にもあるという話で，まだ他にも，何人か所蔵しているにちがいない．

今の宮内庁楽長安倍季厳氏も所持しているが，これは戦前に，綾小路家から借用して自分で透写したもので，同氏からそれを拝借して多家本と対照して見たが，微細な点を除いて，違う所は見出せなかった．

『略譜』の奥書の一つに，“若雖為子孫得当道之器量，家嫡一人之外，更々不可免一見，況異姓他人哉”と，やかましいことが書きしるしてある．それが，どうして，上述のように，いろいろの人の手に移っているのか，不審に思われることであろう．これは，江戸時代に，お手許頗る不如意の際，望まれれば透写してはなにがしかに換えた場合が少なくなかったからと恐察している．とにかく，この事は催馬楽そのもののためには幸いであったと思うし，もしこのようなことがなかったら，源流の催馬楽も，藤流のそれと同様に，断絶してしまうことになったかもしれないのである．

次に，この譜本を検討した私の見解をすこし記してみよう．笛を習ったことがない人は，これを読んでも，催馬楽本来の姿を摑むことはむずかしいと思う．その理由は，笛の素養なしには諸音の高度を指示する笛の穴名を正しく判断することが，ほとんど不可能と思うからである．しかし，その素養があったとしても，呂律の旋法に囚われてしまうと，やはり同様の結果を生むことになろう．

私は，この譜本の安名尊の墨譜の直前に呂七声の図が，他方，青柳のそれの直前には律七声の図が載せてあるのを発見して，落胆したと同時に，江戸時代から明治の初期にかけての催馬楽の再興なるものが，いい加減なものになった根本原因の一つは，ここにあることを知ったのである．この二つの図は，半可通の嫡流が，後から書き入れたものにちがいないと思う．これがために，この譜本の価値が大いに低下したことは，否定できない．

それとは反対に，この譜本の価値を大いに高めたのは，安名尊の終り近くに記入されている，“此両字歌速”の五字である．記譜法の幼稚な時代のことゆえ，これ以上の指示はとうてい考えられない．なんと適切な言葉で，要点を指示したものであろう．私は，これだけでも，この譜本自体はいい加減なものでないということが確認できると思ったのである．

『催馬楽略譜』に載っている墨譜は

呂五拍子十三首

安名尊《あなとうと》三段	新年《あたらしきとし》三段	梅之枝《むめがえ》三段
此殿者《このとのは》二段	此殿西《このとのにし》二段	此殿奥《このとのおく》二段
鷹山《たかやま》二段	山城《やましろ》三段	真金吹《まがねふく》二段
桜人《さくらびと》二段	紀伊国《きのくに》二段	妹与我《いもとわれ》一段
鈴之川《すずかがわ》一段		

呂三度拍子十四首

美作《みまさか》二段	藤生野《ふじうの》二段	席田《むしろだ》二段
我家《わいえ》一段	青馬《あおのま》一段	浅緑《あさみどり》一段
妹之門《いもがかど》一段	角総《あげまき》一段	本滋《もとしげ》二段
難波海《なんばのうみ》一段	眉止之女《まゆとじめ》一段	田中井戸《たなかのいど》一段
酒飲《さけをたうべて》一段	蓑山《みのやま》一段	

律五拍子五首

青柳《あおやぎ》二段	伊勢海《いせのうみ》一段	走井《はしりい》一段
飛鳥井《あすかい》一段	庭生《にわにおうる》一段	

律三度拍子十一首

更衣《ころもがえ》一段	何為《いかにせん》一段	浅水《あさんず》一段
我門尓《わがかどに》三段	大芹《おおせり》一段	逢路《あうみち》一段
道口《みちのくち》一段	插櫛《さしぐし》一段	鷹子《たかのこ》一段
大路《おおじ》二段	我門乎《わがかどを》二段	

以上合計四十三首

『催馬楽略譜』に載ってない歌十三首は，『三五要録』の催馬楽の譜本に見出せる．

呂五拍子六首

葦垣《あしがき》五段　　葛城《かつらぎ》三段　　石河《いしかわ》三段

竹河《たけかわ》二段　　河口《かわぐち》二段　　奥山《おくやま》一段

呂三度拍子二首

大宮《おおみや》一段　　無力蝦《ちからなきかえる》一段

律五拍子五首

高砂《たかさご》七段　　夏引《なつびき》二段　　貫河《ぬきがわ》三段

東屋《あずまや》二段　　老鼠《おいねずみ》(一名西寺《にしでら》) 一段

以上合計十三首

『三五要録』の催馬楽譜については，次章で述べる．

第十三章 『三五要録』の催馬楽

『三五要録』の催馬楽譜といっても，それは墨譜ではなく，催馬楽の伴奏用の琵琶の譜本にすぎない．これには，五十五曲にも及ぶ催馬楽歌の琵琶譜の字符の右側に，それぞれの歌の歌詞が，片仮名で丹念に附記されているので，琵琶の字符が読め，呂旋化もしくは律旋化によって，歪められた所を訂正してゆける下地さえあれば，これによって『略譜』に載せてない，たとえば無力蝦・葦垣・葛城・高砂・夏引・貫河などの旋律も，知ることができるのである．

そればかりではない．この譜本には，全滅してしまったといわれていた藤流の催馬楽の譜が二十四首も載せてある．藤家説と附記してある歌がそれで，これを発見したのは，私には意外の喜びであった．と同時に，藤流の催馬楽が全部断絶したというのは，噂にすぎないことをも知ったわけである．

さらに，たとえば，老鼠などの譜は三通りも載せてあり，無力蝦の譜は二通りもあるというぐあいに，一首の歌に対する又《また》の説の譜を載せてある場合も少なくない．すなわちその頃，捨てがたいと思われた又の説の譜は，残らず載せようとしていた気配さえ窺われるのである．

この譜本に載せてないのは，沢田河・鈴之河・奥山尓(奥々山ともいう)・我駒・鶏鳴・隠名の六首にすぎない．従って『略譜』より十二首も多くの催馬楽を載せているのである．

なお，この譜本には，三流の催馬楽が載せてある．源流のは僅かに二,三首にすぎないが，藤流のは，上記のように二十四首もある．その他の大部分のは何説とも附記されてない，本書でいう三五流の催馬楽である．

ここで，催馬楽のためにはもちろんのこと，狛楽・唐楽のためにも，是非とも触れておかねばならない『三五要録』の欠陥を指摘しておこう．この要録と『仁智要録』(箏の譜本)は，それが世の中に弘まるにつれて，呂律の二旋法を無闇に尊重するものが続出するようになった．それ以前についていえば，寛平の頃から，呂律の旋法を云々する者がなくはなかったようだが，それはただ口先だけで，いわば，知ったかぶりに口にするものがあった程度のこととしか考えられない．それというのは，呂律の旋法に合致するように唱奏することは極めて困難だからで，実際には，習ってきた本来の旋法に吹いたり唱ったりしていたにちがいない．したがって，呂律の二旋法の悪影響はあったとしても，たいしたものではなかったのである．

ところが，『三五』『仁智』二要録の撰者師長に至ると，雅楽全体は，すべて呂律の二旋法で律し得ると盲信するようにまでなってしまった．しかも，彼の太政大臣従一位という肩書の力はまことに偉大で，その後，このような呂律病患者は殖える一方となり，そのために，平安末期以後の雅楽は，奇怪な音楽に変りそうになったのである．

呂律病患者はその後も跡を絶たず，室町時代に入っては，『体源抄』の撰者豊原統秋がとくにひどい症状を呈したことは，その書を検討すれば明らかなことで，彼は呂律旋法を謳歌するどころか，箏の図まで添加して，これに拍車をかけている*.

江戸時代に入ると，呂律病患者は更に増加し，『楽家録』の編輯者安倍季尚もこの病気に罹りかけたようだし，源流の催馬楽の嫡流もまたこの病気にとりつかれたことは，既述のように，『略譜』の中に呂七声と律七声の念入りな図を記入していることから明らかである.

この傾向は，明治に入ってからも衰えず，大正を経て昭和に入ってからはさすがに多少減少したようだが，今日でも，まだこの病気に罹っている人が結構ある．とにかく，雅楽の専門家の中にも，呂律の旋法に囚われ，雅楽本来の姿を見失いそうになった人が少なからず現われたのであるから，物凄く伝染性の強い病気である.

さて，『三五要録』の狛楽用の譜を検討してみると，この撰者が，雅楽における本来の諸旋法をほとんど知らなかったことが明らかになってくる.

たとえば，狛双調調の狛楽を黄鐘調呂旋，いいかえれば，水調の曲と誤認していたことは，「乙」および「こ」の字符を適用していることで明らかである．この調の狛楽には，笛篳が断金・鳧鐘に吹く所は皆無なわけで，すなわち，壱越・双調に吹く所を見逃しているのである．さもなければ，上記の二字符を用いるはずはない．この点を明確にするには，226頁に掲げた図の諸音を，すべて一音ずつ高くした図を書いてみるとよい.

また，狛平調調の狛楽を下無調律旋の曲と誤認していたことは，琵琶を盤渉調に調絃し，「乙」「こ」を適用していることから明瞭である．この調の狛楽にも，笛篳が断金・鳧鐘に吹く所は絶対にないのである.

さらに，狛壱越調の狛楽を平調呂旋の曲と考えたのはひどい誤認で，これでは，この調の旋法を知らなかったことをみずから暴露しているようなものである.

狛楽は，既述のように，狛笛の「上」「干」「六」の三音をそれぞれの第1音とする三種の自然音階を基調とした旋法で構成されているわけだが，それをまったく知らなかったので，このような実際に則しない譜を書いてしまったのである.

この事を知らない人が多いのは，近来両絃を交えて狛楽を演奏することが，まったくないからである．師長の撰した狛楽用の両絃譜が作成された当初は無論のこと，その後も何度か演奏されたに違いないが，周知のように，狛楽の演奏には笙は加えないので，笛篳と両絃との食い違いがあまりにも耳立ちすぎる関係上，両絃は笛篳にボイコットされること再々で，ついには，それらの譜はまったく問題にされずに今日に至っているのである(これが狛楽用の両絃譜の当然の成りゆきであることは，上述の点から既に明らかであろう).

以上のことから，さらに笙を加えて，三管両絃で演奏する唐楽の場合の，笛篳と両絃の食い違いも推定できる．笙の影響で，その食い違いはほとんど耳立たないが，もちろんそれが存在していることは，笙を除外して唐楽を演奏してみれば明らかになる．要するに，『三五要録』『仁智要録』の両絃譜は，そのままでは利用価値のない譜本といって差支えない．ただ，雅楽全体の旋法

＊ 『古事類苑』楽舞部二 667 頁参照.

を呂律の二旋法だけで律し得ると誤認した人々の手によって作成されたものが，いかに無理なものであるかを如実に証明するためには，有効適切な資料である．

しかし，この撰者の肩書のためか，今日なお，この二要録を尊重しすぎる人が多く，師長と同様に，催馬楽はもとより，雅楽全体が呂律の二旋法を土台として構成されている，と盲信している人が少なくない．雅楽界のために，まことに遺憾なことといわなければならない．

第十四章　参考にした譜本と文献

ここでは『催馬楽略譜』『三五要録』『仁智要録』以外の譜本・文献について記す.

『唱物譜』　その奥書に

右催馬楽. 朗詠. 今様. 披講等譜. 綾小路家以本書写之畢.

慶応二丙寅年六月

左大夫将監大神朝臣景順　書印

とある譜本で,

催馬楽六首: 安名尊, 山城, 席田, 美濃山, および, 伊勢海, 更衣.

朗詠十五首: 嘉辰, 東岸, 新豊, 松根, 花上苑, 池冷, 二星, 紅葉, 暁梁王, 徳是, 一声, 泰山, 九夏, 十方, 春過.

今様五首: 蓬萊山, 霊山御山, 長生殿, 鶴群居, 春始の墨譜および和歌披講, 君代の墨譜

等を載せ, 最後に, 呂律音振図解を附加し, その中に, 容由・入節・抽音・回下(廻下《まわりした》)* 等を説明してある. この譜本の所持者は多い.

『唱物譜』の六首の催馬楽の墨譜は,『催馬楽略譜』から抜萃したものであることは, 両者の墨譜を比較検討してみれば, 容易に明らかになる. その記譜法においては,『略譜』より一歩前進させている点(赤点を用いて, 不打の小節を明示した点)など認められてよいが, 五拍子なるものを知らない人が書いたので, 却って『略譜』を改悪したことになっている.

だが, これによって, 明治撰定の六首の催馬楽の墨譜は,『略譜』によったものではなく, この『唱物譜』の墨譜によって書かれたものであることがすぐ明らかになったばかりか, 江戸時代に催馬楽の再興に当った人々が,『略譜』という貴重な譜本を持ちながら, 途方もない催馬楽を作りあげることに終った原因が, 十分に推測できたのである. この意味からも, 大切な資料といえる.

大神基政の『催馬楽笛譜』“建久四年(西暦 1193)五月”と後記してあるこの譜本には, 次の十三首, 安名尊・此殿者・妹与我・席田・本滋・美作・山城・青柳・伊勢海・更衣・庭生・飛鳥井・插櫛等の笛本譜を見出すことができる. 安倍季良は, 文化九年(西暦 1812)九月十五日付で, その欠点を仮借なく指摘しているが, 希代之秘物と見ている. 一読の価値はあろう.

兼常清佐・辻荘一共著『催馬楽楽譜』　昭和五年七月二十五日, 南葵図書館が『日本音楽集成 第一編雅楽 第一輯』として発行したもので, その当時の催馬楽六首(安名尊・山城・席田・蓑山・伊勢海・更衣)の旋律と, それに三管両絃の伴奏をつけ, それらの実体を俎上に(五線上に)載せたものである.

亡父基万の狛楽の笛譜　両絃譜付のもので, 狛楽の旋法を調べるには, 大いに役立った. これ

---

*　旋律の前半が抽音と同じで, 後半が下方へ下ってくる場合に, これを「回下」という.

によって，かつて両絃譜を書いたものが，狛楽の笛の旋律をほとんど知らなかったことが理解できた．そればかりか，催馬楽の真の旋法を知るには，呂律の旋法などに囚われずに，狛楽の笛の唱歌の旋律の旋法，狛笛の種々の自然音階を研究しなければならないことに気づいたのは，この譜のおかげである．

なお，この研究の際，笛譜だけでは不十分なので，故上近礼氏の書かれた笛篳の連合譜をも参照した．

上近礼の三管両絃の集合譜本　上下二巻から成る．ただし打物の譜は含んでいない．この本がなかったら，唐楽本来の諸旋法を調べることも，両絃譜に唐楽の主体を無視した場合の多いことを看破することも容易でなかったにちがいない．

三管，すなわち笙篳笛の連合譜程度のものは，以前に，当然書かれてあるべきはずであるのに，それすら出来ていないのだから，まして，それに琵琶・箏譜を加えた集合譜が無いのは，当然のことかもしれない．平安時代には無かったとしても，明治に入ってからも，この仕事に取組む人はなく，今日になっても，宮内庁の楽部にさえ，まだ，このような譜本が備えられてないのが実状である．

おそらく，このような唐楽の譜を書いた人は他にあるまい．これだけの譜本を書かれた氏の苦心は，計り知れないものがある．氏の筆跡も実に美事なもので，私は，この譜本を時々眺めているだけでも，楽しい．なお，氏が舞楽の左方の笛の音頭者としても当時の第一人者であったことを知る人は，今日ではほとんどないであろう．その小乱声の独奏など実に素晴しいもので，とうてい真似ることのできない独特のものであった．

山井景建著『催馬楽名義考』　一読の価値は十分ある．多少，独り合点の所はあるにしても，馬子唄説よりはこの人の説の方が根拠がある．

小中村清矩述『歌舞音楽略史』　この中の催馬楽の項も，かなり参考になるところがあった．

佐佐木信綱校訂『新訂梁塵秘抄』　この中の「梁塵秘抄口伝集巻第十二」は大いに参考になった．これを知ることによって，私自身訂正した所が少なくなかったし，また本書に引用した所もかなりある．

なお，この書の140頁の“宮の御譜に，催馬楽御裏書云，左目録”とある直後に，気が付いた点があるので，付加しておこう．

その一つは，呂歌が“廿六首”とあるが，これは，三十六首の誤りにちがいない．事実，歌の名は三十二首書いてあるし，さらに大宮・角総・席田・妹之門の四首の名が書き落されたと見るべきであろう．

次に，律歌は“廿一首”とあるが，この方は歌の名を十八首しか挙げてない．ここには，浅水・大芹・插櫛の三首が書き落されているのである．

この目録中に，歌詞が不穏当である鶏鳴・隠名の二首の名が見えないのは仕方がないとしても，沢田河と我駒の二首が見出せないのはどうした理由によるのであろうか．ただ，これによって，この二首が，寛平の頃，すでに除外されていたことは，明らかである．

あとがき

かつて催馬楽を習ったことがある人は，本書の催馬楽訳譜を見て，それが自分の習った催馬楽とあまりにも違うので，おそらく驚嘆されることであろう．だが，いま，私は，確信を持って，これが本来の催馬楽であるということができる．

それらの人々が，この本来の催馬楽を正しく唱えるようになるには，相当の時間と忍耐が必要であろう．すでに脳裡に焼きついている途方もない旋律が，ことごとに邪魔をするからである．これは，私自身の体験から，よくわかることである．やり直す場合には，笙・楽琵琶・楽箏・和琴など利用価値のない楽器でなく，思いきって笛の自然音階が容易に出せる楽器――たとえばピアノでもオルガンでも，マンドリンでもギターでも，また三味線でもよい――を，なんでもよいから利用して唱奏してみるとよい．

催馬楽を習ったことのない人は，洋譜が多少読めれば，上記のような楽器を利用して唱っているうちに，早ければ一週間もかからずに，催馬楽の大体がわかってしまうと思う．ただし，その際，本文中(280頁脚注)でも述べたように，「潜在リズム」を脳裡に描いて唱う必要がある．これは五線上に表わせないので書いてないが，むしろ各人が，適切なリズムを見出して唱うべきであろう．

催馬楽の大体がわかったら，同じ頃唱われていた「風俗」の研究をし，つづいて神楽歌の早歌の上拍子，早韓神・其駒の上拍子等を研究すれば，奈良・平安時代に唱われていた我国の古典歌謡のめぼしい旋律はわかってしまうことになる(久米歌の歌詞は最古のものであるし，東遊の歌詞もかなり古いものだが，これらの旋律は，江戸時代に新たに作られたものである．また，文献上有名な『琴歌譜』は我国最古の歌謡の譜といわれているが，琴歌は和琴に合わせてうたった歌謡であるから，その和琴の調絃法も不明である現在，神楽歌の和琴譜から推測してもわかるように，信頼できる譜とはいえない)．

催馬楽も風俗も，奈良時代末期から平安時代末期にかけて，或る限られた人々の間にだけ楽しみに唱われていたものである．従って，現代の人々にはさして問題でないものかもしれない．しかし，その頃の我国でどのような歌曲が唱われていたかを明らかにすることは，日本の文化遺産としてこれを確定しておく上からも無意味なことではないと思う．

本書の中でも二,三引用したが，日本の古典文学に通暁していても，またその中に散見する催馬楽や風俗の歌詞は解釈できても，それらの旋律がわからなくては意味をなさない場合もある．催馬楽の旋律がわからなかったいままでのことは別として，今後は，そのような面でも本書が利用できると思う．

なお，神楽歌の大部分の旋律は，読みやすいように五線上に補足することがむずかしいので，他日に譲らざるをえなかった．容易なものについては，すでに『風俗訳譜』に載せてある．

雅楽に関しては，私自身，まだまだやり残している問題がたくさんある．その意味でも，もし本書が，今後の研究のための一つの礎石ともなれば，望外のしあわせである．

最後に，ふんだんに訳譜の掲載を許され，さらに解説の細部に至るまで忠告と援助を与えてくれた岩波書店の理解と熱意ある態度には，心から感激した．実際，商売を度外視してかかる岩波書店の誠意がなかったら，本書は永久に日の目を見なかったであろう．面倒な訳譜の浄書をこころよくやられた小川三郎氏にも恐縮した．これらの方々に，厚く感謝の意を表したい．

催馬楽の研究を始めてすでに四十有余年，本書の刊行を前にして，まったく感無量のものがある．亡父も，地下で喜んでいることであろう．

1966年8月

山井基清

索　　引

項目の頁は，「解説」；訳譜の説明；「訳譜」の順に配列してある．太字の数字は，主要な説明の個所を示し，斜体の数字は訳譜を示す．また，頁のあとの *n* は脚注を示す．

ラ

リ

レ

ロ

ワ

■岩波オンデマンドブックス■

催馬楽訳譜

1966年 9月24日　第1刷発行
2014年 9月10日　オンデマンド版発行

著　者　山井基清《やまのいもときよ》

発行者　岡本　厚

発行所　株式会社　岩波書店
〒101-8002　東京都千代田区一ツ橋 2-5-5
電話案内　03-5210-4000
http://www.iwanami.co.jp/

印刷／製本・法令印刷

ISBN 978-4-00-730138-4　　Printed in Japan